岡 部 雄 三

ドイツ神秘思想の水脈

ドイツ神秘思想の水脈

岡部雄三著

知泉書館

目次

Ⅰ　ロゴスと神

Ⅱ　マイスター・エックハルト（一二六〇―一三二八年）

Ⅵ　随　想

ドイツ神秘思想の水脈

I　ロゴスと神

宗教のことば
――ロゴスと宇宙の響き――

一　ことばは誰のもの？

ことばは人間のもの

「ことばは誰のもの？」と改めて質問する必要がないほど、私たちは「ことばは人間のもの」と考えています。確かに、たとえば蜜蜂の８の字ダンスや樹木が発信する危険信号としての化学物質など、人間以外の生物に一種のコミュニケーションが存在することが知られてはいます。しかし、高度な言語活動は、直立歩行（「ホモ・エレクトゥス」）や理性（「ホモ・サピエンス」）、遊戯性（「ホモ・ルーデンス」）などとともに、人間を他の生物から区別する特徴の一つに数えられてきました。もっとも、コンピュータのめざましい発展を眺めていますと、「ことばは機械のもの」と考えるのが当たり前とされる時代がいつの日か到来することになるかもしれませんが、いずれにせよ「ことばは人間のもの」とする立場に対しそれほど大きな異論は今日では出てこないように思われます。しかし、果たしてことばは本当に人間の所有物であり、人間が自由に取り扱える道具のようなものなのでしょうか。

ことばは神のもの

時間の尺度（スケール）を少し大きくとって考えてみましょう。現人類ホモ・サピエンス・サピエンスがこの銀河系の片隅に位置する太陽系の一惑星・地球という星に出現してから約四―一〇万年という歳月がたちましたが、「ことばは人間のもの」とする考え方が現れ幅を利かせはじめたのはごく最近のこと、大きく見積もっても千年程度の歴史をもっているにすぎません。では、ことばは誰のものと一般に考えられてきたのでしょうか。人類の言語観の大勢は、「ことばは神のもの」というものでした。日本人は人格神的な神の観念を嫌う傾向がありますので、「神」といってとおりが悪ければ、「人間を越えた何か霊的な存在」といいかえてもよいでしょう。いずれにせよ、ことばを人間の所有物と見なすことは、長い間人類の思考とは無縁の言語観だったのです。

それでは、日本や中国の宗教の例も視野に入れながら、主にキリスト教を中心にした「宗教のことば」の園（その）をひととき散策してみましょう。

二　神とことば

ことばによる宇宙創造

キリスト教は、民族宗教であるユダヤ教を母胎として生まれ、仏教やイスラム教などと同様に世界宗教へと発展した宗教ですが、ことばというものを大変重視した宗教です。キリスト教の経典は『聖書』と呼ばれていますが、それはさらにヘブライ語で書かれた『旧約聖書』とギリシャ語で書かれた『新約聖書』の二つに分かれています。その『旧約聖書』のはじめに、六日間にわたる天地創造の記述があります。「はじめに、神は天と地をつくられた。地はととのわず、むなしく、やみが底知れぬふちを覆い、水の上に神の息吹が舞っていた。神が『光あれ』と仰せられた。すると光ができた。神は光をよしと思われ、光とやみを分けられた」という『創世記』冒頭の文句は、どなたでも耳にしたことがあると思います。創造する神という観念は広く未開民族にも見られるものですが、『聖書』において興味深いことは、天地創造がことばによって行われたとされていることです。さらに、『新約聖書』の『ヨハネ福音書』の冒頭でも、「はじめに、ことば（ロゴス）があった。このことばは神と共にあり、しかも神と同質のものであった。このことばははじめから神と共に存在していた。万物はこのことばによってつくられたのであって、これによらずしてつくられたものは一つもない。このことばに生命（いのち）があった。そして、その生命は人の光であった。光はやみの中に輝く。そして、いかなるやみもこの光を消すことはできなかった」と述べられています。つまり、天地創造以前から存在するロゴスによって宇宙万象が創造されたことになっているのです。

神であるロゴス

ところで、キリスト教の教えによりますと、神は唯一神であって、ギリシャ神話や日本神話のような八百万（やおよろず）の神を認めません。しかし、その神は、人間に現れる時、唯一神である本体を保ったまま、三つの仮面（ペルソナ）をつけて、つまり父なる神、子なるイエス・キリスト、聖［なる］霊という三様の姿（これをペルソナないし位格といいます）をとって現れると考えられています。これがいわゆる三位一体（さんみいったい）の教義ですが、『新約聖書』で述べられているロゴス、つまり神のことばは、神の第二の位格であるイエス・キリストをさしているのです。ことばを万有の最高原理と見なす思想は、たとえばインド最古の文献であるバラモン教の聖典『リグ・ヴェーダ』にありますし（後に触れる空海の言語観の背景にはこの伝統があります）、ことばを人格化する例は、『古事記』や『日本書紀』に出てくる一言主神（ひとことぬしのかみ）や言代主神（ことしろぬしのかみ）などの神々に見られるところです。しかし、ことばが抽象的な原理ではなく人格をもった至高の絶対神とされていることは、キリスト教の特徴の一つといってよいでしょう。

聖霊とことば

さらに興味深いことには、ヤーウェあるいは父なる神とキリストだけがことばをつかさどる位格と考えられていたわけではなく、第三の位格である聖霊もことばと密接な関係をもっていると見なされてきました。それは、たとえば『新約聖書』の中にある『使徒行伝』の次の数節を読むとよく分かります。つまり、「五旬節（ペンテコステ）の日に、弟子たちはみな一ヵ所に集まっていた。すると突然、激しい風が吹き荒れるような音が天から湧き起って、一同が坐っている家いっぱいに鳴りどよめいた。それから、火の舌のようなものが現れたかと思うと、それが分かれて、一人ひとりの上に留まった。すると、彼らはみな聖霊に満たされ、御霊（みたま）に教えられるままに、いろんな国の言葉でしゃべりはじめた」（二章一節以下）というのです。五旬節はもともとは初夏に行われる小麦の収穫祭のことでしたが、のちにユダヤ教ではモーセがシナイ山で神から十戒を授けられた日を記念する重要な祭日とされました。その日に、キリストを直接知っている使徒たちを中心に形成された初期キリスト教の信者たちが集会を開いていると（この時すでにキリストは磔刑に処せられ死んでいました）、神の霊が天から風となって激しく吹き降って信者たちに臨み、彼らに外国語を自由にしゃべらせる能力を与えたというのです。この故事を記念して、キリスト教はこの日を聖霊降臨祭と名づけ特別にお祝いをするようになりました。

ここで、聖霊に関して二つのことに注目してみましょう。一つは、聖霊の別名を「助け主」（パラクレートス）

ということです。父なる神が救い主であるキリストを現世に遣わしたように、キリストの死後、聖霊が父なる神とキリストによってこの世に遣わされ、キリストの救いの業を完成させる使命を担うとされることです（この聖霊の意義は、後で述べる新生の業に関わります）。

三　霊、息、生命とことば

息と生命

もう一つは、聖霊が風ないし息と同一視されていることです。霊はヘブライ語でルーアッハ（rûaḥ）、ギリシャ語でプネウマ（*πνεῦμα*）、ラテン語でスピーリトゥス（spiritus）といいますが、そのいずれもが霊のほかに風、［気］息、生命［力］、活力、心などの意味の広がりをもったことばであり、風や息が原義なのです。また、これらの単語と併行して用いられることの多いヘブライ語のネシャーマー（n^{e}šāmâ）、ギリシャ語のプノエー（*πνοή*）、ラテン語のスピーラークルム（spiraculum）という単語も、風、息、呼吸、魂などの意味の広がりを持っています。これは、日本語のイキにも当てはまる意味の連鎖です。つまり、息は「気」を語源とし、「生き」と同根の語です。幸田露伴によれば、古邦語のイには「尖状に外へ衝くというような気味のある音の質」があり、息吹は気噴であり、命は気ノ内、生キは人の気が宿っていることを意味するので、気絶えれば生絶えることになるわけです。「息吹のさ霧」によって神々が誕生する神話が日本にはありますが（『日本書紀』）、これも気ないし息がすなわち生命であり、生命の誕生と息、霧、風などが深い関係にあると考えられていたからです。また、漢字「気」の「气」が息や雲気が乙形に屈折しながら上ってくるさまを描いた象形文字であることも、ここで想起しておいてよいでしょう。

創造する息吹

さて、言フは気経(いふ)、つまり息がとおり抜けること、という音韻的指摘を俟つまでもなく、ことばが息と切っても切れない関係にあることはいうまでもありません。元来、ことばとは、口ことばであって字ことばではなく、息によって人間の声帯を震わせて響かせる音声を指すからです。ここで、キリスト教のロゴス観をもう一度振り返っておきましょう。キリストが永遠のロゴスであり、永遠の生命であることはすでに見ました。そして、父なる神がことば（ロゴス）を発し、その気ないし息吹が響きわたることによって無から全宇宙が創造され、生命ある万象がつくられたわけです。そうしますと、『聖書』の天地創造の記述が、たとえば宇宙の開闢を問題視しない仏教や、混沌から陰陽二気の運動で宇宙創成を語り、創造神を求めない中国や日本の神話（『淮南子(えなんじ)』や『日本書紀』など）と比較して、創造する神というキリスト教独自の観点を打ち出していると同時に、人類に広く観察される生命の息吹というアルカイックな観念を含むものであることが分かります。

人間に宿る神の息吹

さらに、聖書における人間創造の記述を見ておきましょう。光、やみ、天、地、海、草木、太陽、月、星、魚、鳥、獣などすべてのものが次々につくられたあとに、人間は神の似姿として創造されます。そして、神が人間の「鼻の穴に生命の息吹を吹き込んだ時、人間は生きるものとなった」（『創世記』二章七節）、といわれています。ここにいう「息吹」は、ヘブライ語原典ではネシャーマーです。紀元前三世紀中葉から紀元後一世紀にかけて成立したギリシャ語訳旧約聖書である『七十人訳聖書』においては、プノエーの訳語があてられています。そして、このギリシャ語は、先にあげた『新約聖書』の『使徒行伝』に出てくる、五旬節のときに天から吹いてきた聖霊の激しい「風」の箇所でも使われている単語です。つまり、この神からの風、神の息吹によって、人間は神とつながり、人間に万物を治める力が保証されるのです。仏教の六道輪廻（ろくどうりんね）の教えとは異なり、キリスト教は宇宙における人間の特別な位置を強調しますが、その根拠の一つとして人間だけに神の息吹が、すなわち神のことば、神の生命、神の聖なる霊が与えられていることがあげられるのです。

四　神のことばの誕生

罪と救い

以上のように、ことばは、神の息吹であり、それは宇宙に吹きわたる風であると同時に、人間の中に宿る神の生命であり、聖なる神の霊であるわけです。ところで、キリスト教は、「原罪」ということを強調します。最初の人間アダムがエヴァとともに神の命令に背き禁断の木の実を食べたためにパラダイスから追放され、以後アダムの末裔である全人類は一人の例外もなく罪人としてこの世に生をうけると考えられています。イエス・キリストの十字架の死と復活は、人間のこの原罪を贖（あがな）い、人間を罪の子から神の子へと生まれ変わらせる道を拓いた救いの業と理解されています。では、キリスト以降の人間は、楽園追放以前のアダムのようにすでに無垢な存在となっているのでしょうか。確かに、神の側からすれば、人間はすべてすでに神の子になり変わっています。しかし、人間の側からすれば、神の子になるには神に出会うという決定的な体験をもたなければなりません。『ヨハネ福音書』は、これを「新たに生まれる」（三章三節）とか、「霊(プネウマ)から生まれる」（六節）と表現しています。そして、「風(プネウマ)は思いのままに吹く。その音は聞こえるが、どこから来てどこへ行くのか、人には分からない。霊から生まれるものも、みなそれと同じだ」（八節）、といっています。さらに、このように新たに誕生した者だけに、永遠の生命が約束されると述べられています（一六節）。

霊による新生

「新生」というこの救いのドラマを、霊ないしことばの観点から整理しなおしてみましょう。創造時に人間に吹き込まれた神の息吹は、アダムの転落によって、清浄で玄妙な息吹であったことすら分からないほど濁り、曇らされてしまいました。そのために、旧約時代、原初の神の霊を受けることができたのは特殊な人々、いわゆる預言者と呼ばれる人々などに限られていたのです。さて、神のロゴス、つまり神のことばであるキリストの死と復活によって、神の息吹は人間に再び吹き入れられることになりました。しかも、特定の人々にではなく、万人に等しく吹き入れられるのです。しかし、そのためには、各人が神のロゴスを信じ神の霊を受け入れる新生という宗教的体験を経なければなりません。その時こそ、先に述べた聖霊降臨祭の事蹟のように、各人の中に神のことばが誕生し、人々は新しいことばの理解に達することができるというのです。しかもその場合、ことばは神キリストであり、そのことばは聖霊の風に乗って神の創造と救済の業に参加するのだ、ということに私たちは注目する必要があるでしょう。インスピレーション（inspiration = in（中へ）+ spirare（息吹く））ということばがありますが、これは文字どおり神的な霊が人間を突如襲い、その人間に思いがけないことばをいわせ、不思議な行為を行わせることをいいます。新生とは、聖霊による最も決定的な魂の事件、実存的な事件を指すのです。

五　言霊とヤコブ・ベーメ

躍動することば

生命としてのことばという言語観は、ことばをたえず意味と関連づけ、ことばの運用を正誤で判断することに慣れている現代の私たちに、ことばの新しい世界を開示する可能性を秘めています。私たちは、ことばには意味があり、意味があるということはことばが指示するなんらかの対象がある、と考えがちです。そして、ことばと対象の対応関係がつながる時そのことばは正しく、つながらない時それは誤りである、と判断します。また、外国語の文章を読む時、私たちは辞書を引いて分からない単語の意味を調べ、文法の知識を援用して構文を分析し、文章全体の意味内容を理解してゆきます。私たちはことばを私たちの外側にあるものと思いがちですが、今まで見てきたように、ことばは私たちの内側にこそ躍動し生成する何ものかなのです。中国絵画のほうで絵にみなぎる生命力、精神力を讃える場合、「気韻生動（きいんせいどう）」と表現しますが、ことばもまたことばによって一つの自立した内的な生命の世界を形づくるものなのです。

日本における言霊論

ところで、ことばの中に宿る神的生命に注目した人々は、ことばを分析的に見がちな現代の私たちとは随分異なったことばの運動を考えていました。日本でも、『万葉集』以来、言霊（ことだま）ということをいいます。言霊とは、文字どおり言（ことば）の霊（たま）、つまり人間の中にタマ（魂）があるように、ことばの中に宿っているタマ（霊力）を指していました。そして、この超自然的な力によって人間の運命や物事の実現の可否が左右される、と考えられていたのです。和歌や占い、祝詞（のりと）には、この言霊思想が現れています。

ところで、この思想に近世になって注目したのは、一八世紀前葉以来発展した江戸中後期の国学者たちでした。彼らは、漢語の影響を受ける以前の大和ことばの復元に努め、儒教や仏教に代表される漢心（からごころ）に対し大和心（やまとごころ）の復権を模索しましたが、彼らの関心の中心は神のことばの集成である『古事記』や『日本書紀』をどう理解するか、ということでした。そして、もともと文字をもたなかった日本人が外来語である漢字を用いて書いた記紀を読み解く際、彼らは漢字という文字の背後に当然あったはずの和語の音の響きに注意を向けたのです。それは、先にキリスト教のことばに関して見たことばと息、霊、神、力などの考え方に類似した方向性をもつものでした。たとえば、江戸末期の国学者川北丹霊朝弘は、語音、発声に言霊が宿り、「言御霊（ことみたま）は天地の御息（みいき）にして則ち神なり」といっています。また、鈴木重胤（しげたね）は、ことばを「霊を導き、霊を養ふの器」と捉え、ことばに宿る霊の運動を次のように考えていました。つまり、「人に言を伝るは、身体の中府に鎮（しづま）る霊有（あ）り。物の触れる事に感（かま）けて、心に一つの思を生ず。此（ここ）に御為（いませ）られて身体の中府なる霊根の元気身外に出て風気を引き、下りて声を起こし、出る時に天気風気相交わりたる霊此（ここ）に御（いま）して、人の耳より入りて、人の身体中府なる霊根に入る」と、ことばの伝達のプロセスを考えていたのです。

ヤコブ・ベーメの言語論

さて、一七世紀初頭のドイツの思想家ベーメ（一五七五―一六二四年）も、ことばに対し日本の国学者に劣らぬ不思議な感覚をもっていた人でした。先に『旧約聖書』の天地創造の記事を引用しましたが、その冒頭の部分

「はじめに、神は天と地をつくられた」は、ルター訳ドイツ語聖書ではAm Anfang schuf Gott Himmel und Erdeとなります。これに対するベーメの解釈は次のようなものでした。

「Am（アム）ということばは、心臓の中で自分自身をつかみ、（生まれ）、唇へと突きすすんでゆく。そこで捉えられて、響きを立てながら、出てきたもとの場へとまた戻ってゆく。その意味するところは――、響きは神の心臓から出ていって、この世界の全域を包みこんだが、その時それが悪であると分かったので、響きはまた自分の場へと戻ったのである。」

「An（アン）ということばは、心臓から口へと押し出て、長く余韻を残す。発音されると、上あごの力によってその座の中央に閉じこもり、半分は外に、半分は内にある。その意味するところは――、神の心臓が堕落に吐き気をもよおし、堕落したものを自分の身から突き放したのである。しかし、それはふたたび捉えられて、心臓の中央にとめおかれる。舌がこのことばを半分に割って、半分は外、半分は内という具合に分けたように、神の心臓は、火のついたサルニテル［起爆剤］を投げ捨てようとは全くせず、悪魔の悪と欲のほうを投げ捨てようとするのである。そして、他の部分は、このあとで再びつくり直されることとなる。」

「fang（ファング）ということばは、心臓から口へとすばやく突きすすんでゆき、また舌の奥の方で口蓋によって制止させられる。そして、解き放たれると、心臓から口へとさらにはげしい勢いで押し出てゆくのである。その意味するところは――、これは、悪魔のくずを、堕落したサルニテルとともに、すばやく突き放すことである。というのは、力とスピードのある霊は、息を強く吐き出し、このことばの正しい調べや発音を、つまりこのことばの正しい霊を口蓋の奥にとどめておく。これは、堕落した怒りは神の光のもとから永遠に追放されているが、内なる霊は心ならずもそれを背負わされて、そのはじめの家にまた戻されることを意味している。最後の強勢ang（アング）は、最も内なる霊も堕落のうちにあってはもはや清らかでなく、そのため火中の怒りによって清められ燃えつきなければならないことを指し示している」。

六　宇宙に鳴り響くことば

神のことばの誕生

ベーメは、ことばを大脳皮質の言語野が行う知的な活動に限定されるものとは理解していませんでした。彼にとって、ことばは唇や舌、口蓋、喉などはもちろん情動や欲望、五感などを含めた一個の具体的な人間全体の中から誕生するものであり、神はもとより全宇宙にみなぎる力と響き合い交歓しあいながら、再び人間の中へ入り伝播してゆくものだったのです。ことばがそのことばを語った人間個人の人格とかたく結びついているのは、ことばが単に霊や精神、理性のものばかりではなく、人間の身体性や感情なども深く関わっているからにほかなりません。「ことばが肉になった」という『ヨハネ福音書』一章一四節の記述は、つまり本来純粋に霊的な存在であるはずの神が、ロゴスすなわちイエス・キリストとして肉体をとり人間になったという記述は、先に述べた新生体験によって私たち個人個人の中に神＝ロゴスが誕生することと呼応しているのです。自分は神の子であると心の底から覚醒し、神の子であることを各瞬間ごとに実践するとは、神のことばが自分自身の中に誕生し、かつて神のものであったことばが神を介して自分の、すなわち人間のことばに変容することにほかなりません。その時はじめて人間は、アダムのように万象に対してそれぞれの性質にあった命名を行うことができ（『創世記』二章一九節以下）、ことばによる神の創造の業に人間もこのような形で参加できるようになる、とベーメは考えました。はじめは一つしかなかったことばがさまざまな言語に分裂し、人々の間で意志の疎通がうまくゆかなくなった由来を説明するバベルの塔の物語（『創世記』一一章一節以下）も、神なしで天に到達しようとする人間の野心と傲慢がことばの混乱を引き起こした寓意と見なすことができます。しかし、ベーメは、分裂した各言語の中に聖霊の働きによって神のことばが新たに生まれ、各国語は各国語のまま神のことばを介して相互に容易に理解し合えるようになる、と確信していました。ベーメの『創世記』冒頭に関する神秘的解釈は、もちろんドイツ語であったからこそできた解釈ともいえますが、彼自身は他の言語においてもその言語特有の発声に応じた同様の解釈が可能であり、各国語の解釈がさまざまに展開されることによって神のことばの全容がますます明らかになってゆく、と考えていた節があります。

空海の言語論

ところで、日本語の「ことば」の語源は「言（こと）の端（は）は」であり、一般には、ことばによっては物事の一部しかいあらわせないという見方を表現していると解釈されています。ことばを糟粕（そうはく）、すなわち物事の本質のかすと見なす考え方は、世界に広く観察される言語観です。禅宗でいう「教外別伝（きょうげべつでん）」や「不立文字（ふりゅうもんじ）」なども、真理はことばや文字によってではなく直接心から心へと伝えられるものである、ということを教えるものです。しかし、言（こと）の端（は）の「端」とは、端的、端正、端厳などという用語もあるように、他からくっきりと区別されて個々のものが独自に明らかであることをも示しています。

たとえば、平安時代に真言宗を開いた空海は、如来の真理は必ず文字によって説かれる、と考えていました。つまり、「内外（ないげ）の風気、わづかに発すれば、必ず響くを名づけて声（こゑ）といふなり。響（ひびき）は必ず声に由（よ）る。声はすなわち響の本（もと）なり。声発（おこ）つて虚（むな）しからず。必ず物の名を表するを号して字といふなり。名は必ず体を招く、これを実相と名づく」と述べ、人間の内と外から出入りする気息の運動によって真理の声が響きわたり、その響きは必ず真理の実体を指し示す、と説いています。しかも、この声と字とは、人間から発せられるものだけを指しているのではないのです。「五大にみな響（ひびき）あり　十界に言語（ごんご）を具す　六塵ことごとく文字なり　法身はこれ実相なり」と空海自身がつくった偈に簡潔に表現されているように、現宇宙の中にある森羅万象すべてが真理の生命を響かせ合うことばであり、真理は現世においてもあるがままにその姿をあらわしている、というのです。このような言語観は、仏教における華厳宗の四種法界説や天台宗の本覚思想などに見られる真理界と現象界の相即論と同じ立場にあるといえるでしょう。また、中国の道教の経典である『荘子』（斉物論篇）に天籟、地籟、人籟ということばが出てきます。「籟（らい）」とは響きとか風によって鳴る音のことを指しますが、人間の奏でる楽器の音や声である人籟、風によって地上の山河草木から発せられる音である地籟、これら人間を含めた万象の響きである万籟（ばんらい）をあるがままに万籟として聞くのが天籟である、と説明されています。これも、真言や華厳、天台の言語観、自然観と相通じるものといえるでしょう。

キリスト教と仏教と

ベーメも、ロゴスであるイエス・キリストが人間の魂の中に誕生するという神秘的な宗教体験があってはじめて、ことばが神の生命体として、神、人間、自然万象のあいだを自由に活動し、人はすべてをありのままに見、受け入れることができるようになると語っています。そして、その時はじめて、星や海や山や川や石や草木などすべての被造物がそれぞれ自己独自のことばを使って互いに語り合い、また人間に向かって語りかけている声を聞くことができるようになる、といっています。しかし、一般にキリスト教の場合は、これらインドや中国、日本の諸宗教に見られる「自然のことば」という考え方はかなり希薄であるといえます。キリスト教においては、ことばはあくまでも神の似姿である人間に固有のものであり、ことばは神と人間をつなぐもの、しかも神と人間の間で結ばれた契約のことばでした。旧約、新約という場合の「約」とは、神との古い契約、新しい契約、の「約」の意味です。また、ことば、ロゴスが万象になったのではなく、人間になったということも、ことばと人間の結び付きの強さをいいあらわしています。キリスト教においては、新生した人間を中心に万物が救済される、という構図をとります。これは、ことばの中に自然を取り込み、一切衆生悉有仏性とか草木国土悉皆成仏などともいうように、自然万象に等しく神性が宿っており、人間とその他の存在物を区別しない、私たちに馴染の深いアジアの宗教の立場とは大いに異なるキリスト教の特徴といえるでしょう。

新生したことばの輝き

さて、以上のように、宗教のことばについてキリスト教を中心に考えてきました。もし結論めいたことを述べうるとするならば、次のようになるのではないかと思います。宗教的な覚醒の体験、別のことばで表現するならば魂の中に神の生命ないし真理が誕生するという不思議な、しかしその人にとって否定しようがない明らかな体験によって、その人のことばは神の生命から直接わきあがる光、愛となるのです。そして、ことばは、生命の響き、爽やかな風として人間ばかりか自然万象の中を吹き来たり、吹き去り、その運動によってすべてのものはくっきりとその個性をあらわし、エゴイズムを脱した上でわたしはわたしだと主張し合いながら、一つの大きな神の生命体という意味のコンテクストの中に生きることができるようになるのです。ということはすなわち、人間は人間や物と直接ぶつかりあうのではなく、たえずことば＝ロゴス、つまり神（ないし仏、如来、道、真理など）を介して出会うということです。コムーニオー（communio キリスト教用語では聖餐、つまりキリストの肉と血をあらわすパンとぶどう酒を食し、神と交わることを指すラテン語です）、すなわち神と人間と宇宙の交わりと合一は、神ということば（キリスト教的にいえばキリストの肉と血、つまり十字架の死、すなわち復活の生命と新しい契約の血）を介して行われるわけです。環境汚染ならぬ言語汚染に悩まされている私たち現代人に対し、もし宗教のことばになんらかの意義があるとするならば、宗教は人間のことばによるコミュニケーション（communication）を、このような広がりの中においてたえず考えつづけてきたという点にあるのではないでしょうか。

参考図書

テキスト

（1）『聖書』（フェデリコ・バルバロ訳）講談社、一九八〇年。

（2）『新約聖書』（柳生直行訳）新教出版社、一九八五年。旧新約聖書の邦訳は日本聖書協会訳をはじめ数多く出版されていますが、ここにあげた二つの訳は日本語としてよくこなれ、キリスト教に疎遠な読者にも読みやすいものです。また、バルバロ訳には聖書が成立した時代の歴史的背景や文化などに関する丁寧な小注も付されており、聖書を広い視野のもとで理解するためのよい手引きになるよう配慮されています。

（3）J・ベーメ『曙光』（征矢野晃雄訳）牧神社、一九七六年。引用したベーメの創世記の言語解釈は、本訳書の三七七頁以下に述べられています。なお、ベーメの宇宙的なことば観に関しては、『シグナトゥラ・レールム——万物の誕生としるしについて——』（南原実訳『ヤコブ・ベーメ』『キリスト教神秘主義著作集』第一三巻、教文館、一九八九年所収）によるのがよいでしょう。

（4）空海『声字実相義』『吽字義』（『弘法大師空海全集二』筑摩書房、一九八三年所収）。空海の言語観を知るために欠かせない二つの著作です。宇宙の根源にある真言＝神のことば（梵語）について、密教独自の視点から論じられています。本全集には原典の読み下し文とその現代語訳が収められており、初学者にもなじみやすいでしょう。

（5）福永光司『荘子』（新訂『中国古典選』七―九）朝日新聞社、一九六六―六七年。荘子は、老子とともに日本文化に大きな影響を与えてきました。荘子には、「真人の息は踵を以てし、衆人の息は喉を以てす」（太宗師篇）など、不思議で魅力的なことばが多数載せられています。普通はマイナスのものと見なされる「無」や「虚」、「遊」などを万象の根本に置く思想は、宇宙論としても興味が尽きません。読み下し文と懇切な注解が付されています。文庫版も出版されています。

（6）『万葉集』（『日本古典文学体系』四―八）岩波書店、一九五七―六二年。言霊に関して、山上憶良の「神代より　言ひ伝て来らく　そらみつ　倭の国は皇神の　厳しき国　言霊の幸はふ国と　語り継ぎ　言ひ継がひけり　今の世の　人も悉　目の前に見たり知りたり……」や、柿本人麿の「磯城島の日本の国は　言霊の　幸はふ国ぞ　ま幸くありこそ」などの歌が載せられています。日本の古代のことば観や感性、思想、自然観を知る上で欠かせないテキストです。また、『古事記』や『日本書紀』も同じシリーズに入っていますし、小学館や新潮社などから出版されている日本古典全集にも入っており、容易に日本の神話的世界を楽しむことができます。

参考文献

（1）豊田国夫『日本人の言霊思想』講談社学術文庫、一九八〇年。日本における言霊の歴史を万葉時代から現代に至るまで簡潔に述べた、言霊思想の入門書です。引用した川北丹霊朝弘と鈴木重胤もこの研究書からとっています。

（2）西郷信綱「言霊論」（『詩の発生』未来社、一九六〇年所収）。言霊の問題を主に和歌の伝統から掘り起こした好論文です。

（3）松山康國「〈息の根〉考」（久野昭編『神秘主義を学ぶ人のために』世界思想社、一九八九年所収）。ことばそのものの問題を取り扱っているわけではありませんが、キリスト教、仏教、道教などの諸宗教に見られる「息」の意味を知るには格好の小論です。

（4）幸田露伴「音幻論」（『露伴全集別冊』岩波書店、一九五八年所収）。日本語を音から解明しようとした画期的な論攷で、日本語のもつ音のさまざまな陰影を縦横に論じています。戦後すぐに出版されたものです。

（5）H・W・ヴォルフ（大串元亮訳）『旧約聖書の人間論』日本基督教団出版局、一九八三年。魂、肉、心など旧約聖書に出てくる重要な単語のもつ意味の広がりを検討しながら、当時の人々の身体観、人間観、神観を論じた研究書です。ルーアッハについても、一章があてられています。

(6) 南原実『ヤコブ・ベーメ　開けゆく次元』哲学書房、一九九一年。ベーメの生涯と思想を詳しく述べた研究書です。ベーメのことば観、神と人間と宇宙のかかわりについて、比較思想を踏まえながら叙述してある格好のベーメ論といえます。

(7) W・ベンヤミン「言語一般および人間の言語」（佐藤康彦訳『言語と社会　ヴァルター・ベンヤミン著作集三』晶文社、一九八一年所収）。ユダヤ教の宗教思想カバラにも造詣の深かったドイツの思想家ベンヤミンが、『創世記』のことばによる無からの創造、アダムの命名行為などを広く言語論から論じた、興味深い小論です。

(8) 八木誠一『イエス』清水書院、一九六八年。イエス・キリストの生涯と思想を跡づけるとともに、新約聖書の成立過程に注目し、聖書の記述に含まれているさまざまな問題点をも論じています。キリスト教に関心をもつ読者には格好の入門書です。

(9) 梅原猛『空海の思想について』講談社学術文庫、一九八〇年。主に空海の即身成仏論と言語論から、真言密教を哲学的に考察した好著です。

(10) 岡部雄三「聖書の神秘的解釈（解説と解題）」（『キリスト教神秘主義著作集』第一五巻、教文館、一九九〇年所収）。新生の体験によって聖書というテクストがいかに変容し霊的に読み解かれうるのか、その過程を『創生記』冒頭の解釈にそって論じた小論です。同書に収められている、ギュイヨン夫人（一六四八―一七一七年）を主源泉とした一八世紀前半期に成立した聖書解釈書『聖書の神秘的解釈』の翻訳も、その具体例として参考になるでしょう。

Ⅱ　マイスター・エックハルト（一二六〇―一三二八年）

表現者としての神と人間
――マイスター・エックハルトの神秘思想――

語りえぬものと神秘思想

言うまでもないことですが、「語りえぬもの」それ自体について語ることはできません。「語りえぬもの」を語りえたとするならば、その時点でそれはもはや「語りえぬもの」ではなくなるからです。しかしまた、わたしたちは、何が語りえないのかを正確に心得ているわけではありません。したがって、それまで語りえないものと考えられてきた事柄に肉薄し、それをうまく言いあらわすことに成功することもありうるわけです。さらにまた、語りえないものそれ自体が、たとえば歴史や自然のなかで語りうるものとして自らを啓示する、ということもないわけではありません。「語りえぬもの」について考えをめぐらせる楽しさや魅力は、そのようなところにあるのです。

さて、わたしたちのあいだに「語りえぬもの」ということばが投げ入れられたとき、おそらく三種類の波紋がそこに描かれるのではないかと思います。一、無関心。二、「語りえぬもの」は語りえないのであるから、そのようなものは存在しない。三、「語りえぬもの」については語りえないとはいえ、しかし語りえぬものとして存在し、なんらかの形で自らを明るみにだす。

この第三の立場に基本的にたつものとして、宗教があります。それは、宗教が、現世や人間を超えた語りえぬ何ものかに絶対的な価値を置くからです。抽象的な原理や法であれ、人格的な神であれ、あるいはその他のものであれ、宗教はこの絶対的なあれを抜きにしては成り立ちえないものです。そして、この本来的には語りえず、また語りつくせない絶対的なあれが存在し、意識されるされないを問わずこれが個々人に迫ってくるからこそ、人間はそれによって生き、活動し、ことばすることができるのだ、と考えるのです。

ところで、あらゆる宗教には神秘家と呼ばれる不思議で魅力的な人々がいます。彼らは、語りえぬものと絶えず向きあってきました。というのも、第一に、彼らは絶対的なあれに突如襲われ、これに圧倒されて実存的な変容を決定的に遂げさせられた人々だからです。第二に、彼らはこの語りえないものを言語化しようと情熱を傾けた人々だからです。しかも、誤解してならないのは、自分が体験した神秘をあるがままに言語化できたかどうかは別として、彼らはゆるぎない、透徹した認識を神秘体験によって与えられたという事実です。彼らを、たとえば幽体離脱した魂が見聞した天使界や地獄界、星辰界や死後の世界などの異界訪問記をものした、奇を衒う愚かな夢想家と決め付けることはできません。彼らの魂は、神を相手にそれこそ骨をぎしぎしきしませながら死闘する体験を、あるいは神に近づくほどに神がどんどん後退してゆき、魂自身ももろともに底なしの神の虚無へと転落する奈落の体験を舐めさせられるのです。そして、この危機をまさに奇跡的にくぐりぬけさせられた魂が、晴れやかで快活な存在へと生まれ変わり、透明で強烈な自我をもった新しい人間、再生し復活した人間としてこの世に再び戻ってきてこれを積極的に変革していくのです。そのとき、語りえぬ神は、人間、自然、歴史などのなかに自己を具体的に啓示し表現する神として、魂に有無をいわせず迫り来たる存在へと、鮮やかに転調していきます。それはまた、証明を要しないほど明らかな存在としての神が魂のなかに根付き、青々と豊かに繁茂していくことでもあるのです。

今日はその一例として、中世末期の、というより思想史的には近世の扉を押し開いた先駆的な神秘思想家の一人であるマイスター・エックハルト（一二六〇頃―一三二七／二八年）について少しくお話ししたいと思います。

エックハルトのドイツ語説教

エックハルトの著作のうちで今日のわたしたちにとってことのほか興味深い問いは、ラテン語で書かれた学術的な論考よりも、そのころ若々しい民衆のことばとして成長の著しかったドイツ語によって、修道女や一般信徒にむかって語られた説教のなかにあるのではないか、とわたしは見ています。彼は、ドミニコ会の指導者としてテューリンゲン教区長兼エルフルト修道院長（一二九四―一三〇〇年）、北ドイツとボヘミアの六〇あまりのドミニコ会修道院の管区長（一三〇三―一一年）、シュトラースブルク在のドミニコ会総長代理（一三一四―二三年）を歴任しました。また、スコラ学者としてパリ大学神学部教授（一三〇二―〇三年、一一―一三年）、ケルンのドミニコ会神学大学学長（一三二三年から逝去まで）を務めました。スコラ学の先駆者であるアルベルトゥス・マグヌス（一二〇〇頃―八〇年）に最晩年の薫陶を受け、スコラ学の大成者トマス・アクィナス（一二二五―七四年）が担当した栄えある講座をパリで受けもったエックハルトは、当時押しも押されもしない大学者であり、またドイツにおけるキリスト教界の有力な指導者の一人でもあったのです。

彼は、言うまでもなく学問がもつ意義とすばらしさに深く精通していました。しかし、超一流のスコラ学者であったからこそ、学問というものが必然的に背負わなければならない限界についても極めて鋭敏な感覚をもっていました。彼は、論理的分析による知解を尊重していましたが、それとはまったく異なる理解の鉱脈があることを探り当てていました。それは、一口でいえば、詩的言語でしか拓きえない真実の世界だったのです。彼の説教の大部分はミサの際に行われたものですが、具体的な時、場所、聴衆、聖句に自分の全実存を賭けかつ晒しながら、あたかも聖なる霊の風に吹かれるがままに自由に説き来たり説き去ったかのような躍動感がそれらにはあります。しかも、彼の強靭で天才的な思索力の軌跡が、これらの説教においてめくるめくような詩的形象と思いもかけない論理的飛躍を見せながらのびのびと鮮やかに練りこまれ展開されているのです。

彼の一回限りの説教がその聞き手らによって熱心に書きとどめられ、次々と書き写されたのは、そこにゆるぎない神秘体験が魅力的に語られていたからだけではありません。むしろ、その圧倒的な体験が追思考され、普遍的な問題として哲学的、宗教的に展開されていたからなのです。神と救いを渇き求めつつも、罪深いわが身を顧みて絶望の淵に立たされていた民衆の琴線にエックハルトの説教が触れえたのは、自分に恵まれた神秘体験を深く心のなかに秘めてゆっくりと醸成させ、その哲学的意味と歴史的意義を思索しぬき、神と人間の理解に新しい視点を提出したからにほかなりません。至高体験と柔軟な思索、しかもそれまで営々と積み重ねられてきた多様多彩な思索の伝統を踏まえつつ、それを超え出ようとする柔軟な思索との見事な結晶化が、そこに見られるのです。

万象と神からの逃走

では、エックハルトが追究した問題とは、いったいどのようなものだったのでしょうか。彼の関心は、人間がほんとうの人間になるとはどういうことか、ということに終始向けられていました。しかも、神と出会い神と一体となるという神秘的合一の体験を得ていたにもかかわらず、彼の思索は、いかにすれば人間は神の桎梏から解き放たれて人間としてほんとうの自由と自立を得ることができるのか、ということをめぐって行われているのです。

彼は、「離脱（りだつ）」ということをいいます。これは、彼の思索の大前提であり出発点でした。宗教の多くは、たとえば現世に背を向けることや利己的な自我からの脱却を説きます。憂世（うきよ）を捨て、さらには自己をも棄て去って神の命ずるところに素直に従うべし、というわけです。エックハルトもこのような考えを一応は肯定します。しかし、彼はまさにこの地点で立ち止まります。宗教が好んで口にする脱俗とは何を意味するのか、自己滅却とは現世における自己実現からの態（てい）のいい逃避であり自分を殺すことにほかならないのではないか、そしてなによりもここにいわれている神とは、いったい何者なのだろうか、という疑問と彼は正面から向き合うのです。そして、世にいう神とは単に人間や教会や学問などがかくあれかしと思い描いた神でしかなく、ありのままの赤裸の神ではないのではないか、またたとえまことの神であるにしても、その神が人間に相対（あいたい）し人間に何かをあたかも絶対的な顔つきをして命じつづけるかぎり、人間のひとり立ちということはありえないのではないか、と考えを進めるのです。エックハルトは、一方で一切の被造物性ないし利己性からの徹底的な脱却を主張します。しかしまた、その返す刀で、概念的な神、さらには人格的な神からすらの完全な脱却をも追究するのです。被造物性と神からの逃走――これが彼のいう「離脱」の中心的な課題だったのです。

さて、興味深いことに、彼はこの「離脱」をイエスの山上の垂訓（すいくん）の冒頭の句「浄福（さいわい）なるかな、霊（こころ）の貧しき者。天の国は彼らのものなればなり」（マタイ伝五・三）の「貧しさ」の教えと結び付けて考えていきます。

そのころ清貧の理念を世に広めた聖者として有名だったのは、小鳥に説教をしたことでも知られるアッシジの聖フランチェスコ（一一八一／八二―一二二六年）でした。無一物を旨として神の国の到来を世に告知し広めよというイエスのことば（マタイ伝十・五以下）に心を打たれた彼は、一枚の粗末な衣に縄を帯として人々の喜捨による生活を実践し、いわゆる托鉢（乞食）修道会であるフランチェスコ会を創設しました。この修道会は、エックハルトが属した、清貧や学問、説教を旨とするドミニコ会と並んで、一三、一四世紀のキリスト教界をリードしていきます。また、この時期は、ヨーロッパ社会において飛躍的な富の蓄積が行われ、とくに都市における世俗化が急速に進んだときに相当します。そのような時代にあって、なおあえて清貧を説くことの積極的な意義と秘儀をエックハルトは充分承知していました。彼は、外的なもの一切を捨て、荒行や断食、不眠、贖罪の業などに励む人々をそれなりに評価します。しかし、彼はまた、このような者たちとは実は多くの場合世の賞賛を得ることに密やかな愉悦を見いだし自分の救いだけを求める依存症のエゴイストにすぎないと喝破します。そして、イエスのことばにある「霊における貧しさ」に新しい啓示を読みとり、「外なる貧しさ」ではなく「内なる貧しさ」こそが、すなわち霊魂という内面空間で生起する「離脱」の否定性こそが、利己的な人間をほんとうの人間に変容させるのだと述べるのです。

魂は荒野を目指す

エックハルトは、人間を人間たらしめるものとして意志、認識、所有の三つをあげています。しかし、この三者も、彼にいわせれば、むしろ人間の利己的な生き方を支え維持するものと見なされています。というのも、意志は他の人々のためにではなくもっぱら自分の欲の実現に腐心し、認識はこの世における身の安全を確保する知識のみを追い求め、所有欲はすべてを自己のもとに集約し支配しようとするからです。

エックハルトの思索の大胆さは、この三者を神との連関において改めて考察しなおしている点にあらわれています。わたしたちは、聖者とは、自分の意志を神の意志に完全に添わせ、神の活動が自分のなかで十全に行われていることを認識し、神の働きそのものの場となっている魂を所有している人のことと考えがちです。なるほど、そのような生き方は、自己を滅却した、ある意味で英雄的なものとすらいえるでしょう。ところが、エックハルトにいわせれば、それはまだ究極の浄福（さいわい）、つまり神の国の到来にふさわしい内なる極限的な貧しさには到達していないというのです。なぜならば、そこには神の御旨を履行（りこう）しようとする意志が、自分のためにとはもはや言わないまでも真理のためや神のために生きるという認識が、神がそのうちで働く場所が、なお色濃く残っているからなのです。このように、エックハルトは、我欲ばかりか神や真理からの逃亡を、自由を、すなわち徹底的な離脱を、霊における貧しさを追究していくのです。しかし、否定に否定を重ね、すべてを否定して身心脱落（しんしんだつらく）したその果てには、いったい何が待ち受けているというのでしょうか。

　それは「荒野（こうや）」だ、とエックハルトは述べます。荒野とは、物質的なモノはもとより概念や思想、形式を捨て、意志や認識、所有をも捨て去って一切無一物となり、心身ともに一糸も纏（まと）わぬ裸となったわたしが体験する、身の毛もよだつような寒々とした死の光景にほかなりません。これは、おそらくはエックハルトがおよそ人間としてなしうるぎりぎりの体験であったと思われます。この荒野のなかに人間のことばが到達することはもはやありません。せいぜい暗示的なメタファのことばがその消息をわずかに伝えるだけです。彼は、この荒野を「闇（やみ）」、「底なしの淵（ふち）」、「一の一なる一」、「無」、「神性」などと名づけていますが、それは本来的には名すらをも超えた、語りえない何ものかにほかならないのです。しかも、わたしたちが離脱を深め貧しさの度を加えるにつれて、驚くべきことに神自身も人間によって与えられたレッテルを一枚また一枚と削（そ）ぎ落としていき、ついにはペルソナというあり方をも脱し、ヌードの神となって同じ荒野のなかへどんどんと退いていく、というのです。そのとき、この闇の荒野は、わたしたち人間に対してばかり秘められているのではありません。エックハルトは、この荒野は神自身に対しても隠されているのだ、と語ります。それは、神にとってすら語りえぬ何ものかにほかならないのです。

生命のことばの誕生

禅仏教ならば、無の境地に至り忽然として悟りを開く、雪中の梅花に似たり、とでもなるのでしょうが、キリスト教の伝統に根ざすエックハルトは当然のことながらまったく別の体験を述べていきます。

何もない静虚の荒野は無限に広がっていきます。これだけですと、人間は死の彼方へと消え去るのみですが、エックハルトはことここに至って思いもかけない霊（精神）の出来事をわたしたちに告げます。自分の概念や物差しが次々と壊されていった無の荒野のしじまに空前絶後の奇跡が起こる、というのです。それは、荒野の魂のただなかに神の子が誕生し、呱々の声を元気いっぱい響かせ虚空を満たす、という奇跡です。この奇跡はまた、突如分厚い岩盤を突き破って荒野のただなかに泉が口を開き、そこからこんこんと生命の水が迸り出、瞬く間に荒野が緑したたる沃野へと変貌するヴィジョン、あるいは霊の花が突如ぽっかりと開いて匂いやかに咲き誇り、荒野全体がめくるめくように美しいお花畑へと生まれ変わるヴィジョンとしても語られています。

荒野において影が一点の曇りもなく払拭されたあと、魂のなかに神のことばが到来する、あるいは神が誕生するというモチーフは、ギリシャ教父やラテン教父以来、キリスト教のなかで受け継がれてきました。エックハルトも、この伝統の流れのなかに身をおいています。しかし、エックハルトは、魂のなかにおける神の子の誕生を「突破」という魅力的なことばで表現しています。それは、修行や瞑想などによって階梯的に予定される神秘体験や悟りなどではなく、そのような因果関係を断ち切ったところで生起する、恵みとしての死の突破的克服であり、永遠の生命の突破的発現なのです。

ところで、ことがこれだけで終わるのであれば、結局のところ人間は神に一方的に依存し、絶対的に依属する存在となってしまい、自らの足で立ち自分の目標に向かって自由に歩いていけないことになるでしょう。しかし、エックハルトの体験は、そしてその体験を追思考した彼の思索は、そのはるか先まで見据えていました。語りえぬ深淵をたたえ、語りえぬ闇に接する父なる神によって神の子が生み落とされた魂は、今度は自らが父となって神の子イエスを父なる神の心のなかに生み返す、というのです。つまり、父がその永遠なることばを生む、実にそれと同じ根底により、魂は父とともに実り豊かに生む者となるのです。神がわたしを突破するのと同じように、わたしも神を突破する、というエックハルトのことばも同じ事情を物語っています。すなわち、神に会ったとき神を脱却して彼方へと突き抜け、自己に会ったとき自己を脱却して彼方へと突き抜けるとき、人間はそれまで自分が表象してきた神や自己から解き放たれ、ほんとうの意味で神々となり、イエスの兄弟となり、神の友となるのです。しかも、これは、エックハルトにいわせれば、学識や地位や人種などに一切関係なく、いつでもどこでも誰にでも普遍的に起こりうる救いの出来事にほかならないのです。

底なしの根底と魂の憤激の秘密

神の側からと魂の側からの両方向の「突破」があってこそ、人間の魂は自己存在の新しい根を神性の闇の奥底へむかってしっかりと張りめぐらせ、そこから生命の水を存分に吸い上げ、神の子がことばするのと同じことばを力強い真理のことばとして花束のように語り出すことができるようになります。神の子は、キリスト教においてはロゴス、すなわちことばです。突破という体験があってはじめて、人間は語りえぬものを自らのうちにたたえつつ、自己を生き生きと、またあるがままに表現することができるようになるのです。そのとき、わたしたちのことばは情報（インフォルマチオ）のそれであることをやめ、形式やノウハウを超えて人々を生命の輝かしい交わりへと招く変容（トランスフォルマチオ）のことばを語り出すことになるのです。

神がわたしの根底なのではなく、いわんやわたしが神の根底なのでもなく、ほかならぬ神の根底がわたしの根底であり、わたしの根底が神の根底である、というエックハルトの認識は、神は人間を必要とし人間も神を必要とするというキリスト教に特有の神と人間との相互依存的な関係に終止符を打ち、まったく新しい視点から神と人間のあり方を洞察させるものとなっています。すなわち、神が神自身から生きるのと同じく、わたしはわたし自身から生きるといわれているように、神も個々の人間も、それぞれ自分の根底に拠って立ち自己独自の存在を生きるのです。しかし、それらの根底は、それぞれ交換不可能なかけがえのない根底であると同時に、その根底が底なしの根底であるために同じ一（いつ）なる根底となっているのです。だからこそ、個々のものは自己の生命を、自己に恵み与えられた根底をしっかりと踏みしめることによって自立した自由な個人として生き、世界のただなかへと漕（こ）ぎ出していくことができるのです。

このように、根底から湧き上がる生命は、自分自身の根っことなったその根底の奥底の闇から奇跡的に到来するものです。「我（わ）が与うる水は彼のうちにて泉となり、永遠の生命の水湧きいずべし」（ヨハネ伝四・一四）というイエスの言がありますが、人間はもはや自分の外に自分の根拠（たとえば神や祭儀、親や家など）を求める必要はありません。神と共通の根底をもつ魂は、その根底から発する文字通り神々しい光とエネルギーにはちきれんばかりに満たされ、自由に行動できるのです。しかも、この新しい自分をありのままに肯定し、自らを楽しみ生かすことができるのです。しかし、このようなことが成り立ちうるのは、繰り返していえば、この根底が底なしの根底だからなのです。

しかし、それにしてもなぜ人間の魂は荒野を目指してやまないのでしょうか。それは魂の最内奥に、創造されることも創造することもできない、時間の埒外(らちがい)にある「あるもの」があるからだ、とエックハルトは指摘します。この「あるもの」は、何人(なんぴと)といえども、神すらもこのなかに入ることはもとよりわずかに覗くこともできない、堅固な城壁に護られた難攻不落の城に喩えられています。しかも、ダイヤモンドのように硬く、稲妻のような煌(きら)めきを発するこの明洙(めいしゅ)は、とてつもないエネルギーをうちに秘めており、突破を生起させるまでその衝迫と憤激を鎮めることができません。父なる神にも子なるイエスにも聖霊にも満足できず、いかなる艱難(かんなん)をも乗りこえて、「一の一なる一」である神の根底へ突入し帰還しようとするのです。というのも、この「あるもの」が、たとえほんの小さな火花のようなものであるにしても、まさに神の根底と同じ根底であるからです。

このように、魂のなかには、社会や共同体、あるいは自然などには決して回収されえない、この世のものならざる無垢の光が秘められています。つまり、人間存在の中心には非被造的なものがあり、それが荒野において神を超えた神と共鳴しあい、人間にほんとうの自由と自立を得させることになるのです。

新しい人間と世界の変革

わたしたちは、神秘的合一(ウニオ・ミスティカ)というと、神と魂が恋人同士のようにしっかりと抱擁しあい恍惚(こうこつ)のうちに一体となる合一や、神という大海に魂が一雫(ひとしずく)の水となって溶け込む融解的な合一などを考えがちです。しかし、エックハルトが体験した合一とは、神と魂それぞれをあらしめる根底と、その根底が踏み抜かれたところで生起するドラマでした。彼のまなざしが「天にまします神」という上方にではなく、地の底のさらにその彼方という下方と内面へと徹底して向けられていることは興味深い点です。
一切のものに対して純潔である貧しい魂を「乙女」とするならば、イエスを父なる神へと不断に生み返す魂は成熟した豊かな「女」ということになります。処女と母という普通ならば同時には両立しえない魂のあり方が、神の国の臨在を生きる魂の浄福なるあり方なのです。このような魂を宿す再生し復活した「新しい人間」は、もはや修道院の奥深くに身をやつす観想的な人間ではありえません。彼は、この世のただなかへと身をのりだし、神の充溢を現実の世界のなかで実現していく、晴れやかで活動的な生命を生きていくのです。

神の子の誕生によって、すでにこの世の終わりがはじまっています。エックハルトの場合、終末とは黙示録に描かれているような宇宙的カタストロフィーを意味するものではありません。それは、神の国の到来を指す浄福なるはじまりのことです。処女という絶対的な受動と、母という絶対的な能動が、何の矛盾もなく密接に絡み合って一体となっているこの渇望する神人は、世の中そのもののなかでというよりは世の中の傍らにありながら、いわば世の中に接線を引くような形で、この世に対し積極的に働きかけこれを変革していくのです。

したがって、エックハルトにおいて、自己を荒野化する、無化するとは、自己を抹殺することでも、神や霊的導師のうちに自己を無批判的に服従させることでも解消させることでもありませんでした。自己を空にし透明化することによって自己の臨界を明確に線引きし、語りえぬかのもののエネルギーをその自己のうちに自由かつ個性的に噴出させ体現させることにほかならなかったのです。しかも、絶対的なあれから到来することばを糧にして生き、思考しつつも、これにとらわれることなく、その息吹に充満されながら、自らに与えられた目的に向かって歩みを着実に進めることなのです。イエスは、生命を引き渡しても自己を捨てることを決してしなかった人物です。エゴから解放されて新たに生まれ変わった自己をつかんで放さないこと、そして何ものにもとらわれることなく空手で生きていくこと、それがこの真人の生き方でした。

神も人間も、闇をうちに孕む存在です。しかし、超越的な語りえぬ闇があるからこそ、神も人間も自己存在の根を確固として自己のうちにもちえ、またそれゆえに世界と相対していける自律的な存在となれるのです。ここにいう根、根拠、根底とは、いわば人間という建築物の礎石に匹敵するものです。しかし、エックハルトの場合、それは不動の固定的なマスと理解されているわけではありません。闇につながり、闇のなかから絶えることなく生命の水を吸い上げ溢れさせる、不思議な流動性と波動をもった首石（マタイ伝二一・四二、詩編一一八・二二、出エジプト記一七・六、コリント前書一〇・四）なのです。そして、この首石を自己の根とすることによって、神と人間は、自己が何者であるかを存分に認識し表現し実現する存在となれるのです。自己は、何ものとも知れない闇とつながっています。自己の根をしっかりとこの闇のなかに張ることによって、わたしたちは光の子として光のなかを軽やかに飛翔し、ありうべき自己と世界を実現させてゆけるのだ、とエックハルトは説くのです。そのとき、貧しさを宿しつつほんとうの豊かさに達した新しい人間は、本来的に未知である自分が自分であることを絶対的に肯定し、そのような自分をありのままに楽しむふるまいができるようになります。

何故の彼方を生きる

エックハルトのこのような考えは、あまりにも大胆で自由にすぎ、あまりにも個性的で制度的な規矩になじまず、あまりにも時代を先取りしたものでした。晩年の一三二六年、彼はケルンの大司教に異端嫌疑のかどで告発され、その審査をうけるため当時アビニョンに遷されていた教皇庁に赴き、そこで客死します。死後の一三二九年、教皇ヨハネス二二世はエックハルトの教えを異端説として断罪しましたが、人間の自立を神と世界とのつながりのうちに探究した彼の思想は地下水脈となって近代ヨーロッパをつうじ今日に至るまで脈々と受け継がれ、驚くほどの影響を与えてきました。そして、さらには文化的、宗教的文脈のまったく異なる極東の島国に住む現代のわたしたちに対しても、未来的とでもいえるほどに新しく魅力的な人間観を衝撃的なかたちで提示しているといえます。

エックハルトの思想が語りえぬ絶対的なあれがあってこそ成立していることは、疑いをいれません。彼にとって、それは証明を必要としないほど明らかにあるものでした。ところが、わたしたち無明(むみょう)に生きる者は、「語りえぬもの」とはいったい何なのだろうか、というほうにばかり目を奪われがちです。しかし、語りえぬものは、自明のことながら、ついには語りえないのです。これに対して、エックハルトは、語りえぬものから個々人のなかでそれぞれにふさわしく個性豊かに到来することばや響きにこそ耳を傾けるべきことを説いてやみません。それがたとい平凡なことばであったとしても、その人にとってはかけがえのない啓示のことばとなって迫ってくるからです。しかし、だからといって、これら思いもかけないかたちで自由に飛来する語り出されたことばにとらわれ、それを固定化してもなりません。なぜならば、生きるとは、一瞬一瞬が個性豊かな、繰り返しのきかない生命の非連続的な連続にほかならないのであり、概念化や対象化になじむものではないからです。すべてを捨ててこその貧しさがもたらす、ほんとうの豊かさの秘密がここにあります。そして、この神秘の根を身をもって生きる者は、生きることに対してもはや何故と問う必要のまったくない、あふれんばかりに充溢した力強い生命を生きるのです。

読書案内

マイスター・エックハルトのドイツ語説教の翻訳としては、

①相原信作訳『神の慰めの書』講談社学術文庫、一九八五年

②植田兼義訳「キリスト教神秘主義著作集六」『エックハルトⅠ』教文館、一九八九年

③田島照久編訳『エックハルト説教集』岩波文庫、一九九〇年

などがあります。

また、エックハルトの生涯や思想をさらに深く知りたい方には、

①上田閑照『エックハルト──異端と正統の間で』講談社学術文庫、一九九八年

②エルンスト・ベンツ（薗田坦訳）『〈神の像〉としての人間』（『エラノス叢書三』に所載）平凡社、一九九二年

③ベルンハルト・ヴェルテ（大津留直訳）『マイスター・エックハルト』法政大学出版局、二〇〇〇年

などが新しい展望を開いてくれることでしょう。

西谷啓治における西洋神秘思想研究の特徴について

はじめに

西谷啓治（一九〇〇―九〇年）の思想的出発点は、いうまでもなく西田幾多郎（一八七九―一九四五年）の哲学にある。西田は、言語による思索を事とするヨーロッパ哲学を研究対象としたが、大乗仏教、とくに言詮を超えた行を事とする禅のもつ括弧つきの思想性がヨーロッパ哲学に何らかの寄与をなしうるのではないかという立場から思索を進めていった。しかも、単なる寄与にとどまらず、ヨーロッパ哲学の根本的な問題に対して東アジアの宗教思想が決定的な貢献をなしうるはずであるという確信を抱いていた。しかし、西田は、禅をヨーロッパ哲学の枠のなかで語ることに対して慎重な態度を取った。一方、西田より一つ後の世代に属する西谷は、自己の思想的立脚点が禅にあることをはっきりと打ち出し、そこからヨーロッパ哲学の再構築を積極的に図ろうとした。すなわち、ヨーロッパ近代が直面していたさまざまな問題は禅の立場から大きな寄与をなしうるという主張を明確に打ち出そうとしたのである。

西谷の中心的な関心は、「空」ないし「無」の問題に向けられている。それは、第一に、自己の感性や感情に基づく実感ないし直感であった。青年期の西谷は、人生のはかなさと虚無に若者らしい不安と絶望を感じとっている。やがてこの思いは、西田や田辺元（一八八五―一九六二年）が唱えた「絶対無」の思想との出会いに触発されて、彼自身のなかで新たに「思想」として展開していくことになる。西谷が新プラトン主義やキリスト教神秘思想の研究に早くから取り組み、あるいはまたニーチェ以来のニヒリズムの問題を考究するに至ったのは、それらの思想的諸問題が彼自身の感覚的な内発的問題と切り離しがたく存在していたからである。彼の「宗教哲学」は、このような事柄を背景としながら成り立っている。

一　西谷の神秘思想研究――西と東

西谷は、日本におけるヨーロッパ神秘思想研究のパイオニアの一人であった。彼の神秘思想研究の成果は、以下のような著作に結実している。すなわち、『プロチンの哲学』（一九二九年）、プロティノス、アウグスティヌス、エックハルト、ベーメを論じた『神秘思想史』（『岩波講座・哲学』「思想史的哲学史」）（一九三二年）、『根源的主体性の哲学』（一九四〇年）の巻頭を飾った「ニイチェのツァラツストラとマイスター・エックハルト」（一九三八年六月稿）、「神秘主義の倫理思想」（『岩波講座・倫理学第一四巻』（一九四一年）、「独逸神秘主義と独逸哲学」（『日独文化』第四巻）（一九四三年）、「神秘主義の問題――信仰と理性（一）」（『哲学研究』第三三四号）（一九四四年）、「アウグスティヌスに於ける悪の問題」（『哲学』第一巻三号）（一九四六年）、「アウグスティヌスにおける知の問題」（『基督教文化』第三一号）（一九四八年）、「マイステル・エックハルトに於ける神と人間との関係」（『哲学季刊』第五号）（一九四七年）、「マグデブルクのメヒティルト」及び「独逸神秘主義」（『世界精神史講座』第四巻）（一九四〇年）の三論攷を収載する『神と絶対無』（一九四八年）、「アウグスティヌスと現代の思想的境位」（『基督教文化』第三四号）（一九四九年）、「神秘主義」（『現代キリスト教講座』第四巻）（一九五六年）その他である。それ以外に『ニヒリズム』（一九四九年）に代表されるニヒリズム研究（そこには、ドストエフスキー、ニーチェ、スティルナー、シェストフ、ハイデッガー等に関する論攷や座談会が含まれる）がある。また、シェリングの『自由意志論』（『人間的自由の本質』）と『哲学と宗教』の翻訳（一九二七年）も、ヨーロッパ神秘主義研究の流れのなかで看過しえない西谷の業績である。

以上のように、西谷のヨーロッパ神秘思想研究は、一九二〇年代後半から四〇年代に、すなわち二〇歳台後半から四〇歳台後半にほぼ集中して行われている。その後、西谷の関心は、次第にかつ確実に東洋の神秘思想の一つと見なされうる禅仏教を思想的に見直す作業へと集中していくことになる。この思想的重点の移行は、『宗教とは何か――宗教論集Ⅰ』（一九六一年）と『禅の立場――宗教論集Ⅱ』（一九八六年）という、彼の後期を代表する二著作へと結実した。ちなみに、『宗教とは何か』の六つの論攷のうちはじめの四篇は一九五四年から五五年にかけて『現代宗教講座』に発表されている。すなわち、『ニヒリズム』を書き終えてから『宗教とは何か』を書きはじめる時期に、西谷はヨーロッパの神秘思想の研究から東アジアの神秘思想である禅へと研究対象の重心を移していったわけであるが、それは単なる研究対象の変更というよりも、彼自身の思想的立場の自覚的な転回であり、禅的なもの、禅的な思考法、しかもきわめて日本的なそれへの回帰と見なすべき性質を帯びている。

以下、西谷の前半生を費やして行われた西洋神秘思想研究の特徴をいくつかあげておきたい。

（1）まず、一般的な事柄であるが、西田が生きた時代と比較して、西谷の時代はヨーロッパの思想的宗教的事情が日本において格段に明らかになってきていた時代といえる。また、ヨーロッパにおける同時代の思想的トピックスも以前よりはるかに迅速に、またより正確に日本へ紹介されるようになってきていた。さらに、個々の外国語能力に関しても、長足の進歩を示していた。西谷は、哲学史のコンテキストを踏まえたうえで、西洋哲学を形成してきた重要な著作の数々を主に原典によって地道に読み進めている。今日から見ればテキスト・クリティークの問題や思想的コンテクストの読み違えなど時代に起因する限界が見られるとはいえ、そこには、一般的な水準をはるかに越える深い理解と洞察がある。また、なによりも原テキストと直接向かい合いそこから自己の思索を深めようとする、研究の王道ともいえる姿勢は群を抜いていたと評価できるであろう。

（2）　先に挙げた、西谷のヨーロッパ神秘思想に関する論攷を見るならば、プロティノス、アウグスティヌス、エックハルトが主な研究対象である。ベーメについては、『神秘思想史』において一章を割き日本における先駆的なベーメの紹介を行ったが、その後西谷が積極的にベーメについて言及することはなかった。なお、シェリング『自由論』の翻訳は、いうまでもなく一つはドイツ観念論のコンテクストからなされているが、しかし西谷にとってはむしろそれ以上にベーメ神秘思想の哲学的読解という重要な側面を有していたことは明らかである。

（3）　プロティノス、アウグスティヌス、エックハルトという三者は、管見によればいわゆる「古い型の神秘思想」の代表的思想家の範疇に入れられる。しかし、西谷は、エックハルトの思想のなかに、いわゆる「新しい型の神秘思想」の端緒を見いだしていた。西谷がとくにドイツの思想に多くの期待をかけたのは、ほかならぬドイツ語によって近代ヨーロッパを形成する思想が生まれたこと、そしてその宗教の分野における先駆者はルターではなくエックハルトであることを見抜いていたからと考えられる。もちろん、ナチによるゲルマン的なものの称揚という当時の時代的趨勢と深く関わるものがそこに伏在していたことは否定しがたい事実である。

（4）　一七世紀前葉のベーメ神秘思想以降に対する西谷の関心は、一足飛びにカント、ヘーゲル、シェリングおよびそれ以降の哲学へと向かっている。その場合、ニヒリズムが中心的問題となる。プロティノスやアウグスティヌス、ベーメにおける悪の理解や、エックハルトやベーメの無の思想が、近代的ニヒリズムの先駆的形態として注目されているのが特徴的である。

（5）なお、西谷は、ラインラントにおけるエックハルトの影響（具体的にはタウラーやゾイゼ、デヴォチオ・モデルナの運動など）やオランダや英語圏におけるベーメの影響、ピエティスム等に代表される近世神秘思想への視角を持ち合わせていなかったと推測される。それは、一つにはこの分野の研究がヨーロッパにおいてもまだ盛んに行われるには至っておらず、またそれらの原典を入手するのが当時困難であったことに起因すると思われるが、それだけにとどまらず西谷のヨーロッパ・キリスト教ないしヨーロッパ神秘思想に対する関心が限定されたものであったことが大きな要因と考えられる。神秘思想に関していえば、西谷には、いわゆる「新しい型の神秘思想」、すなわち神性や無の問題を統合しつつイエス・キリストの謎を解明しようとさまざまな思想的試みを行った近世神秘思想の重要性に対する認識と知識が十全ではなかったと思われる。それはまた、キリスト教の中心に位置するイエス・キリストへの理解に対する取り組みが十全とはなりえなかったという事実と連動している。

（6）西谷のヨーロッパ神秘思想研究の中心は、エックハルトにある。エックハルトに対する彼の関心は、キリスト教神秘思想にあるというよりは、その研究の当初より、より一層禅との関係のうちに見られていたことは看過されてはならない点である。この意味で、西谷のエックハルト研究は、西田や鈴木大拙（一八七〇―一九六六年）のエックハルトに寄せる関心の延長上に、すなわち禅のバイアスがかかった理解の延長上に位置していたといえる。西谷には、禅をキリスト教の光のもとに見ようとする方向性が一方にはあるのであるが、しかし全体としては禅という視角からキリスト教を見ようという姿勢が強いといえよう。

（7）西谷は、キリスト教神秘思想に関心があるというよりも、神秘体験というものを宗教を宗教として成り立たせる決定的要因として理解しようとし、そこから生まれる神秘思想に人類にとって普遍的な思想を見いだし、そこに洋の東西を結びつけうる地平を得ようとしていた。西谷のキリスト教理解には深くかつ光るものがあることは言うを俟たないが、しかし西谷にキリスト教自体を歴史性をも含めてその全体性において理解しようとする姿勢が強くあったとは言いがたい。

(8) 体験と思想を安易に結びつけることに対しては、実はキリスト教神秘思想家たち自身がきわめて慎重な態度をとっていた。ビンゲンのヒルデガルトやマクデブルクのメヒティルトなどに代表される女性神秘家たちが自己に与えられた幻視を絵巻物のように、あるいは官能的に記述したのに対し、ヨーロッパ近世の思索を形成していったエックハルト、タウラー、ゾイゼ、ベーメ、アーノルト、クールマン、シレシウス、エーティンガー等々の神秘思想家たちは、自己の神秘体験について直接的に語ることにきわめて慎重であった。それは、神秘体験が修行や霊的修練などの行と結びついているからというよりは、むしろ神秘体験がこの世を、またこの世の人間を越えた超越的なロゴスと結びついていたことと深い関わりがある。確かに、神秘体験はイメージや形象、色彩、五感、陶酔、そしてその裏返しとしての絶望、憂鬱、枯渇などと深く関わっている。しかし、その最高の形態は、イメージ等を超えた白光体験にあると思われる。しかも、キリスト教神秘思想家、とくに近世の彼らは、その超越的な非存在のイメージないし光の体験を、ことばによって思索する糧として引き受けることを自らの使命とした。ロゴス(ことば)の重視は、キリスト教神秘思想の特徴である。ことばを越えたソレがあるからこそ、人間のことばの限界を知悉しつつその限界を突き破り、ことばによってソレに肉薄しようとするのが近世キリスト教神秘思想の根本的な態度であった。これに対して、西谷は行における体験、しかも禅的な悟りの体験を重視しすぎた嫌いがあり、それがひいては彼のエックハルト理解の限界を形成する大きな要因をなしている。

（9）西谷が、エックハルトの思想に個体化の過程を見ようと試みたのは、ある意味で卓越した視点である。確かに、エックハルトは近代的人間の存在構造を考究した卓抜な思想家として位置づけることができる。しかし、西谷がこれを「主体性」の問題に還元しようとするとき、超越的な神ないし超越的なXのソレの地平を消去させようとする方向へ向かうことになり（そこで用いられるのが「即」の論理である）、エックハルトにあった立体的な神と人間との結びつきの問題が深く考究されないまま打ち捨てられることになったと思われる。すなわち、西谷は、神との神秘的結びつきのうちに近代的人間の成立をエックハルトに見たというより、むしろ「神は死んだ」という事実を突きつけられた近代［的人間］の超克の可能性をそこに見ようとしたといえるのである。西谷がベーメに関する関心をもちつづけその研究をさらに一歩進めえたとするならば、彼自身の立論がキリスト教神秘思想すべてに対して有効でないことが明らかになったであろう。しかし、キリスト教神秘思想の流れにおいてエックハルトにあまりにも特権的な位置を与えたがために、西谷の、すでに禅的な色彩を強く帯び、キリスト教への視点を充分に持ち合わせているとはいいがたいエックハルト理解にはある種の限界ないし歪みが認められることになり、それはまた彼が提起した近代［的人間］の超克の処方箋に対しても疑義が唱えられざるをえない理由となっているのである。

二　西谷のエックハルト理解について——マリアとマルタに関する説教を一例として

西谷のエックハルトに関する論は、「エックハルトに於ける神と人間の関係」（『神と絶対無』所載。初出一九四七年）を主要論文とする。その「五　実践の立場」の章において、西谷はドイツ語説教八六（マイスター・エックハルト批判版全集の番号による）を例にとって、エックハルトにおける実践的思想の優位を論じている。なお、西谷が依拠したエックハルトのテキストは、主にプファイファー版（Franz Pfeiffer: Deutsche Mystiker des vierzehnten Jahrhunderts, Bd. 2: Meister Ekhart, Leipzig 1857）と現代ドイツ語訳のビュットナー版（Hermann Büttner: M. Eckharts Schriften und Predigten, I, Leipzig 1903, II, Jena 1909）であり（『神と絶対無』序文、九―一〇頁。以下『神と絶対無』からの引用は『西谷啓治著作集』第七巻に拠り、その頁数を付記する）、クヴィントやコッホらによって編纂された画期的な批判版全集（1936ff.）は用いていない。ちなみに、説教八六に関しては、これを所載する批判版全集は西谷がエックハルト論執筆当時はまだ刊行されていない。なお、批判版全集のうちドイツ語説教に関しては、その真正性の高いものから低いものへと配列されている。エックハルトに帰されるドイツ語説教の数は百あまりあるが、八六という番号を付されたこの説教は、その真正性が確実なものと今日の学問的研究によって判断されている（Meister Eckhart: Die deutschen und lateinischen Werke. Die deutschen Werke. Herausgegeben und übersetzt von Josef Quint, Bd. 3 (1976), S. 478）。このような判断が提出される時期以前の発言ではあるが、西谷はエックハルトの「思想内容に関する限り、真偽の問題にそれ程深く拘泥する必要はない」と述べ、エックハルトにせよ、偽ディオニシウスやエリゥゲナにせよ、「神秘主義者の間に於ては、その経験が同形的であるために、他の場合に於けると異なって、根本の思想に共通性が著しい」（同九頁）と指摘している。しかし、西谷のこのような神秘思想理解が近世におけるキリスト教神秘思想の不十分な理解を表明していることは、上に述べた如くである。

さて、説教八六の冒頭に掲げられている、ルカ伝一〇章三八節以下の聖句は、マリア被昇天の祝日（八月一五日）ないし聖マルタの祝日（七月二七日）に用いられるものである。説教の内容から推して、この説教が後者の祝日に行われた公算が高いと思われる。

ところで、この説教における登場人物は、イエス、姉妹のマリアとマルタの三人である。ちなみに、ヨハネ伝によればイエスによって復活させられたラザロはこの姉妹の兄弟である。さて、ルカ伝の該当箇所によれば、イエスは、自分の足元に座っていわば恍惚としながら自分の話に聞き入っているマリアを、饗応のためにあくせく働くマルタよりも高く評価している。マルタは、一緒にもてなしの準備をするようにマリアをたしなめてくれるようにとイエスに要求するが、これに対しイエスは「マルタ、マルタ、あなたは多くのことに心を配り、思い煩っているが、必要なことはただ一つだけである。マリアは、その良いほうを選んだ。それを彼女から取り上げてはならない」（四二節）と諭している。このように、聖書の該当箇所によれば、マリアがマルタよりもイエスの意に適ったあり方とされていることに異論の余地はない。

しかし、エックハルトの説教では、マリアよりもマルタのほうが優れた存在であるかのように主張されている。マルタは、「円熟した年齢と、極限にまで鍛え抜かれた（魂の）根底」（以下の同説教訳は岩波文庫の田島照久訳をほぼ用いた）をもった姉であり、「愛の命ずる最高のものを目ざして、外的な仕事を手際よくさばくことを知る賢明さ」を備えている、とされている。一方、マリアは、「なにものともわからぬものに思い憧れ、なにものともわからぬものを願」っており、「キリストの口から流れ出る永遠のことばよりも……甘美な慰めと歓喜」に恍惚としている妹、と描写されている。エックハルトは、これを受けて感覚的満足と精神的霊的満足を区別して、次のように述べている。「感覚的満足とは神がわたしたちに慰めと歓喜と充足［満足］とを与える。この内にひたっていることは、低い次元のことであって、愛する神の友においてはありえないことである。これに対して、精神的満足とは、精神における充足であるが、魂の最高の梢がいかなる歓喜の重みによっても撓ることなく、喜悦に溺れることなく、むしろ力強くそれを超えてそそり立つとき、それをわたしは精神的満足と言うのである。被造物の愛も苦しみも魂の最高の梢を撓えさすことができないとしたら、そのとき人は精神的満足の内にあると言えるのである。」また、「マリアがマルタを知るよりも、マルタはマリアをはるかによく知っていた」とも説かれている。

ところで、ルカ伝に録されたイエスとマルタの問答に関して、エックハルトは独特の解釈を提示する。マルタのことばは、マリアへの不機嫌な叱責では決してなく、いわば「愛の叱責」とでもいうべきものであった、という。それは、「マリアがこの［恍惚の］歓喜の内に立ちどまったまま、先に進まなくなることを恐れた」がゆえにあえて「愛の叱責」を口にのせたのである。これに対するイエスの返答も、エックハルトによれば、これまたマルタを叱責する口調で言われたのでは決してなく、むしろ「マリアは彼女［マルタ］が望んでいるようになるであろうと慰め」る意味で語った、とされる。

さらに、イエスが「マルタ、マルタ」と二度呼びかけた意味を、エックハルトは次のように説く。すなわち、それはマルタが「時間的な善」と「永遠なる善」との両方を、つまり「ひとつの被造物が所有できる一切のものを、ことごとく備えていた」ことを、「永遠の浄福のために必要なもののうちで、彼女に欠けているものは、何一つない」ことを示すためであった、というのである。そして、マルタがマリアよりも称揚されるのは、「生きることは最も高貴な認識を贈ってくれる」という事実から発していることを指摘する。

このように、エックハルトの説教八六は、マルタをマリアよりも優れた者として位置づけていると読みうるものを含んでいる。事実、西谷はその方向で同説教を解釈している。すなわち、観想的生から実践的生への転換がエックハルトにおいて説かれている、という理解である。しかし、西谷の解釈は、それだけにはとどまらない。

マリアは「一切を一つとして観る知的直観の立場」であるが、一方マルタは「更に進んで実生活に還り、一切を再びその如実な差別相に於て識る立場」を寓意し、「然もそれが単に認識だけの立場でだけではなくして、諸々の業に即した徳の実修に現はれ来る認識」の体現者として把握されている（同九〇頁）。また、マリアの恍惚境に関しては「幾分かゝる気分を楽しむためであったと疑はれる節がある」と目され、これに対してマルタの霊は「神なしに独立出来る境地」（傍点筆者。以下同様）にあると指摘され、賞賛されている（同九〇―九一頁）。さらに、マルタの立場は、「時間と永遠との相即の立場、単に時間を離れた永遠ではなくして、時間の直中に於ける永遠の立場」であるとされる。きわめて禅的な理解の方向性を孕んだ解釈といえる。

（1）　しかし、マリアとマルタに関するエックハルトの説教のテーマは、観想的生と実践的生という、たとえばトマス・アクィナスなどにすでに見られる二分法のうちどちらがより優位にあるかというものではなかったと思われる。この説教でまず主題とされているのは、神愛と隣人愛という二つの愛のあり方である。それは、ルカ伝においてマルタとマリアの物語が「善きサマリア人の譬話」（一〇章二五節以下）の次に載せられていることからも明らかかと思われる（ちなみに、マルタとマリアの話のあとには一一章の「主の祈り」の提示が続く）。イエスによって最も重要な掟とされたこの二つの愛（マタイ伝二二章三七―四〇節）は、愛自体の成就の難しさばかりか、これら二つの愛が互いに両立することの難しさをも示している。すなわち、神への愛に沈潜する者は隣人への愛を懐くことときわめて困難であり、隣人への愛を実践する者は神への愛をしばしば容易に忘却する。二つの愛それぞれの存立ばかりでなく、その両立もまた人間には至難の業なのである。

（2）　エックハルトの説教で第一に強調されていることは、魂の中心にはマリアのあり方がまずあるべきであるという点にあると思われる。エックハルトによれば、人間存在の根底に輝いていなければならないのは神と魂との愛の交流であり、イエスの魂と合一した交わりである。それは確かに陶酔、脱魂という現世的形態をとることもあるが、しかしそれだけにとどまるものとはされていない。その陶酔ないし脱魂は、イエスが魂のなかに生み出すことばの知解と、すなわちイエスの生命のことばと深く結びつくべきものである。このようにして、マリアの魂のなかでイエスのことばが、すなわち父のことばが根付き成長していくのである。

（3） マルタもまた、マリアと同じように、魂のなかにおけるロゴスの不断の誕生を刻一刻と生きている。この点においては、この二人の姉妹は同じ境位にある。しかし、マルタの抜きん出ている点は、彼方の神の世界から此方のこの世へと戻り、つまりエクスタシスを脱し、垂直的な神愛を魂の奥底に懐きつつこの世の家政（Haushaltung）に、さらにいえばこの世における神のオイコノミアに精を出していることである。そのもてなしの相手は、人間一般とされているわけではなく、イエスその人に対してである。イエスへの愛が、この世の家政を成立させ、隣人愛を成立させる決定的な契機となっている。エックハルトが指摘しているように、マルタがたしなめるようイエスに願っているのは、マリアをイエスへのもてなしへ協働するようにということである。この三者の構図は、隣人愛に関して興味深いことをわれわれに示しているように思われる。聖書においても、エックハルトの説教においても、マルタはマリアに直接ことばをかけてはいない。イエスに仲介を依頼する形で、マルタのことばはマリアに伝えられるようにされている。しかも、イエスは、マルタのことばをマリアには伝えてはいない。むしろ、イエスは、マルタの優しくたしなめるマリアへのことばを引き取りつつ、マルタに対してマリアのあり方を擁護している。隣人愛は必ず神愛を経るものであること、また神愛は必ずしも人間の要求を隣人にもたらすものではないこと、がここに明らかにされている。

（4） エックハルトは何も語っていないが、彼がマルタをマリアより高く評価したのは、イエスをメシアであることばによって告白した唯一の女性としてマルタが福音書に録されている（ヨハネ伝一一章二七節）からと推定される。ところで、すでに指摘したように、西谷がマルタにマリアより「一層高い境地」（同八六頁）を認めるのは現世における「実践の立場」（同八五頁）のゆえであり、実生活において「徳の修練」（同八七頁）が行われ、マリアに見られるような「生を遊離した単なる法悦や観照」ではなく、「生とそのうちに融かされた一層高い法悦や観照」（同八七頁）にまで到達していたからである。確かに、エックハルトが観想よりも実践を重んじる近代的人間を重視したことは疑いを入れない。しかし、いうまでもないことではあるが、エックハルトは、観想ないし思念の世界と実践の世界の両方がなければ人間は立ち行かないことを充分に心得ていた。もし実践の世界だけがあるとするならば、その場合は歴史の問題と理念が切り捨てられ、自分だけが生きていくことが第一とされ、ひいては自己保存と家内安全と鎮護国家のみが追求されることになるからである。神的思念の世界があってはじめて、自己の破滅を恐れずに新しい何かを実行するという立場が出てくるのである。

（5）　エックハルトの場合、この思念の世界は、「突破」（durchbruch）によって成り立つ父なる神、子なるイエス、聖霊の三つの位格が生み生まれる永遠界における運動のダイナミズムによって成り立っている。その中心的な教えは、なるほど人間が父なる神に変容する点に求められている。しかし、突破とは魂における神の子の誕生と表裏をなしていることからも知られるように、それは永遠の生命の誕生であるとともに、生命にあふれることばの誕生であった。人間は神ないしイエスと絶えず対話することによってはじめて永遠の生命を生きることができる、とエックハルトは主張するのである。一方、西谷は、実生活を強調するものの、生命あふれることばについて語ることには関心を寄せていないように思われる。それは、西谷がエックハルトによって向かおうとする先が禅的な言詮を超えた空にあるからと考えられる。エックハルトは、ことばを超えたソレ（神性）を知っているが、しかし人間存在の根拠ないし根底をなすのはソレから到来するイエスのことばであることを明示していた。エックハルトは、西谷が指摘するような「神なしに独立の出来る境地」（同九〇―九一頁）、「神をも超えた神性のうちで『神なしに』独立する人間、自己自身の現身に帰った人間」（同九四頁）を単純に語ったわけではないのである。

（6）西谷は、エックハルトのことばである lediglich zu wirken を「空にして能作すること」（同九九頁）と訳している。ここにいわれている lediglich とは、一切の既成概念（bild）を捨て去ることを意味している。一切の概念や表象から解き放たれた「砂漠」が語られるゆえんである。しかし、西谷はその「空にして」を開いて「神性の無に於て自己自身を滅する空却」（同九九頁）であると述べる。そして、それを「ohne Warum（何故といふことなしに）」（同一〇〇頁）というエックハルトのことばと結び付けて論じ、「無心に（従ってまた真の意味で一心に）能作する立場」（同一〇一頁）であると述べている。エックハルトの自由論は、あれかこれかという選択の自由としてのそれではなく、何々からの自由であり、逃亡、脱却としての自由である。西谷の議論は、読者をして禅的な「空」の思想へと誘おうとしている。そして、「何故なしに」を、理性的立場の放擲のように理解させようとしているかのような印象を与える。しかし、エックハルトの議論は超越的なロゴスをめぐって行われているのであって、理性が理性としてあるべき位置は確保されていると考えられる。

（7）西谷は、思念の世界を否定的に見ていたわけではない。「無作の能作……の行には、外的・時間的な業と内的に観られる永遠なる原像又イデアとが、端的に一つに合してゐる」（同九二頁）、「もとより此の実践の立場は観照を含まぬものではない」（同九四頁）、「実生活に於て理性的な弁別を以て徳行を行ふ身体的人間」（同九七頁）、「一切のもののイデア（原像）を弁別する永遠なる理性の光を含み、そして世間の多事に『心労ひ』を以て携はること」（同九九頁）などの指摘が見られる。しかし、「エックハルトの特色は、実生活の実践性が思想そのものと一致し、思想をその高みに導く原動力となってゐるところにある」（同八五頁）と述べられているように、現世における修練に大きく軸足が置かれた立場が強調されている。思想に対する実践ないし実生活の優位である。しかも、この論考全体を方向づけていることば遣いは、「空」「空却」「放下」「相即」「無礙の境地」「無障礙」などの語からも分かるように禅的なものであり、しかも「仏に逢うては仏を殺し、祖に逢うては祖を殺し」というような方向性をもつものと推測される。ロゴスにではなく、修練や修行階梯に西谷の思惟が傾いていることは否定すべくもない。マルタのマリアに対する優位性を語る場合、西谷は「徳の修練に於ける徳の形像的認識」ということを、あるいは「実生活に還り、一切を再びその如実な差別相に於て識る立場」（同九〇頁）を強調する。しかし、ここで注目すべきは、修練という実践的働きよりは、むしろ現世の意義のほうと思われる。すなわち、現世という具体的な他者の世界においてこそさまざまな理念の真偽が試される、という現世観である。エックハルトにおいて、超越と並んでキリスト教の重要な契機となる創造の問題は影が薄い。しかし、はじまりと終りという限界をもった被造界においてこそ超越的理念が試され吟味されるというエックハルトの考えには、現世の積極的意義が雄弁に語られているといえる。この世でできないことがかの世において可能になる、ということはありえないのである。

（8）　西谷がエックハルトを禅仏教の立場から解釈しようとする、その立論の大前提こそが問われなければならない。『神と絶対無』の「序文」で、西谷は次のように述べている。「エックハルトも人格的な神を超えた『神性』を絶対の無と呼んでゐるが、それと仏教でいふ無との間には、基督教と仏教、或は広く西洋精神と東洋精神との間に於けると等しいだけの根本的な違ひがある。其等は既に違った『世界』のものである。違ひといふことからいへば、両者は全面的に違ってゐて、同じところは少しもないともいへる。……併し、基督教の世界に属するものでありながら、エックハルトの神秘主義には仏教の立場と触れ合ふところがあり、霊犀一点の相通ずるものが感ぜられる。そしてその相通ずるものは、両者が『世界』を異にしてゐるだけに、返って最も深く最も根本的であるともいへるのである」（同三頁）。そして、西谷は、エックハルトの「基督教的体験そのものが仏教的体験との照応を含む」ことが「私［西谷］にとっては、かなり重要な事情」であると述べ、さらに各宗教の「差別の自覚よりも大同の自覚のほうが一層大切」（同五頁）であると指摘している。また、「宗教的生に於ける普遍性」という点から、「神秘主義」の意義に着目し、神秘主義こそが「希臘哲学と基督教とを貫通し、カトリックと新教とを貫通し」、「回教」や「婆羅門教」はもとより「仏教」においても「それの身心脱落した形態」において神秘主義が宗教の核心にあると西谷は主張し、「世界が真に一つの世界となって行く時、世界霊性史の将来に於ける展開は、神秘主義に深い関係をもつであろう」と述べ、そこに「基督教に属しつつ然も仏教と相通ずるところを含むエックハルトの神秘主義」（同七―八頁）に関心を払うことの意義を語っている。しかし、あらゆる宗教に神秘主義的要素があることを認めたとしても、それが一枚岩のような共通した神秘体験であることは考えがたく、またそれが同一の思想へと自動的に接続するわけでは決してない。それは、各宗教における神秘思想の実態を観察すれば明らかであり、またキリスト教にかぎったとしてもその神秘思想の歴史的展開に徴して疑いを入れない。

（9）　西谷は、禅の「悟り」がキリスト教の「神秘体験」と照応しているという観点からエックハルトの思想を考察したが、いうまでもなくその両者の構造は大きく相違している。エックハルトの場合、超越の問題が大前提となっている。エックハルトの思想に仏教的な「即」の論理は適用できない。また、エックハルトの場合、べーメとは異なり、イエス中心の神秘思想ではない。一者を前提としつつ父なる神を中心に構成されているのが、エックハルトの神秘思想の特徴である。彼の思想が、中世と近世の分水嶺とされる所以である。さて、禅の「悟り」は、迷妄に覆われた本来の自己の覚醒が問題とされる。しかし、エックハルトの場合、突破の教えからも分かるように、自己本来の目覚めが問題とされているわけではない。確かに、魂のなかに創造以前の「火花」が、「梢」が、「城」が存在する。しかし、それを蔽っている覆いが何らかの契機によって取り払われて非創造の火花が現れると考えられているわけではない。すべての観念や概念を捨て去る砂漠へ赴いた魂のなかに、なんの因果関係もなく、突如思いがけない形で、神の恩寵により神の子が誕生するのである。それは本来的に自己のなかにあった何者かが覚醒するという体験ではなく、これまでとはまったく異なった存在への新生体験と考えられている。このような神秘的体験によって禅の悟りを測るならば、それは超越的な体験とはいわれない何ものかである。それは、当然のことであろう。即の論理に貫かれる禅においては、超越はもはやありえないし、この現世界と完全に区別される領域もありえないからである。禅は、「日々是好日」を標榜する日常底の宗教であって、キリスト教にいうところのまったく新たなものとは無縁である。その意味において、禅の悟りをキリスト教的に理解された神秘体験ということはできないと思われる。

(10)　エックハルトは、魂のなかにおける神の子の誕生について語り、そこから瞑想的というより実践的な人間の誕生を語ったが、この新しい人間がどのような生きかたをするかについては具体的には何も語っていない。その意味では、説教八六は例外的なものといえる。また、西谷が「絶対無」という形で述べる「無」についても、エックハルトは多くを語ってはいない。西谷や鈴木大拙がエックハルトに見ようとした「無」の思弁は、真正のエックハルト文書にはあまり見かけられないのが実情である。したがって、無をエックハルトの中心的思想とすることは、今日の文献学からすればもはや不可能となっている。もし無をヨーロッパ神秘思想において語るならば、エックハルトではなく、ベーメをもってこなければならない。事実、西谷は、ベーメの無について『神秘思想史』においてすでに論じたのであるが、そこではベーメの思想を積極的に禅と関連づけることはしていない。同著はおおむね禅からのアプローチがされていないのであるが、また西谷はベーメの神智学的側面、たとえば創造の問題やアダムの転落と第二のアダムであるイエスによる救済論にまで筆を進めることもしなかった（『著作集』第三巻一五二頁）。それは、ベーメの神智学においては、イエスを中心とする新しい型の神秘思想が構築されていたことが大きいと思われる。西谷においては、イエスとは何者かという問題が積極的に語られたことはなく、むしろそれを避けていたかのように思われる。それはまた、禅が求める人間が非人間的な存在を目指さなければならなかったことと対比して、ベーメの場合は超越的なものを胸に懐きつつ現世を生きる生身の人間へ関心が高かったことに対する西谷の違和感が強かったため、あるいは理解が行き届かなかったためといえるのかもしれない。

（11）結局、西谷においては、禅との関連性からキリスト教神秘思想を代表する者としてエックハルトが選ばれたわけであるが、しかしエックハルトのみをキリスト教神秘思想の代表者とすることの思想史上の無理がそこにあったといえる。それは、彼の関心がヨーロッパ神秘思想研究の当初から禅によって方向づけられていたことから生じる歪みであったことはすでに指摘した。そして、西谷による禅思想への本格的な取り組みは、『宗教とは何か』や『禅の立場』などの著作に結実したのである。しかし、西谷の禅理解が果たして的を射たものなのか否かは、改めて論じられなければならない課題として残されているのである。

マイスター・エックハルトと『ドイツ神学』における キリスト中心主義的な神化思想

一

少なからずの日本人がヨーロッパのキリスト教文化に対して漠然とした憧れをいだいているにもかかわらず、日本ではキリスト教はとても難解でそれほどポピュラーな宗教でもない。そのことは、一八六八年に約二三〇年続いた鎖国（一六三九―一八五八年）が終わってこのかた、キリスト教を信仰する日本人は人口の一パーセントにも満たないことがよく示している。日本同様儒教や仏教の影響力が強い韓国では人口の一五パーセントがキリスト教会に所属していることを考えれば、日本でキリスト教に対する抵抗感や拒否感の強さには目を見はらされる。

しかしヨーロッパ人ならこれ以上に、キリスト教の神秘思想が長きにわたって日本人の関心を引き続けているという事実に目を見はるだろう。ニュッサのグレゴリウスからルイ＝クロード・サン＝マルタンまでの翻訳を収めた、キリスト教神秘家の一七巻に及ぶ選集が存在するし、マクデブルクのメヒティルト、マイスター・エックハルト、ヨハネス・タウラー、ハインリヒ・ゾイゼ、ニコラウス・クザーヌス、ヤーコプ・ベーメ、『ドイツ神学』、アンゲルス・シレジウス、ヴァレンティン・ヴァイゲルの著作を収めた一二巻のドイツ神秘主義叢書もほとんど完結している。

日本ではなぜキリスト教よりキリスト教神秘思想が好まれるのだろう。その理由にはおそらく、キリスト教神秘思想が詩的であったり、自然崇拝的であったり、複雑で非論理的に見えるドグマから自由であったり、なによりそこに仏教や道教の神秘思想に近いものを感じたりするなにがしかの錯覚に由来するのではないか。ある点でそうした見方はまったくの誤りというわけではないが、しかしキリスト教神秘思想は当然のことながらキリスト教に深く根ざした思想なのである。キリストの託身を信じない日本人は、キリスト教神秘思想であればイエス・キリストなしでもキリスト教が成り立ちうると考えているのであろうか。いや、これは私のただの思い過ごしなのだろう。

前世紀に、ルードルフ・オットー（Rudolf Otto 一八六九―一九三七年）、フリードリヒ・ハイラー（Friedrich Heiler 一八九二―一九六七年）、エルンスト・ベンツ（Ernst Benz 一九〇七―七八年）といったドイツの宗教学者たちが、いろいろな宗教の根本には、ヌミノーゼの直接体験があるというテーゼを立てた。彼らによれば、さまざまな宗教の共通の根っこは神秘的な要素のなかに見つけることができ、そこに宗教間の和解の可能性がある。いわゆる京都学派の創始者西田幾多郎（一八七〇―一九四五年）と有名な禅師鈴木大拙（一八七〇―一九六六年）は禅仏教の神秘思想を西洋の、特にマイスター・エックハルトの神秘思想と比較し、大乗仏教の空の教えから東アジアの無の哲学を構想し、無をめぐる東アジアの思考がいかに大きな意味をもっているかを論じようとした。西田の弟子である西谷啓治（一九〇〇―九〇年）とその後継者上田閑照（一九二六―）は京都大学で、独自の学派を立ち上げ、禅仏教の観点から西洋神秘思想を研究した。

二

管見によれば、西洋神秘思想には二つの主潮流がある。新プラトン主義の強い影響のもとに生じ、五世紀末から六世紀初頭に擬ディオニュシオス・アレオパギタによって決定的な性格づけがされた神秘神学（テオロギア・ミュスティカ）と、旧約聖書の雅歌に由来し、すでにオリゲネス（Origenes 一八五／六―二五六年）にもみられる婚礼神秘思想である。（オリゲネスの師はアンモニオス・サッカス（Ammonios Sakkas 二四二年没）であるが、新プラトン派の創始者プロティノス（Plotin 二〇五―七〇年）も若い頃彼に教えを受けていた。）この二つのキリスト教神秘思想の成立に、ある謎の人物が決定的な役割を果たしたという事実を指摘できるかもしれない。仮説であるが、この人物は釈迦族（Shākyas）の出で、仏教の創設者である釈迦牟尼仏陀（Shākya-muni Buddha）、俗名をガウタマ・シッダールタ（Gautama Siddārtha 前四六三頃―前三八三年頃）の一族の末裔だという。もしこの推測が正しければ、神秘思想は東と西で共通の根をもっていることになる。

『神秘神学』は、浄化と啓示と合一の三段階を通して超越神との神秘的合一を達成することを目的としているが、そこでは人性の神格化、テオーシス（theōsis）が問題となる。これはギリシア・ラテンの教父たちが、人間が神となるために、神は人間となったという定式で表現したものである。魂はこの世を出て一者のもとに昇っていくが、この一者は三位一体の神をこえ、眩い（まばゆ）暗闇というパラドクスで示される超神（Über-Gott）である。魂は言表しがたい恍惚を得るが、これは魂の一雫が神性の無限の大海に呑まれることに喩えられる。

厳密に言えば、『神秘神学』はキリストの託身に重要な意味を見ない点で、キリスト教神秘思想と相容れない。

新プラトン主義に影響を受けた神秘思想の関心事は、個々の魂が超人格的で無限な神性のなかへ融解することであるが、これは人間存在が無限なものへと最終的に解き放たれることとされる。しかしこの自らを出て一者へ向かう状態は長くは続かない——続いたとしても一五分ほどであろう——ので、魂は有無をいわさずふたたびこの地上に戻ってこなければならない。彼岸で何か超常的なもの、決定的なものを経験した魂は彼岸に永遠にとどまってはならない。この世に戻った魂は、この世の「不毛」を嘆き、ふたたび「眩(まばゆ)い暗闇」に昇っていくことを切に願うのである。

もう一つの潮流である婚礼神秘思想も、同じような問題に直面している。『神秘神学』と違って婚礼神秘思想は確かに、魂のイエス・キリストとの合一、つまり花嫁と花婿の二人の恋人たちの婚姻を描いているし、ここでウニオはふたたび熱狂的な恍惚の形式で達成されるのであるが、その恍惚は自立的な形式にではなく、自我の消失へと向かい、『神秘神学』の場合と同じように、現実世界へと引き戻された後、魂はメランコリックな憂愁に陥ってしまうのである。

『神秘神学』も婚礼神秘思想も個の救済と自立ではなく、個の自己解消を目指す。両者ともこの世の生に積極的な意味を見いだす能力をもちあわせていない。基本的にそれらは観想的で厭世的なのである。こうした意味でこの二つの神秘思想のタイプを完全にキリスト教的だとすることはできないのではないか。

三

先に述べた神秘思想のタイプは、例えば、ニュッサのグレゴリウス（Gregor von Nyssa 三三一／四〇—三九五年頃）やクレルヴォーのベルナール（Bernhard von Clairveaux 一〇九〇―一一五三年）においてのように長らく並べて別々に扱われてきた。しかしながら、中世後期にはドイツ語圏で新しい神秘的運動が起こった。当初はその担い手たちは、マクデブルクのメヒティルト（Mechthild von Magdeburg 一二〇八頃―一二八二／九七年）や大姉ゲルトルート（Gertrud die Große 一二三二―九二年）やハッケボルンのメヒティルト（Mechthild von Hackeborn 一二四一／四二―九九年）といった、もっぱら女性神秘家たちであった。西欧神秘思想の歴史にとって決定的なことは、これらの女性たちが観想的でかつ思弁的な方法で、神性の幻視的啓示の上に成り立つ神秘思想のタイプと、花婿イエス・キリストと彼の受難の幻視的啓示を一つに統合しようとしたことである。

卓越したスコラ学者であり、説教僧であり、魂の司牧であるマイスター・エックハルト（Meister Eckhart 一二六〇頃―一三二八年頃）は近代的で新しい神秘思想に道を開いた。彼の広く流布した説教第五二番で彼は、突破は流出、すなわちエマナチオより高貴であるという大胆な思想を披瀝している。これによって彼は、自身の神秘的教説が『神秘神学』に内在する新プラトン的な要素を三位一体説に組み込む試みであり、また花嫁神秘思想の内実を魂における神の子の誕生として新たに解釈する試みであるとした。彼の神秘思想は西欧神秘思想をキリスト中心主義的に新たに構想したのである。

マイスター・エックハルトは荒野に逃れよ、と言う。彼のいう荒野とは、処女性のシンボルであり、あらゆる被造的なものが完全に止揚される無のシンボルである。アッシジのフランチェスコ（Franz von Assisi 一一八一／八二―一二二六年）がキリストの清貧を讃えたように、エックハルトもこころの貧しさ（マタイ伝五・三）を要求する。これはただ外的な豊かさから逃れるばかりではなく、内的な、つまり自分自身の意志や思惟や所有から逃れることなのである。自由とはエックハルトの場合、選択の自由ではない。それは徹底したあらゆるものからの解放なのである。神性とはすべての概念とすべての被造物から自由な何ものかである。もし魂がすべてを捨ててまったく裸になってしまえば、この完全に空っぽになった魂のなかで前例もない未曾有の奇跡が起こるとエックハルトは言う。先の『神秘神学』では浄化の後に段階的に啓示と合一のプロセスが訪れ、これによって魂は恍惚として、此岸から彼岸へ、絶対的一者へと導かれる。しかしこれとは別にエックハルトでは突破が生じる。突破とは何か？　魂の不動の基部をなし、魂を存在させる魂の根底がにわかに前ぶれもなく突き破られることである。するとどうなるのか？　魂は無限の空疎な荒れ野にのみ込まれ破滅してしまうのか？「然り、しかし否」とエックハルトは答える。

こころの最高の貧しさにおいて魂はあたかも世界が創造される以前のように（創世記一・二）空で虚しい。魂は完全に無であり、そこには被造物の痕跡は何もない。そしてまさに、魂の根底が突き破られたこの瞬間、あらゆるものから裸となった魂の真ん中で神の子は生まれるのである。この説で新しいもの、決定的なものは何なのか？　人が思うように、このとき魂は恍惚として超自然的な彼岸へと出て行くのではない。神性の荒野からふたたびこの世へと引き戻された魂は、造り物の世界を捨てて、彼岸へ逃れようとするのを妨げられる。だが、魂はどうやってこの世界に引き戻されるのだろう。砂漠のオアシスで命の水が大地から噴き出し溢れるように、超越世界から嬰児（みどりご）イエスが荒れ地となった乙女の魂を訪れ、底なしとなった魂にふたたび真の奥底をつくるのである。このようにしてイエスは人の魂の花婿、導き主となる。

エックハルトはさらにもっと驚くべき出来事について語る。こころを貧しくした魂は神のロゴスの誕生によって花咲く内的空間へと浄められ、その内部を精神の富で満たす。なぜならそれは、霊（ヨハネ伝四・二四）である三位一体の神が自らを顕し生む、神聖な神殿だからである。しかし魂はキリストにも、イエスを産んだ処女マリアにもならなかった。それは父なる神、神的ロゴスをふたたび不断に神なる父の中に産み返し、魂のなかにふたたびことばを沈潜させる神となったのである。こうした間断なき相互の御子の出産はエックハルトにおいては、父なる神と魂の対話として解釈される。神的なことばがとぎれることなく二人の間で交わされるからである。

四

マイスター・エックハルトの突破についての神秘的教説によって、西欧神秘思想は大きな転換期を迎えた。それは一方では『神秘神学』と婚礼神秘思想の二つの潮流を結びあわせたからであり、またもう一方でイエス・キリストが三位一体のプロセスにあることばと神の御心を、「突き破られた」人間に告げることで、神秘思想における決定的な役割を果たすようになったからである。しかし、彼の教えをまだ完全にキリスト教神秘思想と名づけることはできない。なぜなら、エックハルトは魂における神の子の誕生を語ってはいるが、それは完全にキリスト中心的ではないからである。彼は、人となったキリストの生涯と苦悩についてほとんどまったく語らないし、父なる神として神化され、超越と永遠をうちに秘めた人間が、この世で業をなし、またなしえるかについては黙したままだからである。

一四世紀にエックハルトや彼の弟子ヨハネス・タウラー（Johannes Tauler　一三〇〇頃―六一年）の著作の周辺に由来する作者未詳の論述『ドイツ神学』は、マルティン・ルター（Martin Luther　一四八三―一五四六年）によって一五一六年にその一部が、そして一五一八年に全編が印刷され、ルター主義やピエティズムのなかで広まった。この冊子のテーマも人間神化（テオーシス）であるが、しかし人間を超え、神を超えた存在との直接的合一や、魂における神の誕生を通してではなく、キリストにおける新しい人間の再生（レゲネラチオ）によっての人間神化なのである（ヨハネ伝三・三、五）。『ドイツ神学』は神人イエス・キリストを、最初のアダムの代わりにやってきて、すべての我意を完全に放棄し、神の御心にまったく服することで父なる神に忠誠を誓う、もう一人の、そして最後のアダムだと考える。彼の絶対的な恭順と受動は十字架上の死で頂点に達する。

『ドイツ神学』のキリスト論では、キリストは真の完全な神であり、同時に真の完全な人間である。彼において両者はつねに完全に一つである。神と人がこのように一体であり、一体であり続けることは当然のことではなく、ただ人が神の前へ完全に身を引き、すべてを放棄して、神自身が人の業をなし、人もまた神の業をなすときにだけ実現することなのである（第二四章）。論述はまさにこの点に神の子性を見るのである。

生身の人間はこれに対して全力で古いアダムと縁を切り、キリストの生涯と苦悩に倣い、それを生きなければならない。そして被造物、あるいは人間がキリストに倣って自性を克服し、自らから出ていけば、神が自性を携えて――それは魂のなかで復活したキリストの自性に他ならないのだが――、彼のなかに入ってくるのである（第二四章）。魂のなかに復活したキリストを本来の自己として宿した人間に、神から神的業が贈られる。『ドイツ神学』で神が人となるのは、人が神になるためではなく、キリストと一体となった人間、キリストをとおして神と一体となった人間になるためなのである。

この書のなかには、マイスター・エックハルトも気づかなかった、神の自己開示についての注目すべき洞察がある（第三一章）。それは、一者であり超神である神は知識とも意志とも自己開示ともまったく関係なく、人が名づけ、語り、思い浮かべることができるようなものとは何の関係もない、というものである。超―神としての神性は働く必要もない。これに対して三位一体の神は認識し、愛し、それも自らをとおして、自らのなかで自らを顕すが、しかし論述の著者は、三位一体の神の永遠における自己開示を働きではなく、存在とみなす。その根拠は、その神はいかなる被造物にも、いかなる被造的肉体にも神として現実に姿を現すことができないからである。だが神である神はイエス・キリストとして姿を現し、人間なのである。いいかえれば、神である神が、人の魂のなかに復活したイエス・キリストとして人間のなかに生きるので、その人のなかには被造物ではなく三位一体の神だけに帰属する何ものかが残るのだ。キリストを内にあたためる人は、自らに事物の原像を有するだけではなく、神があらゆる事象を諮り実行するときの永遠の神慮をもつ。神と一体で、永遠をあたためる人のなかに、神の像がふたたび造られる。そして三位一体の神が永遠のなかでおこなう原初の思し召しどおりに、彼は神の新しい創造に与る。『ドイツ神学』は言う、なぜなら、イエス・キリストにも明らかなように、神の本質は現実のなかで、つまりこの被造物の世界のなかではじめて最終段階まで実現されうるからである、と。人間とその他の被造物は、神が自らを完全に顕すことができるために必要な活動の場なのである。簡単に言えば、聖霊としての神は、キリストが魂のなかで実際に働けるように、肉をもとめるのだ。ここには、聖霊が肉なしでは十分な働きができないという、聖霊と肉に関する説が聞きとれる。逆に、神と人間にとって世界が必要であることは、マイスター・エックハルトによってこうした仕方ではまだ構想されなかったことなのである。

五

西欧キリスト教はくり返しさまざまな危機に見舞われ、自己超克することでそれらを乗り越え、発展してきた。マイスター・エックハルトの神秘教説も『ドイツ神学』も、硬直化したスコラ神学が一方で引きおこし、もう一方で異端集団が引きおこした危機に対する毅然とした回答である。「自由心霊の兄弟姉妹」たちが信じる神人説によると、神的人間は神としてあらゆる秩序と道徳にまさるので、やりたいことはやり放題できると豪語してもよかった。それに対して『ドイツ神学』は、キリストの生涯と苦悩を模範に示しながら、「自由心霊派」を批判したのであった。

（日本語訳　香田芳樹）

出典

Quint, Josef/ Steer, Josef (Hrsg.): Meister Eckhart, Die deutschen und lateinischen Werke, hrsg. im Auftrag der Deutschen Forschungsgemeinschaft. Die deutschen Werke, Stuttgart 1936ff.
Hinten, Wolfgang von (Hrsg.): Der Frankfurter (Theologia Deutsch). Kritische Textausgabe (MTU 78), München 1982.

マイスター・エックハルトの歴史的境位

聞しのみまだ見ぬ國に神しあれば行よ我子よなに懼るべき(1)

峨々たる山容を誇るヨーロッパ神秘思想のなかでもひときわ高く聳える一峰であるマイスター・エックハルト（一三二八年没）の『ドイツ語説教集』がこの度『ドイツ神秘主義叢書』の一冊として上梓されたことを、こころから慶びたい。説教の選定も含めて見事な達意の訳文、解題が付された懇切な訳註を完成された上田閑照、香田芳樹両先生のこのお仕事には、エックハルトの思想を学術的にはもとより、その精髄を未来に向かって広く披こうとする願いが随所に溢れていて、愉しいことかぎりない。また、三部にわたる解説では、エックハルトの時代思潮や社会的背景、ヨーロッパと日本におけるエックハルトとの出会いの諸相などが数々のドラマとしてたどられ、この「生の師匠」を理解するさまざまな可能性が論じられている。エックハルトについて初めて触れようとする読者にも、彼の思想を一層深く見極めたいと願う読者にも、その求めの様相に応じて訳、註、解説の三者が妙なる谺(こだま)を交しあう本書は、峻嶺を登攀するまたとない道標となるにちがいない。

しばし、話頭をエックハルトから転じる。同叢書一〇巻及び一一巻には、作者不詳の『ドイツ神学』（一四世紀末頃成立）とヴァイゲルの『キリスト教についての対話』（一五八四年執筆）が収められている。いずれも故山内貞男先生の手になる優れたご訳業であるが、かつて縁あってこの二編を若き友らと一年ほどかけて読む機会に恵まれた。『神学』を半ばまで繙き、『対話』へと読み継いでしばらくたった頃のことである。韓国からの友の口から『神学』より『対話』のほうがむずかしいという感想がふと洩らされ、それに寄り添う声が幾つか聞かれたのである。新プラトン主義の影響が色濃く刻印された擬アレオパギテース文書伝来の神秘神学とイエス・キリストの受難論ないし神人論が一見ぎこちなく織りあわされた『神学』を読み解くことに手をこまねきがちであった私にとって、キリストの死と復活をめぐる演劇仕立ての『対話』のほうが論旨も明快ではるかに理解しやすいと感じられていた矢先に出会ったこの述懐は、啓示にも似たある快い驚きを伴って我が心胸に記憶された。確かに、『神学』で触れられる一者からの「流出」と魂のそれへの「還流」を唱える新プラトン主義的教説や、浄化、照明、合一の三階梯を説く神秘神学などは、実践行の為し難さ等を脇に置くならば、概念的に把握しやすい図式といえる。理解に戸惑わされるのは、人間イエスに啓示された「神秘」にほかならない。そして、この神秘は、『神学』ではより教義的哲学的に、『対話』ではより宗教的信仰的に描かれるのである。キリスト教それ自体のなかに深く根を下している宗教的核心、そして東アジアの諸宗教には馴染みの薄い遠さ、とでもいおうか。しかしまた、この神秘は、両書とは異なった意味合いにおいてエックハルトの思想とも深く響きあっているのである。

ところで、『神学』の草稿が宗教改革者ルターの手によってほぼ百年ぶりに見出されその完全版が上梓されたのが一五一八年、エックハルトのドイツ語説教の一部を収めるバーゼル版『タウラー説教集』刊行が一五二二年のことである（因みに、『対話』刊行はこれらに遅れること約一世紀、著者没後一六年目の一六一四年）。異端宣告を受けたために弟子タウラーの名で流布することになったエックハルトの説教であれ『神学』であれ、中世末期が産み出した見事な作物である。しかし、これらが印行されて広く流布し、一般の人々が手に取って読めるようになったのは（書物は人を選ばず）、近世幕開けの時期であった。すなわち、これらは、近世という新しい光のもとに浮かび上がらされ、と同時に近世を形成する原動力のひとつともなった書冊だったのである。このような歴史上のめぐり合せが近世キリスト教神秘思想の成立に果たした役割には看過できないものがある。では、近世においてエックハルトの思想のどのような点が共感をもって受け容れられ、どのような点が退けられたのであろうか。もとより遺漏の多い素描にすぎないが、以下それを仮に『神学』と『対話』との対比によって少しく考えてみたいのである。その中心にあるのは、天地人のもとにある新しい人間理解である。

神秘思想におけるエックハルトの画期は、「魂のなかにおける神の子の誕生」のヴィジョンにある。これは、イエスの名のひとつであるインマヌエル「神、我らと共にあり」（マタイ伝一・二三）の新しい理解を、そしてこのイエスを介して「霊と真理において神を礼拝する」（ヨハネ伝四・二四）秋が今こそ到来する終末を告知するものであった。内面世界における神の子の誕生という霊の出来事は、栄光の勝利者キリストではなく、フランチェスコによって発見された貧しきイエス像と深く結びついている。エックハルトの天才は、この清貧の教えを「砂漠」というシンボルと結びつける。人間の魂は荒野に等しい宮とならなければならない。なぜか。人間がまことの自由を獲得して自立するために。すなわち、――人間を人間たらしめる魂の頂には、城砦、尖端、梢、火花などと呼ばれる、この世とは決して同化し得ない何ものかがあり、それは神を神たらしめる創造以前のソレと同じものとされる。そして、これが、彼方の超越的世界に接するいわば頂門となっている。しかし、これは、財産、名誉、肉欲、知識などの我欲の蔦によって厚く覆われている。この突端が開かれるには、自己中心性からの脱却が必要条件となる（十分条件にあらず）。エックハルトのいう自由は、第一に被造性からの脱却、自閉的なエゴからの解放の謂となっている。

ところで、すべてを捨て去り、貧しさの極北に震える魂に、大いなる奇跡が訪れる。非被造的な何ものかであるかの魂の尖端の一点が、あたかも聖なる風に吹かれたかのように、パタリと開くのである。因果ではなく、恵みである。しかも、その貫通のあり様は尋常ではない。あたかも伏水流が砂地を割って勢いよく吹き上がってくる噴泉の口のように、彼方の世界から神の子が空（から）である魂のこの一点を突き破って圧倒的な力を湧き上がらせながら生まれてくるのである。神のいのちの誕生である。荒涼とした死の静寂が支配していた魂という宮は、その瞬間、嬰児（みどりご）を中心に抱く緑滴り花香る園へと変貌する。赤裸の魂は、神の豊かさを輝かす明珠となる。各瞬間ごとに神の子を生みつづけ、永遠の今を生きるこの新しい人間は、神の子を魂のなかに抱きつつ、自由に創造する神となる——これが、それまで支配的であった新プラトン主義の流出説に基づく神秘主義を超えたとエックハルト自身が自負した「神の子の誕生」、すなわち「突破」の教えの大要である。

では、エックハルトの何が新しかったのか。ここでは、次の二点を指摘するにとどめる。

（一）各瞬間ごとに神の子が魂のなかに誕生する人間、それは取りも直さず各瞬間ごとに被造性と自己に対して死ぬ人間であるが、そのような人間は、もはや神を外に求める必要はない。神と共に生きる人間、否それ以上の存在だからである。つまり、そのような人間の新しい私は、もはや古い私ではなく、神である。人間は、この世において神となったのである（人間の神化（テオーシス））。（二）従来の神秘思想の多くは、この世を離脱しかの超越界の恍惚境へ遊ぶことを至善至高の幸いとしてきた。しかし、突破は、魂の尖端を通って彼岸へ脱出することを何人（なんぴと）にも許さない。突破とは、人間がかの世界へ突破するのではなく、かの世界のソレが魂の尖端を通って魂のなかへ突破し、そこに子を産むことである。ソレは、人間を超越界へ迎え入れるのではなく、むしろ彼方へ飛翔しようとする人間を噴口越しにこの世に押しもどすのである。エックハルトにおいては、忘我的、融解的、自己喪失的恍惚ではなく、明晰な知的認識を行いしなやかな意志と構想力を備えた新しきものが誕生するのである。

このように、エックハルトは神と人間存在の不思議な結びつきを明らかにした。人間は神の宮、神の器となる。では、このような人間はこの世においてどのような者として生きていくのであろうか。これに関し、彼の口は重く閉ざされている。なるほど、マリアとマルタをめぐる彼独自の理解を示す説教は、しばしば観想的生と活動的生の対比から解釈され、イエスの話にうっとりと耳を傾けるマリアよりイエスを甲斐甲斐しく世話するマルタを上位に置いているかのようである。[2] しかし、これに虚心に接するならば、むしろ神の愛を披いた上で神愛と隣人愛のあり方が描かれているともいえ、決して姉妹の霊性上の優劣が論じられているようには思われない。とまれ、現世における活動的生の内実の問題は、後世に託されたのである。

エックハルトによってキリスト教神秘思想の扉が大きく開かれたとはいえ、なおキリスト教的立場からは検討されなければならない問題があった。その思想的特徴をごく簡単に列挙してみたい。（一）彼の思想は、創造論と相容れない。突破は魂のなかの創造されざる火花の存在によってはじめて可能なのであって、創造神としての神の影はきわめて薄い。（二）神の子が魂のなかに誕生するとは、魂のなかにイエスが宿ることである。では、そのような人間はイエスに等しい者となるのであろうか。否である。エックハルトは、神の子の誕生のあとに起こる不思議な出来事を語る。子を宿した魂は、この子を父に向かって生み返すのである。魂は、子イエスになるというより、子を産む父自身となる。（三）歴史的イエスは関心の外に置かれる。神の子は、もっぱら父なる神が産む永遠のロゴスとして把握される。従って、イエスの受難と死は中心的主題とはならない。（四）イエスを第二のアダムとして把握する地平をもたない。（五）自然に関心がない。もっぱら神と魂の関係のみが論じられ、森羅万象は視野に入らない。(六) 悪との葛藤は、彼の思想に痕跡をとどめない。罪の問題もごく周辺的にとどまる。(七) 永遠の今に生きることが最高のあり方とされ、歴史とは無縁である。(八) スコラ神学者ゆえに、学問や教会に対する批判は不在である、等々。

近世のキリスト教神秘思想は、神となった人間ではなく、魂のなかにイエスが復活し、このイエスを介して父なる神の意志を生きる人間の神秘を探る道を選んだ。天地人の結びつきのもとにあるまことの人間性確立への歩みである。その端緒は、神秘的合一の核心を人間イエスの神性と人性の本質的一致に置く『神学』にすでに見られる。一方、『対話』は、エックハルトの神の子の誕生のヴィジョンを第二のアダムであるイエスの再誕生、死からの復活と解釈しなおす。イエスとの本質的かつ身体的合一の思想への展開である。人間は、永遠のいのちへと復活したイエスを魂のうちに抱き、イエスが父なる神の意志を生き抜いたように生きる存在へと変容する、と把握しかえされるのである。

流竄の地アメリカから無一物で帰国した内村鑑三は、入港を目前に控えて、近代日本はキリスト教を要す、との深い思いに改めて捕われた。イエスという存在には東アジアのいまだ知らない決定的に貴重なものが秘められている、と確信したからである。その顰(ひそみ)に倣って述べることが許されるならば、人間把握に混迷を深める現代においてこそ人間イエスの神秘に肉薄したキリスト教神秘思想はなお大きな貢献を果たしうるように思われる。

(1) 渡米せんとする内村鑑三に父宣之が横浜の埠頭で餞とした歌
(2) マイスター・エックハルト『ドイツ語説教集』(上田閑照訳・香田芳樹訳注) 創文社 二〇〇六年、一三五頁以下。

Ⅲ　パラケルスス（一四九三—一五四一年）

天のしるしと神のことば
——パラケルススにおける予言と預言について——

はじめに

パラケルススは、一四九三年、一説に一四九四年、スイスはマリア崇拝の巡礼地アインジーデルン修道院からほど遠からぬ一寒村に生まれ、一五四一年、現オーストリアのザルツブルクに客死した希代の錬金術師、魔術師、治癒師、説教師である。彼は、それまでの秘教的伝統を統合しつつ独創的なキリスト教的ヘルメス学を確立し、ヨーロッパ近世以降における秘教的学知の決定的な創始者の一人となった。その生没年をプロヴァンスの占星術師ノストラダムスと照らし合わせてみるならば、この世に生を享けることほぼ一〇年、去ること二五年先んじていた勘定となる。(1)

彼ら二人の個性的で旺盛な活動を可能にした土壌は、一五世紀のイタリアで発掘され、フランスやドイツはもとより汎ヨーロッパ的規模で急速に広がりつつあった、新プラトン主義的、ヘルメス学的、カバラ的、神秘主義的伝統である。当時最先端の知の一つと見なされたこの潮流は、内部的にはもとより他の新旧さまざまな思想や宗教と出会い、これらとあるいは融合をあるいは対決、離反を繰り返すことによって、また新たな啓示を受けることによって一層の経験と深み、ふくらみを獲得し、汎智学（パンゾフィー）や神智学（テオゾフィー）などと呼ばれる自然神秘思想を練り上げて

パラケルススの肖像画。A. ヒルシュフォーゲル筆，1538年。

いった。そして、一九世紀に至るまで正統思想に拮抗するもう一つの思想潮流としてヨーロッパ近代に広範な影響を及ぼしていくのである。

ノストラダムスがパラケルススの著作、とくにその予言書やペスト、梅毒関係のものを目にした可能性は捨てきれないものの、活動期間と地域から判断して、両者のあいだに直接的な交流があったとは考えにくい。しかし、彼ら二人は、ともに占星術や錬金術、薬草学、鉱物学、魔術等を駆使した心身の治療、さまざまな特効薬や秘薬の調合、予言書や暦兆の執筆などをこの世の生業とした。もっとも、これは偶然の符合ではない。当時、ヘルメス学的伝統に与(くみ)する者がとくに渡世しやすかった職業がこれらだったからである。今日からの推測とは異なり、彼らは決して社会の片隅に追いやられる一方の連中ではなかった。フィチーノしかり、ジョン・ディーしかり。彼らには宮廷やサロンに出入りし時代の寵児となりうる扉がつねに広く開かれてもいたのである。

しかし、ノストラダムスとパラケルススを比べてみるならば、同じヘルメス学の土壌に花開いた二つの大輪とはいえ、その生涯には天と地ほどの隔たりがある。かたや当時流行の兆しを見せていた四行詩をいち早く取り入れて予言を縦横に語り人心をまどわすと同時に存分に楽しませ、長生術的ヘルメス学をあろうことかご婦人方の美身術へと転用して世間をうならせる。また、家庭にも人望にも恵まれ、フランス王妃カトリーヌ・ド・メディシスの恩顧を受け、晩年には王室顧問官兼侍医の栄誉までをも受ける。かたや天賦の才に精進と研究を重ね天才的な仕事と思索を諸領域において次々と展開していったにもかかわらず、我にこそ真理ありと自己を恃むあまり他への舌鋒あまりにも激烈にすぎ、ついには世の医者、薬剤師、学者、宗教者、権力者たちから疎まれ憎悪された。のちの神聖ローマ皇帝フェルディナント一世に託した新しき世界革新（レノヴァチオ・ムンディ）への最後の希望も、一五三七年ウィーンの宮廷における謁見によりあえなく潰え、カリスマ的治療を求める民衆の熱い支持を受けながらも深い諦念のうちに世を去る。個人的な資質、精神の志向等の相違ということはあろう。ある意味で、世渡り上手の洗練された文化人と、剛速球しか投げられない山出しの粗暴な野人。しかし、そこにはまた、二人が各々生きたフランスとドイツの社会的宗教的文化状況の隔たりも深く影を落としているのである。

一　ルターをめぐるホロスコープと予言合戦

旧約聖書は魔術や占いに関して排撃的である。「占い師、卜者、易者、呪術師、呪文を唱える者、口寄せ、霊媒、死者に伺いを立てる者、……これらのことを行う者すべてを主は忌み嫌われる」と申命記は宣告する（一八章）。新約聖書も、魔術師シモンの挿話（使徒行伝八章）に見られるように、魔術を退け全知全能の神への帰依を強調する。さて、パラケルススの生きた時代は人文主義と宗教改革の時代である。その人文主義の古典研究が、太古の知恵やカバラを文献学的に甦らせることに成功した。一五、六世紀において異教的予言が一世を風靡したその根の一つに、人文主義の文献学的貢献があったのである。イタリアでいえばフィチーノやピコ・デラ・ミランドラ、ドイツでいえばトリテミウスやアグリッパ・フォン・ネッテスハイムなどである。では、宗教改革者たちはこれら魔術的伝統に対しどのようにふるまったのであろうか。

神の絶対性を説くカルヴァンは、神学的にも気質的にも魔術的思考とは無縁であり、むしろこれを根絶しようとした（脱魔術化）。ルターも占星術に対し否定的であった。[2] 彼は、天文学（アストロノミア）と占星術（アストロロギア）を峻別し、前者を数学に基礎づけられた厳密な学として尊重する一方、後者を曖昧で不確実な迷信と退けている。信仰のみ（ソラ・フィデ）を福音の中心にすえた彼が、神の権威と人間の自由を犯すと考えられた占星術に賛意を表することは生涯を通じてなかったのである。しかし、よく知られているように、ルターには独特の悪魔信仰があり、悪魔だけでなくその化身としての妖精（コーボルト）や夢魔（インクブス）、取り替え子（キールクロップ）などに関する農民的な民間信仰を無視することはなかった。これがルターの盟友メランヒトンの占星術狂と重なり合い、ヴィッテンベルクに独特の文化形態を醸し出すことになるのである。

さて、そのメランヒトンであるが、彼の母方の大伯父はロイヒリンである。フィチーノやピコと親交をもちカバラと占星術の文献学者でもあったこの大伯父の薫陶を幼い頃から受けた彼は、占星術を死に至るまで尊重したことが知られている。[3] たとえば、一五二四年二月双魚宮において諸惑星の会合が大中小併せて一六回生じることを根拠に第二のノアの洪水が到来するであろうと告げた、シュテフラーに発する有名な占星術的予言は一五一〇年代半ば頃から社会に恐慌を巻き起こしはじめたが、[4] これにメランヒトンが敏感に反応したのは、一つには彼の人文主義的素養がなせる業だったのである。しかし、ことはひとり占星術だけの問題ではすまない。このような予言によって宗教的社会的不穏が増幅され、教会政治のプロパガンダとして大いに利用されたからである。時あたかも印刷術興隆の時代。ローマもヴィッテンベルクも、天のしるしを自己陣営に都合のよいように利用し苛烈な文書合戦を繰り広げたのである。

その一例として、ルターの誕生ホロスコープ（誕生時の星位による占い）をめぐる問題に簡単に触れておきたい。[5] 彼の生誕日は一四八三年一一月一〇日である。しかし、これをほぼ一年遅らせ、一四八四年一〇月二二日とする説が占星術師らによって提案され強く支持されたのである。ルター自身はこの改竄を一切認めなかった。彼は、アウグスティヌスに倣い（『告白』七巻六章）、双子の兄弟エサウとヤコブの例を引いて誕生ホロスコープの愚かしさを揶揄している。しかし、ローマ側もヴィッテンベルク側も一四八四年説に固執した。その最大の理由は惑星の動きにある。ほぼ二〇年に一度めぐってくる、大吉星の木星と大凶星の土星の会合は、それが黄道一二宮のどこで起こるかによって好運か、あるいは異変、疫病、戦争などの厄災かをもたらすものと古くから信じられてきた。大洪水説の一五二四年もこの合が起こる年の一つだったのである。ところで、木星と土星の合にもう一つの凶星である火星がさらに絡む大会合は、きわめて稀にしか起こらない現象として注目を集めていた（五七〇年、一一八六年など。ちなみに、ケプラーはキリストの生誕年をこの大会合によって紀元前七年と推定した）。そして、一四八四年はまさにこの大会合が火の三角形において起こる年だったのである。

ローマ側の占星術師たちがルターの生誕年を一四八四年に改竄した意図は明白である。たとえば、一五二二年刊の予言書で教皇庁書記長を名のり、司教として没した著名な占星術師ルーカ・ガウリコは、一五五二年刊行の『占星術論（トラクタートス・アストロロギクス）』においてルターのホロスコープを取りあげているが、それはきわめて悪意に満ちたものであった。すなわち、このローマの敵対者が妻を娶り子を成すという破戒僧となりキリスト教の宿敵、宗教の冒瀆者になったのは毒を吐く天蠍宮での大会合に由来すると断言し、このような人物の魂は死後必ずや地獄に堕ち火の拷問を永遠に受けつづけるであろうと予言しているのである[6]。

これに類するローマ側のプロパガンダを、ヴィッテンベルク側は遅くとも一五二〇年代半ばには承知していた。ルターは強い不快の念を漏らしている。しかし、メランヒトンの反応は別であった。彼は一四八四年説にかえって強い関心を示し、これを逆手に取ってローマ説に対抗しようとした。彼の意向を受けたヴィッテンベルクの数学者兼占星術師E・ラインホルトは、木星と土星が天蠍宮にあるときに生まれたルターこそ英雄的人物のしるしを刻印された者であり、火星は双子宮にあって一切害をなさず、むしろ雄弁の才を彼に与えた、というホロスコープを立てたのである。

ところで、一四八四年に関するこのような占星術的解釈を補強するような予言集が当時流行していた。それは、アルザス出身の占星術師J・リヒテンベルガーが一四八八年春に刊行した『予言集（プログノスティカチオ）』である。[7] 各国語に訳されたこのラテン語小冊子がとくに新教側の注目を引いたのは、木星と土星が天蠍宮で会合するとき（同書は一四八四年一一月二五日説）教会を刷新する小預言者が生まれるという予言がなされており、これがルターを連想させたからである。確かに、リヒテンベルガーにおいて、この小預言者は法を改革し、新しい典礼を立て、聖書の新解釈を行い、新たな霊性を確立する云々とされているが、一方で終末時に現れる偽預言者の一人にほかならないとも明言されているのである。ローマ側は後者に力点をおいて宗教改革の不当性を攻撃し、ヴィッテンベルク側は前者を根拠に反ローマを正統化しようとする等々のプロパガンダが飛び交った所以である。

さて、このリヒテンベルガーの予言書が当時あまた流布していた予言書類のなかで何よりも斬新であったのは、星の動きによる占星術的予言に、これと

『ヨアキムの予言』
（ボローニャ，1515年刊より）

はまったく無関係なフィオレのヨアキム（一二〇二年没）系統の終末論的予言を結びつけた点にある。(8) ところで、後者のとくに重要な文書は、いわゆる教皇図と通称される『最後の教皇に関する予言』である。一四世紀初頭に成立した当初、この文書はこの世が終わるまでに立てられる教皇を一五図像によって予言するものであった。これは、モンテーニュが『エセー』一巻一一章でいみじくも暗示したように、ビザンチン皇帝を予言するいわゆるレオ文書（一二世紀成立）につながるものである。ところがこの教皇予言が現実にそぐわなくなったために、一四世紀後葉に新たな一五図像が前半部に付け加えられ、教皇ないし教会の滅亡と再生を予言する終末論的予言書として作り直されたのである。そのプログラムによれば、この世の終わりにまず新しい霊的選良たちが、次に最後の皇帝が、そして天使によって戴冠される最後の教皇（いわゆる「御使いの教皇」）が立てられ、世界の革新(レノヴァチオ)が完成されるという。そして、この全三〇図の教皇図予言が、その後ヨーロッパに広く流布し強い影響を及ぼしたのである。(9)

ところで、この教皇図が、ルターをめぐるもう一つの予言として登場するのである。その第二〇図（前頁の図版参照）は、本来ケレスティーヌス五世（在位一二九四年）をさす図像として描かれたものである。ほとんどの教皇図が教皇服や教皇冠を身につけた姿に描かれているのに対し、この教皇が質素清貧の僧形とされているのは、彼が教皇に就く前まで生涯の大部分を山中の一独修士として禁欲修行に励んだ事由による。さて、図の僧は薔薇を左手に大鎌を右手にもち、その足元の左右には左脚とBの文字のようなものが描かれている。これに付された予言文は、この僧が剣によって厄災をこうむった神の宮を再興するが、三年の後この世から忽然と姿を消し、年老いて窮地に陥り惨めな死を死ぬべしと告げている。ところで、ニュルンベルクの説教師A・オジアンダーと職匠歌人ハンス・ザックスは、この教皇図全三〇図にルター陣営賛美とローマ攻撃の文書を付して一五二七年『この世の終わりに至るまでの教皇制に関する不思議な予言解釈』を刊行した。その第二〇図（八六頁の図参照）は、肉なるものを刈り取り（イザヤ書四〇章六節以下）、悔い改めた者にキリスト教的愛の焼き印を救いのしるしとして押す（B字形は焼き鏝に改描されている）ルターの救済論的意義がオジアンダーによって説かれ、ザックスの「英雄マルチン・ルターここに立つ、そは福音を純化し、人の教えをことごとく刈り取る者なり、神に依り頼む者こそ救われん」という四行詩が最後に添えられているのである。(10) いうまでもなく、彼らの解釈では、薔薇はルターを指している。彼の紋章は薔薇だからというのが彼らの言い分である。

二　パラケルススにおける魔術的予言図

さて、ローマとヴィッテンベルクがルターをめぐってこのような文書合戦を行っていたころ、パラケルススには人生の一大転機が訪れていた。フェラーラ大学で学位をとったあと足掛九年にわたる伝説的なヨーロッパ大遍歴を終えた数年後の一五二七年一月、彼は、エラスムスやエコランパディウスらバーゼル在の人文主義者の後押しを受け、その市医兼医学部教授（ただし、内科ではなく当時数段低い評価を受けていた外科の講座）という輝かしい地位に就いたのである。ヘルメス医学を公的な機関において宣伝しうる絶好の機会である。彼は、ドイツにおいてはじめて自国語で医学講義を行い、その豊富な実物経験に裏付けられた知識を精力的かつ魅力的に披露していく。また、市医として腕の確かさをアピールし、ヘルメス医学の何たるかを階級を問わず実践的に広めていく。しかし、そのあまりにも急進的な医学改革の言動、旧体制を批判する傍若無人な振る舞い等々は、医学部や市会ばかりか支持母体であった人文主義者すらをも敵に回すことになり、わずか一年あまりでバーゼルを追放されるという結末を見るのである。

齢三〇代半ば、ヘルメス医学を背景とした膨大な知識と治療の腕前を誇ってきた彼は、ここにおいてはじめて人生の挫折をしたたかに味わった。その後の彼は、南西ドイツやスイス、オーストリアを転々としながら、自己の内面に深く沈潜する方向へと向かう。ところで、それまでの彼は、主に地上における事物をもっぱら医薬素材という観点から探究してきた。しかし、この第二の放浪遍歴の時期に、彼は地上界と星辰界が互いに相照らしあい、しかもその星辰界をも越える神が存在する事実と真正面から向き合っていく。そして、魂の内面を掘り下げる眼差しと、天上を見上げる眼差しが実は同一であることを確信するのである。この覚醒は彼の決定的転機となった。上のごとく下もしかり。幼い頃から父ヴィルヘルム（彼もまた隠れた錬金術師であった）にたたき込まれてきたこのエメラルド板の秘鑰（ひやく）が、聖書と星をよすがに新たな意味を帯びて彼の心に迫り、キリスト教と異教的ヘルメス学を真に統合する道を開示させ、神と天地人のより高次な総体像を回復させる思考をパラケルススに強いたのである。その成果が、『大いなる哲学（フィロソフィア・マグナ）』と『大いなる星辰学（アストロロギア・マグナ）』に結実するのは一五三〇年代末のことである。

さて、このような文脈によってはじめて、彼が集中的に一五二〇年代末から一五三〇年代半ば頃までリヒテンベルガーや教皇図などの魔術的図像解釈に取り組み、彗星や日蝕、月蝕等の観察と研究に没頭し、一五二九年から一〇年間にわたって暦を書き継いだ意味が理解される。また、一介の俗人にすぎない彼が、遍歴説教師として熱心に聖書に関する自説を述べ、社会問題や革命思想にまで説き及んだ動機が理解される。それは単に、異端の烙印を押され社会から排除された者が生活の糧を得るためだけに行った身すぎ世すぎではない。予言や暦兆は、バーゼル時代以降の彼の医学が、これまで自分なりに工夫を重ねてきた地上の学である自然哲学（フィロソフィア）と製薬学である錬金術（アルキミア）に加え、天上の学である星辰学（アストロロギア）と医者の倫理である仁術（ヴィルトウス）をも併せ統べ、一つの総合的な人間学の熟成

パラケルスス『教皇図』第20図
（オジアンダー版と図面）

と完成をめざす、そのための必要不可欠な思考実験の実践的な場（たとえ過渡的であったとしても）だったのである。

ところで、ルターが自分をめぐる予言の一人歩きを恐れ自ら序を付してリヒテンベルガーの予言書ドイツ語版（S・ロート訳）を図版四四葉付きで刊行したのが一五二七年、またパラケルススが教皇図三〇葉に出会ったのがニュルンベルク滞在中の一五二九年頃と推定される。これは、先のオジアンダーらが刊行した図版と同じものである。いうまでもなく、パラケルススはローマとヴィッテンベルクの予言合戦を承知していた。そして、これを苦々しい思いで眺めていた。占星術が単なる党派的論争の具に貶められ、正当な位置に評価されていないと思われたからである。彼の目には、ローマもヴィッテンベルクもキリストの教えに背く反（アンチ）キリストに映った。彼の信仰はその聖霊中心主義、個人主義、反教会、社会革命への志向等の面でむしろ再洗礼派に親近感を抱かせたが、しかし彼は独立独歩の道を歩みつづけるのである。上記二種の予言図の真意は奈辺にあるのか、これを明らかにするためにパラケルススは一五三〇年前後に二つの著作を執筆する。『解きあかし・リヒテンベルガー「予言」図数葉』（以下『予言図』と略）と『解きあかし・ニュルンベルクはカルトゥジオ修道会にて発見されたる「教皇」図』（『教皇図』と略）がそれである。[11]

パラケルススの『予言図』には、リヒテンベルガーが言及した小預言者について直接触れた箇所は今日残っていない。彼は、フランス贔屓のリヒテンベルガー予言を批判しつつ、星の動きが知らせる政治動向と教会の行く末をもっぱら記述し、時にドイツの運命を憂い、トルコの動静を予見している。

これに対し、『教皇図』ではその全三〇葉が比較的詳しく解きあかされる。しかし、先に見た薔薇と大鎌をもつ僧の第二〇図に関しては、ルターを指すのか否かその記述は微妙である。パラケルススによれば、薔薇は神に選ばれし者を意味するのではなく、むしろこの僧のこの世における有為転変の寓意となっている。咲き誇る時はその芳香とともに大勢の人々を招き寄せるが、やがて花は萎み茎だけとなるように僧も虚しく姿を消して滅びるという。また、大鎌は、この僧が雑草であれ何であれ草をことごとく刈りとり火にくべて燃やすことを意味している。足元の物体は、オジアンダーの場合と同様に、焼き鏝（ごて）と解釈される。また、むき出しの脚は姦婬を、しかも最大の姦婬をあらわす。そして、人々を刈り取り、火のような拷問と責め苦によって滅亡へと導くこの僧も、秋風が立つころ火にくべられる運命にあると予言するのである（一二巻五六〇頁以下）。また、パラケルススは、一五三〇年から向こう五年間を取り扱う『暦兆（プラクティカ）』においてもこの図に触れている。そこでは、この年この僧に秋訪れるべしと予言されている（八巻二四五頁）。確かに、以上の記述を読むならば、ルターの結婚（一五二七年）やアウクスブルク帝国議会（一五三〇年）のことが想起され、この僧がルターを連想させるといえよう。しかし、より重要なことは、パラケルススが、大筋においてヨアキム的終末予言に添いながらこれらの教皇図を理解している事実である。すなわち、終焉の時代に突入しているローマ教会が、フランス王や神聖ローマ帝国皇帝との駆け引き、異端運動の頻発、悪魔の差し金等々によって浮き沈みを繰り返しながらついに破局を迎えるという構図である。第二〇図にしても、この僧の栄光と没落は神の壮大な救済史のなかに位置づけられる、教会改革運動の異端的事件を象徴する一事例と見なされているのである。

その意味で、とくに重要なのは最後の第二六図から第三〇図までの五葉に関するパラケルススの解釈である。

パラケルスス『教皇図』第26図

第二六図の、前に立つ貧しい農民たちよりも零落した裸の教皇は、これまでの自堕落な教会がついに完全に破滅するさまを示す。そして、このような事態に陥った教皇が深く自らの行いを悔悛し、教皇冠を聖なる信徒たち（足元の三頭の子羊）に譲るのが第二七図、一介の僧が人間によってではなく天使を介した神によって戴冠するのが第二八図である。したがって、この僧は、これまでのいわゆる人的獣的系譜から立てられた教皇ではなく、ペトロの聖なる系譜に直接連なる教皇と見なされる。天使に祝福された法座にすわるこの教皇（第二九図）は、死者を生き返らせるようなさまざまな奇跡を行ってキリストの言葉の正しさを証明する。この御使いの教皇は、七つの角をもつ小羊キリスト（黙示録五章）に冠を奉還し（第三〇図）、こうしてキリストの支配がはじまり、神と一致して「完全な人間」（一二巻五八三頁）となったこの教皇のもとに全民族が穢れなき清らかな生命を豊かにかつ永遠に満喫する「黄金の世界」（一二巻五七七頁）が誕生するのである。[12] とすれば、パラケルススにとって少なくとも第二八図で語られた僧をルターと見なすことは慮外のこととなる。

　さて、以上瞥見してきた『予言図』と『教皇図』におけるパラケルススの予言は、従来の占星術的予言や終末論的予言といったい何が異なり、どのような点が画期的だったのであろうか。パラケルススは、両著のなかでここで行われる予言はマギア（魔術）的なものなのだと読者に再三注意を促している。そも、マギアとは何なのか。彼にいわせれば、マギアとは星のエネルギーを地上の事物のなかに封じ込める技術（クンスト）のことであり、あるいは逆に

パラケルスス『教皇図』第27図

同　第28図

同　第29図

同　第30図

その封じ込められたエネルギーを再び適宜取り出して応用する技術のことである。具体的には、たとえば星の図や記号、数字等が刻まれた護符や石などのことを思い浮かべればよい。とするならば、次に問題となるのは、リヒテンベルガー図や教皇図の図像のヘルメス学的＝占星術的意味である。パラケルススは、伝承されてきたこれらの図が実は星辰の力が封じ込められた魔術的図像であると主張する。そして、この認識に立つとき人々はこれらの図像を単に占星術的ないし終末論的にのみ読み解くことの不足と恣意に気付くはずだというのである。

リヒテンベルガーもまた星の影響を人間や社会のみに限定せず、地上の動植物や鉱物の領域まで視野に収めていた。彼は、宝石や真珠は星によって成長するという説に同意する。これは、彼がハルトリープやトリテミウスなどのヘルメス学的伝統に連なる者でもあったことを示している。しかし、リヒテンベルガーには、星辰医学であれヘルメス医学であれ、その種の医学的素養はほとんどなかった。すなわち、星辰と身体部位の照応とか、地上の諸事物を錬金術的に変容させる等の知識や経験はきわめて抽象的な段階にとどまっていたのである[13]。明らかに、リヒテンベルガーは、予言の面でもヘルメス学の面でもパラケルススの精神的父祖の一人である。しかし、パラケルススは彼を次のように批判し乗り越えようとする。すなわち、リヒテンベルガーは地上の個物を具体的に探究する哲学（フィロソフィア）に疎いために、地上の側から地上への星の影響を探るマギア学を窮めることができなかった。そのために、翻っては彼の本領であった、天空の側から星の影響を探究する占星学（アストロノミア）も結局は不完全なものにとどまらざるをえなかった。したがって、彼の予言も完全なものからはほど遠い、というのである。

この時期のパラケルススは、星辰学を分けて占星学とマギア学の二つとする。天空は地上によってはじめて十全に理解され、逆もまた真なのである。しかし、その星辰もむろん完全な存在ではありえない。星をも超える神の認識が十全にあってこそ、星の理を窮める星辰学のあるべき位置と意義がはじめて見えてくるはずである、とパラケルススは説く。『予言図』や『教皇図』が単なる既存図像の読み解きにおわらず、神と天と地のあいだに身をおく人間の歴史的運命を解きあかす様相を帯びているのは、このようなわけなのである。

三　この世の終わりと天のしるし

ことは単なる未来予測としての予言をめぐる話頭ではない。『教皇図』にせよ『予言図』にせよ、その予言の核心には終末のしるしをいかに読みとるかという切迫した関心がある。パラケルススの見るところ、今の時代は「黄金の時代」を迎える直前の「大いなる患難の日々」のただ中にある。ただし、まだ新しい世界を生みだす陣痛のはじまりにすぎない。彼は、一連の『暦兆』等において、つぶさに戦争、災害、疫病、飢饉、地震、不和、反逆、また教皇や王、領主、各宗教セクト、農民等の動向を予言しつづけたが、それは明らかにマタイ福音書二四、二五章等に見られるキリストの終末預言に照らし合わせて記述されているのである。

ちなみに、メランヒトンは地球の寿命を二千年毎に区切られる六千年と考えていた。すなわち、荒寥の時代、律法の時代、キリストの時代の三期である。そして、これが経過すれば人間の犯してきた大いなる罪のゆえに現世は滅びると考えた[14]。この年期をそのまま適用すれば、終末までにはなお四百数十年の猶予が残されている計算になる。しかし、彼は、いま人類を襲っている患難の日々が大幅に短縮されると予期していた。これは、終末予想の際によく引き合いに出されるキリストの言葉「その日若し減ぜられずば一人だに救わるる者なからん、然れども選ばれたる者の為にその日減ぜらるべし」（マタイ福音書二四章二二節）に拠る。そして、彼は、宗教改革という新時代に「時のしるし」を見ようと試みたのである。これに対し、パラケルススは、『予測』において黄金

パラケルスス『予測』第31図

同　第32図

時代の到来をほぼ六〇年後、あるいはそれよりもう少し早い時期と考えていた（一〇巻六一五頁）。つまり、一六世紀の末に現宇宙の崩壊とまったく新しい世界がはじまると予測していたのである。

ところで、マタイ福音書一六章冒頭に、ファリサイ派とサドカイ派が示し合わせて、救世主を証明する「天からのしるし」をイエスに要求する条がある。イエスはこれに対し、「暮には汝ら言う、晴天とならん、天紅なればなり。朝には言う、今日風雨とならん、天紅にして晦ければなりと。偽善者よ、汝ら天の面を見分くるを知りて、時のしるしを究むる能わざるか。姦悪の世はしるしを求む、しかれど預言者ヨナのしるしの外にしるしは与えられじ」と答え、目に見える天のしるしに固執するあまり目に見えない霊のしるしを拒絶する彼らの固陋と傲岸を指弾している。

パラケルススは、このイエスの言葉に占星術の二つのあり方を読み解こうとする。占星術は、地上に起こることは前もって星辰界で演じられる（八巻二五〇頁）という照応思考を前提としている。地上の諸事件はあらかじめ天にその段取りが仕組まれているのであり（八巻二二五頁）、これを読みとることが占星術の基本なのである。

しかし、星辰によって地上のことすべてが予測されるとするならば、それはキリストが批判したパリサイ的占星術にほかならない、とパラケルススは断ずる。確かに、星辰は人間の運命を左右する、人間を超えた存在である。それは、学芸の父であり導き手（八巻二四七頁）、病気と健康を左右する要因の一つ、さらには人間の歴史の形成者とすらなる。人間は、そして万物は星辰からのエネルギーなしには生きていけない。しかし、「天が万象の源であるわけではない」（七巻四六三頁）。星辰をも超える存在がある。星をも含む森羅万象を創造した神がそれである。天意は神意に如かず。こうして、人間は星辰の子であり地上の子である以上に神の子だという視点が占星術に導入されるのである。

たとえば、彼において誕生ホロスコープは次のような役割しか与えられていない。この世に生まれてきた子供は、地上の事柄にはまだまったく通じていない存在であり、地上界よりもむしろ星辰界に近い存在である。この限りにおいて、誕生時の星位が彼らの性格と生存に重要な役割を果たすことは否定できない。誕生ホロスコープを立てる意義もここにある。しかし、「天穹（フィルマメント）について語りうるはここまでなり、これ以上に出るべからず」（一四巻一六二頁）と、彼は世の占星術師に警告する。子供は、成長するにつれ星とは別個の導き手、つまり一つには親や教師、親方などを通じてさまざまな知恵と技術を身につけ、一つには神への信仰を育むことによって地上の人生を歩んでいくからである。[15] このようなパラケルススの発言には、教会政治のために占星術を利用したガウリコ

パラケルスス『解きあかし・平和の虹』（1531年）

やメランヒトンには見られない、占星術の位置づけに対する啓蒙的な態度が見て取れるのである。

つまり、たとえ時代や環境、星のめぐり、あるいは個人的能力や資質等がどのようなものであれ、これらとはまったく次元を異にする神の地平があり、人間と自然の尊厳はひとえにこの神の認識にかかっているのだとする理解である。また、星辰から与えられた天賦の才も各自の精進がなければやがて星辰に見離されるときが必ずくる、また現宇宙が滅びれば星も消滅するのであるから永遠の生命を得るためには星辰を超える神の地平においておのれの生命（いのち）を生きるべし、という倫理的立場である。星辰はもとより、教皇やトルコ人、高利貸しなどに自己の不幸の責任を転嫁する時代の風潮にパラケルススは抗議する。自分の脚で立とうとしない自分自身が問題なのだ、我にこそ罪あり、自分のなかに広がる内なる天を認識し自己自身に戻るべし、と彼は主張する。そして、この視点がひとたび失われたとき、占星術をはじめ諸学芸や諸技術、また自然万象はそのあるべき位置から外れて偶像崇拝の対象となり、人間の欲望のままにその存在が針小棒大にいいふらされることになるのだ、というのである。求めるべきは神の義なのである（一四巻一五四頁）。

では、パラケルススは、占星術の限界をどのような局面で理解していたのであろうか。キリストは、「神の国は見ゆる状（さま）にては来たらず」（ルカ福音書一七章二〇節）という。「見ゆる状（さま）」、つまり星辰を観察しても分からない形で、しかし誤解しようもない明らかな姿をとってキリストは再臨するというのである。それでは、星辰による自然的予言は、いったい何をもって終末の到来を知ることができるのであろうか。ここでパラケルススは彗星に注目する。彼は、彗星は天地創造の四日目に創られた恒星や惑星とは由来を異にし、神が必要に応じて創造する新星と考えた。キリスト生誕を東方の魔術師（マーグス）に告げたベツレヘムの星もこの種の彗星である（九巻三七六頁）。

しかし、いま終末期に派遣される彗星は、神の怒りを示す星にほかならない。そして、この彗星の出現こそが

「時のしるし」を示す「天のしるし」なのである。確かに、彼も信仰の内面性を強調する。「蓋し視よ、神の国は汝らの衷にあり」（ルカ福音書一七章二一節）。外なる時代は真冬であっても、内面は不変の常夏なのである（七巻四九九頁）。しかし、彼にとって終末はあくまでも神の裁きとしての宇宙的なカタストロフィーを意味し、内面の浄化が強調されるのは最後の審判でかの羊の仲間として選ばれるためなのである。

ところで、パラケルススは、一五三〇年から三二年にわたってさまざまな天の異象に遭遇している。まず、一五三〇年三月二九日にレーゲンスブルクで日蝕を観測。スイス滞在中の翌三一年、八月に彗星（ハレー彗星）、一〇月に地震、同月二八日に不思議な虹、さらに翌三二年一二月には彗星の再出現に出会っている。彼は、これらを一連の天のしるしとして読み解き、それぞれについてかなり詳しい記録を残している。この背景には、「これら患難の日々の後、忽ち日は晦み、月は光を発たず、星は天より隕ち、天の万象震い動かん」（マタイ福音書二四章二九節）というキリストの終末預言があることはいうまでもない。ところで、知を司る太陽の蝕は地上の知の衰退を意味する。しかし、彼の見るところ、太陽の知のグレードは実はすでに三〇〇年前から上昇していないのである（八巻二三三頁）。この日蝕は、むしろ旧き知の終焉と新しき知の到来を告げ知らせるものとして積極的に解釈されている（八巻二三〇頁）。

また、二度の彗星の出現も、神自らが天を画布として描いた壮大な劇として読みとられている。彼によれば、最初の彗星[16]と、この彗星によって惹き起こされた地震は、人類の罪に下された一連の神罰である。ところが、その後一〇月二八日午前六時から八時にかけてスイス国境ボーデン湖上にかかった虹は、この神の怒りを中止させ、それどころかノアの洪水が退いたあと契約のしるしとして天にかかった平和の虹（創世記九章一三節）と同一の、超自然的な虹と解される。というのは、この虹は一端を天の河に、一端を同高度の北側にかけていたが、パラケルススの主張によれば虹が天のこの領域にかかることはふつうには絶対にありえないからである。また、彼は、北から南へと姿を消した彗星の軌跡に虹の弓が交差する形を示したことに、虹の水によって彗星の凶火が消されたことを読みとるのである。そして、一度は下された罰が神意によって取り消され平和が回復されたしるしをここに見ようとするのである（九巻四〇七頁）。しかし、彼の希望はほぼ一三か月後に打ち砕かれる。当分は現れないと予測していた彗星が不吉な尾を靡かせながら、しかも前年の彗星の軌跡と十字形をなすように会合して突如出現したからである。パラケルススは、この彗星にやがて忍び寄る激しい攻撃の予兆を見て取るのである（九巻四一五頁）。

しかし、彗星文書においてさらに重要なことは、パラケルススが実はスイス改革派に関する予言としてもこれを記述している事実である。最初の彗星文書は、驚くべきことにレオ・ユートを介してツヴィングリのもとにもたらされ、彼の認可のもとに直ちに刊行された。そのツヴィングリは一五三一年一〇月一一日カッペルにて戦死。改革派側は大敗し、一一月一六日チューリヒにおいてカトリックとのあいだに第二次カッペル和議が成立、その後ドイツ語圏スイスの改革運動は大きな後退を余儀なくされるのである。この歴史の経過は、パラケルススの彗星予言と不気味な符合を示している。しかし、ともあれ、彼はスイスの何に期待したのであろうか。興味深いことに、彼は先の地震文書において、誓約によって結ばれた盟約者団（アイトゲノッセンシャフト）というスイスの国家形態と、ツヴィングリによって率いられた改革派の信仰とに神の国の地上における雛形を見ている。それは、民族や言語、文化や政治形態等の差を越えてキリストのもとに一つとなる、地上における最も可能性の高い、キリストの神秘体としての国家のあり方と彼に思われたからである（九巻四〇〇頁以下）。

また、予言という点からいえば、パラケルススのこのような記述の態度は、『教皇図』などに見られたものと同じであることが分かる。すなわち、黄金の世界を見据えながら、今歴史において進行しつつある終末のしるしを読みとるという姿勢である。このような「福音の力において解きあかす」（九巻三八五頁）ということが欠けていれば、自然的予言が直接終末を云々することは越権であり瀆神となる。自然には自然の、超自然には超自然の領域があり、それらは互いに交叉することはない。自然は朽ち、超自然は不朽であり、自然は超自然に勝らず、超自然を前提とするが、しかしこの世においては自然には自然なりの絶対的価値がある。パラケルススは、自己の召命（ベルーフ）を自然探究にあると考えた。そして、自然探究を徹底的に推し進めた結果、その限界ぎりぎりの領域にまで達したのである。天のしるしをめぐる彼の思索は、星辰学におけるその限界の極限でなされた反省といえる。啓蒙家としての面目躍如である。

おわりに

マギア的予言にせよ占星術的予言にせよ、パラケルススの思考を支えているのは、内なるものは外なるものに自らの刻印を押すというしるし論（シグナトウラ）である。この論を、彼は初期の医学論文以来一貫して用いている。たとえば、ある薬草の葉に針穴のように細かい斑点（孔）があるのは、この薬草が身体の孔口に対して効力をもつことを示す（二巻一一四頁）等である。そこに特徴的なことを幾つか列挙するならば、教皇図のような図像であれ、星辰が天に描く絵であれ、地上の事物に見られる模様であれ、その図形ないし形態をいかに解きあかすかが重要なポイントであること、図は必ず全体との連関のなかにおかれてはじめて読み解きうるということ、ここにいう全体とは地上界と星辰界を統べる神であること、したがって神への信仰がなければ多彩なあらわれ方をするしるしを読み解けないと考えられていること、しるしはもとを辿れば神の霊によって描かれ刻まれるものであること等である。その際、大きな役割を果たすのは神の霊、星辰の精気、地上界の風（四大の一つとしての）である。これらは、それぞれのレベルでなんらかの絵を描き、またそれを人間に読みとらせる権能であり力である。これをそれぞれのレベルで認識する者だけが、しるしの真意を理解できるとされる。パラケルススにおいても、霊における新生が重視される所以である。また、文字もこのようなしるしの一形態と考えられている。彼の聖書解釈も、その意味でしるし学の延長上にあった営みにほかならない。つまり、彼のいうプラクティカとは、暦兆であり、魔女の処方であり、医者の治療であり、経典の解釈なのである。文字であれ図形であれ、それらをあらしめた根源の霊に立ち帰ってそれらを自在に読み解く、これが彼の到達したしるし学の奥義だったのであり、彼がカバラに通じていた一証左ともなっているのである。

つまり、しるしは一種の奇跡（しるし）としての判じ絵なのである。また、神も、各人がいかようにも読み解くことが許されている判じ絵にほかならない。その解きあかしに、なにも万人共通のマニュアルがあるわけではない。その解釈はひとえに実存的な行為なのである。読み手の想像力が、そしてその内面性の深さが赤裸々に試される。しかし、解釈だけがあって、事実が、あるいは真実がないというわけでは決してない。パラケルススは、聖霊のみに頼る予言の危険性を、たとえばミュンツァーの熱狂的千年王国論などによって、あるいは市井の名も知られぬ巫女や神審者（さにわ）たちを通じて心得ていた。聖霊による啓示は、地上の現実によって、自然と超自然が接する界面に肉薄するまで検証されなければならない。霊と自然とのあいだのこの限りない、忍耐を要する往復運動によってのみ、人間は真理に到達できるのである。そのとき、判じ絵は、その者にとってしか聞き分けられない真理をささやき出す。パラケルススが、「然（さ）れど終わりまで耐え忍ぶ者は救わるべし」（マタイ福音書二四章一三節）というのはこの意味においてであり、彼の自然探究の意義はまさにここにある。そして、それはまた、「占星学者(アストロノムス)は天の歴史を記述する歴史家にほかならない」（八巻二二五頁）とはいえ、「天の回転(レヴォルチオーン)」（七巻五二二頁）が歴史に意味を与えることはできないという事実とも通底しているのである。

（1）パラケルススの生涯一般については次を参照。Peuckert, Will-Erich, *Theophrastus Paracelsus*, Hildesheim, Zürich, New York, 1991 (2. Nachdruck der Ausgabe, Stuttgart, 1944). 大橋博司『パラケルススの生涯と思想』（思索社、一九七六年）、種村季弘『パラケルススの世界』（青土社、一九七七年）。

（2）ルターと占星術との関係については次を参照。Lämmel, Klaus, "Luthers Verhältnis zu Astronomie und Astrologie", in: *Lutheriana. Zum 500. Geburtstag Martin Luthers von den Mitarbeitern der Weimarer Ausgabe*, hg. von G. Hammer und K.-H. zur Mühlen, Köln, Wien, 1984, p. 299 ff.; Ludolphy, Ingetraut, "Luther und die Astrologie", in: Zambelli, Paola (ed.), *'Astrologi hallucinati': Stars and the End of the World in Luther's Time*, Berlin, New York 1986, p. 101 ff.

（3）メランヒトンと占星術に関しては次を参照。Caroti, Stefano: Melanchthon's Astrology, in: Zambelli (ed.), *op. cit.*, p. 109 ff.; Maurer, Wilhelm, *Der junge Melanchthon*, Göttingen 1967, Vol. 1, p. 129 ff.

（4）Cf. Thorndike, Lynn, *A History of Magic and Experimental Science*, vol. V, New York, 1941, p. 181 ff. テュービンゲン大学の教授であったシュテフラーは、ロイヒリンの親友であるとともに、同大学に学んだメランヒトンの師でもあった。彼の大洪水予言が記された『新暦(アルマナック・ノヴァ)』が刊行されたのは一四九九年である。なお、一五二四年二月は雨の少ない、むしろ乾燥した穏やかな月だったという。しかし、この予言は、実は農民戦争の勃発を告げていたのだと読みかえられていく。

（5）ルターをめぐる予言とそのプロパガンダの究明はヴァールブルクの次の研究（一九二〇年発表）によって新展開を見せた。Warburg, Aby, "Heidnisch-Antike Weissagung in Wort und Bild zu Luthers Zeiten", in: Id., *Gesammelte Schriften*, Nendeln, Liechtenstein 1969 (Leipzig, Berlin, 1932), p. 487 ff. 関連邦訳文献としては次を参照。E・H・ゴンブリッジ『アビ・ヴァールブルク伝』（鈴木杜幾子訳）晶文社、一九八六年、二三〇頁以下、ヨアン・P・クリアーノ『ルネサンスのエロスと魔術』（桂芳樹訳）工作舎、一九九一年、二八四頁以下。

（6） Cf. Warburg, *op. cit.*, p. 499.

（7） Cf. Warburg, *op. cit.*, p. 513 ff., 553 ff., Peuckert, Will-Erich, *Die große Wende*, Darmstadt, 1976 (2., unveränderter reprografischer Nachdruck der Ausgabe Hamburg, 1948), vol. 2, p. 550 ff.; Kurze, Dietrich, "Johannes Lichtenberger; Leben und Werk eines spätmittelalterlichen Propheten und Astrologen", in: *Archiv für Kulturgeschichte 38 (1956)*, p. 328 ff.

（8） Cf. Kurze, Dietrich, "Popular Astrology and Prophecy in the fifteenth and sixteenth Centuries: Johannes Lichtenberger", in: Zambelli (ed.), *op. cit.*, p. 181; Reeves, Marjorie, ***The influence of prophecy in the later middle ages. A study in Joachimism***, Oxford, 1969, p. 348 ff. なお、リヒテンベルガーの予言書は、のちの司教パウル・フォン・ミッデルブルクの『予言書』（一四八四年刊）に多くを負っているが、ガウリコもまたこのミッデルブルクの影響を強く受けている。

（9） Cf. Grundmann, Herbert, "Die Papstprophetien des Mittelalters", in: *Archiv für Kulturgeschichte 19 (1928)*, p. 126; Reeves, *op. cit.*, p. 523.

（10） Warburg, *op. cit.*, Tafel LXXXI; Sachs, Hans, *Werke*, hg. von A. v. Keller und E. Goetze, Hildesheim 1964 (Reprografischer Nachdruck der Ausgabe, Stuttgart, 1894), Bd. 22, p. 132.

（11） パラケルススの著作からの引用は次の全集版によった。Paracelsus, Theophrast von Hohenheim gen., *Sämtliche Werke. I. Abt. Medizinische, naturwissenschaftliche und philosophische Schriften*, hg. von Karl Sudhoff, Bd. 1-14, München u. Berlin, 1922-33. 引用にあたっては巻数と頁数を括弧内に示した。なお、『教皇図』等の魔術的予言に関しては次を参照。Weidmann, Pia Holenstein, "Paracelsus prophetagöttlicher Magier?", in: *Nova Acta Paracelsica, N. F. 7 (1993)*, p. 11 ff.; Id., "Die Vatcinia Pontiticum-Tradition einer Bildprophetie", in: *Nova Acta Paracelsica, N. F. 13 (1999)*, p. 153 ff. 柴田健策「パラケルススの予言をめぐって」『早稲田大学大学院文学研究科紀要（文学・芸術学篇）』三六号、一九九〇年、三九頁以下。また、パラケルススの宗教観については、次の邦訳を参照。K・ゴルトアンマー『パラケルスス　自然と啓示』（柴田健策・榎木真吉訳）みすず書房、一九八六年、一〇〇頁以下。

（12） なお、一五三六年八月執筆の『向こう二四年間に関する予測』（『予測』と略）は三二の図版をもった予言書であるが、やはり最後の二葉で「革新と変容」（一〇巻六一五頁）の到来に喜びのあまり踊り興ずる子供たちと、木陰で平安の憩いを楽しむ一老人の姿が描かれている（九二頁の図参照）。なお、『予測』は、リヒテンベルガー、J・カリオン、J・グリューンペック等の予言とともに、一五四九年『預言と予言』の題名のもとで刊行されている。Cf. Sudhof, Karl, *Bibliographia Paracelsica*, Graz, 1954, pp. 42-44.

(13) Cf. Peuckert, *op. cit.*, Vol. 1, p. 106.

(14) Cf. Warburg, *op. cit.*, p. 536f.

(15) Cf. Weidmann, Pia Holenstein, "Sterne, Zeichen, Zukunft", in: *Nova Acta Paracelsica. N. F. 8 (1994)*, p. 37 ff.

(16) このハレー彗星はヨーロッパ各地で観測された。スイスのヴィンタートゥーアでは八月六日から九月六日まで見えたという記録があるがこれは例外的に長い観測期間であり、ドイツやスイスではその尾も含めて八月中旬の夕方がもっともはっきり見えたという。この彗星の出現は、いうまでもなくルターやメランヒトン等の宗教改革者や人文学者の強い注意を惹いた。とくにツヴィングリは、自分の運命の上に射す暗い蔭の予感を抱いたという。Cf. Rauscher, Julius, "Der Halleysche Komet im Jahre 1531 und die Reformatoren", in: *Zeitschrift für Kirchengeschichte 32 (1911)*, p. 259 ff.

自然の黙示録
――パラケルススの伝承空間――

自然の神秘を認識することから、神とは何か、
人間とは何か、両者の働きとは何か、が読み解ける。[1]
（三、九四）

ルネサンス期におけるヘルメス学的医術の大成者パラケルスス（Theophrastus Bombastus von Hohenheim, genannt Paracelsus 一四九三／九四―一五四一年）は、生前から「民衆を惑わす者、悪魔を飼う者、悪魔に取り憑かれた者、降霊術をあやつる者、魔術師」（八、一五七）などと騒がれた人物であった。一五五五年末に公表された直弟子オポリヌス（Johannes Oporinus）の師に対する誹謗文書によっていっそう拍車をかけられたパラケルスス伝説は、中世後期の魔術師ヴェルギリウス伝説や同時代のファウスト博士伝説と競いあいながら、以後民衆の想像力を土壌に成長しつづける。一九世紀に採取された多数のパラケルスス伝承は、悪魔と契約を結び、黒魔術を自在にあやつり、霊薬による奇跡的治療を易々とやってのけ、蘇生術で何度も復活する超人の姿を生き生きと描く一方、弱きを助け強きをくじき、必要とあらば若者同士の恋の橋渡しも買って出るといった庶民の味方、福を招来する異界からの歴訪者という側面をも伝えている。[2] 彼の熱烈な崇拝者であり医学分野での後継者であっ

たヘルモント（Jan Baptista van Helmont 一五七七—一六四四年）も、パラケルススが「三歳の時、豚に男根を食いちぎられたため生涯女性を求めず」、また韃靼人に捕えられその王子の使節団とともに「コンスタンチノープルに送られ、二八歳頃何でもたちまち黄金へ変える賢者の石を授けられた」(3)等の伝承を聖者伝的口吻をもって書きとめている。ところで、本稿では、以上のようなパラケルススに関する口承ないし伝承を対象とせず、むしろ彼の著作に内在する口承、伝承について検討する。すなわち、民間伝承、民間医療が彼のヘルメス学的自然学にどのように吸収されたかを、（一）パラケルススの自然研究の特徴を踏まえながら、（二）薬草論、（三）妖精論の面から検討し、（四）さらに彼の身体観がヨーロッパ神秘思想にどのような意義をもちえたのかを展望する。

一

自然に対するパラケルススの関心は、自然の癒しとは何か、自然の神秘とは何かという問いに要約されるように思われる。身体的精神的病気の由来と治療に思考を凝らしたこの医学の改革者は、結局地上界ばかりでなく、星辰界をも含めた被造物全体の神秘に探求の手を延ばし、ついには現宇宙の創造主である神にまでたどりつかざるをえなかった。というよりは、神による宇宙創造を前提として自然を観察し、「万象の中に神の御旨を読み取る」（二、一一一）ことを使命としたのである。神-人間-自然、森羅万象というコスミックな思考は、彼の著作に一貫して観察される特徴である。ところで、彼にとって自然の癒しとは、身体の健康を回復させることだけを意味してはいなかった。霊魂の癒し、自然万象の癒し、そして神による全宇宙の癒し＝救済、浄福の完成をも射程に入れた終末論的色彩を帯びているのである。彼の独自性は、神の「恩寵の光」による直接的瞬間的奇跡的癒しという使徒的な道を選ばず、「自然の光」による自然的迂回的癒しの道を自己の医学として引き受けた点に求められる。神から自分に授けられた「賜物とは、火の舌で語ることではなく、普通の舌で自然に関し叙述することだ」という彼の発言は、自然の神秘を解明することによってはじめて達成される自然的癒しへの決意をよく言い表している。確かに、祈りや手を触れるだけで盲人の目を開かせ、死者をも蘇らせるイエスや使徒の業と比べ、「自然の光は聖者の代用品」（一二、一二）にすぎない。しかし、恩寵の光による超自然的癒しが廃れたという時代認識を抱いていた彼は、自然の事物の中に潜む治癒力を地道に研究して薬を作り病気を直す道を新たに切り拓き、聖書に明言されていない創造の神秘を万象の中から読み取ることに積極的意義を見いだしていく。神の啓示は、聖書ばかりではなく、自然という書物の中に自然の文字によって記されている。しかも、「自然的なものから永遠なるものを認識し」（一二、一二九）、「森羅万象をとおして神の奇跡の業を経験する」（一二、一一）という彼の自然研究は、それまで「異教」的学問の対象として軽蔑されてきた自然を、創造の神秘が明らかとされる新たな黙示の場として位置づける画期的なものであった。彼のまなざしを受けて浮かび上がる自然とは、観念的抽象的自然ではない。それは、四元や星辰のエネルギーが複雑に交錯し照応しあう魔術的な領域であり、その錯綜した糸一本一本が人間の手によって解きほぐされて神の秩序へと新たに織り直され、あるいは万象の中にまどろむ神秘的エネルギーが人間の錬金術的作業によって覚醒、浄化されて新生させられることを切望する自然である。このような生命体としての自然の中で、パラケルススのヘルメス学は民間口承や民間医療と出会うのである。

二

パラケルススが自然研究の根本に置いたのは、生の自然を相手にした「経験」と「実践」である。しかし、彼の唱えた経験科学が、今日の自然科学とはおよそかけ離れた世界観に基づくものであったことは論を俟たない。では、たとえばパラケルススは薬草をどのように観察し、処方したのであろうか。その実例として、『本草学』（“Herbarius” 二、一—五七）、『自然の事物について』（“Von den Natürlichen Dingen” 二、一〇九—二一〇）、『長生の書』（“Liber de longa vita” 三、二二一—二四五）など一五二五年から一五二七年にかけて執筆された一連の初期の著作における夏至の花ヨハネ草と冬至の花クリスマスローズに関する記述を検討してみよう。

フェラーラで大学教育の総仕上げをし、ほぼヨーロッパ全域にわたる大遍歴（一五一六—二四年）を成功させた彼は、その間にフィチーノ（Marsilio Ficino 一四三三—九九年）やピコ（Giovanni Pico della Mirandola 一四六三—九四年）の新プラトン主義、ヘルメス学、カバラ、自然魔術の世界に親しむとともに、貴賤や学識の有無を問わず理髪師（外科医）、温泉主、老婆、黒魔術師、錬金術師を訪れ、貪欲に民間医療を吸収した（一〇、一九以下参照）。民間習俗の中に断片的に継承されている太古の英知を収集することによって、楽園時代のアダムにまでさかのぼる輝かしい秘教的英知を再生できるとパラケルススは確信していたのである。ところで、彼が生まれ育ち活躍した地域は、上ライン、南ドイツ、チロル、ケルンテン地方、すなわちアルプス高山帯と平坦部のはざまに位置するドナウ-ライン上流地域である。ケルトやゲルマンの習俗が色濃く残存し、彼の生誕地近くのアインジーデルン修道院の「黒い聖母」像に代表されるように大地母神信仰が根強い、また薬草や茸などに詳しく占いや予言をことととする治療する老婆＝魔女や魔術師がおり、豊富な民話、民謡、伝説、怪異譚が息づいている地域、キリスト教導入以前の習俗から生まれた、いわばコスミックな民衆的キリスト教が根づいていた地域である。(4)

ところで、パラケルススが植物にまつわる神話や民間伝承の世界に遊ぶことは全くない。ガレノス＝アラビア医学の祖述に終始する講壇医学に対する過激なまでの攻撃を随所にさし挟みながら、彼は徹頭徹尾医者として素っ気ないまでに植物の薬効とその処方を述べるのみである。たとえば、理気の形而上学体系の中に儒教の伝統からはずれる古来の民間伝承をいかに組み込むべきかに腐心した朱子、一例をあげれば蜥蜴が雹を降らすという伝承ないし見聞はどういうことなのかを陰陽二気の運動からなんとか説明しようとする朱子のような試み（『朱子語類』巻二、五六(5)）は、パラケルススには一切観察されない。フィチーノやネッテスハイム（Agrippa von Nettesheim 一四八六―一五三五年）らが先人の著作からの引用とその注釈に頼りながら論を進めるのに対し、パラケルススの著作は自らの自然観察の結果を誇る一つの完結した世界として自立しているかのようである。しかし、彼の口調に欺かれてはなるまい。パラケルススが言及した植物は五〇種程度であるが、そのほとんどがいわゆる治療する老婆の文化域に分布するものであり、彼はそれらの伝承を朱子以上に巧みにさりげなく自己のヘルメス学的医学説の中に忍び込ませるのである。

ヨハネ草（St. Johanniskraut）の薬効として、パラケルススは寄生虫、創傷、鎮痛に用いるべしと述べる。これらの薬効は、前四世紀のヒポクラテス（Hippokrates）や一世紀のディオスコリデス（Dioskorides）、大プリニウス（Plinius）などの著作以来伝承されてきた範囲を逸脱するものではない。パラケルススの本領は、この薬草に関しては独自の調剤法を編み出した点に求められそうである。その意味で彼は、ブルンシュヴィック（Hieronymus Brunschwig 一四五〇頃―一五一二年頃）の『蒸留の書』（"Liber de arte distillandi" 一五〇〇年）

における植物の蒸留=錬金術的調剤の継承者とみなされよう。たとえば、ヨハネ草の創傷用軟膏の一調合例を引くならば、ヨハネ草の種から絞った油を同量の唐松の樹脂と混ぜて赤葡萄酒で一時間煮立てることを三度繰り返す。次にこれに半量のオリーブ油を加え、もう一度赤葡萄酒で煮る。さらにヨハネ草の花を鍋一杯に入れ、葡萄酒を加え六時間煮つづけ葡萄酒を完全に蒸発させる。底に溜っているヨハネ油とオリーブ油および松脂を鍋からあけ、これを一か月太陽の光に晒せば（二、一一八参照）、「劇的効果を発揮する」（二、一一六）創傷の万能薬ができあがり、という具合である。

ところで、パラケルススがヨハネ草の効能として第一にあげたのは、実は魔除けであり、悪霊によって引き起こされる狂気、幻覚、妄想に対してであった。正体不明の、何という奇抜な発想ではないだろうか。薬学的意匠のもとにこれを淡々と述べる彼は、しかし明らかにこの薬効の出所を明言することを回避しようとしている。だが、当時の読者にとって、彼がどのような伝承世界から発言しているのかは自明であった。彼のヨハネ草に関する記述は、洗礼者ヨハネの祝日、つまり異教的な夏至の火祭りの民間習俗の知識を抜きにしては理解できない(6)。太陽の勢いが最も盛んになる夏至のころ咲き始めるヨハネ草は、巴型の黄色い五弁の花が太陽を思わせることから、アルニカの花と同様、夏至の祭りには欠かせない野の花であった。人々は、夜明け前に摘んだこの花で聖堂を飾り、また冠に編んだこの花をかぶってヨハネ祭の火のまわりを踊り、祭りが終わるとこれを家の屋根の上に投げて向こう一年間の家内安全、無病息災を祈ったのである。しかも、中世以来「鬼やらい草」(fuga daemonum)の異名を与えられていたように、この草を梁や戸口の上、窓、家畜小屋にぶら下げたり十字形に置き、魔女や黒魔術師を追い払うまじないとしたのである。パラケルススが、悪魔に取り憑かれないためにこの草を常時携帯するように、つまり「帽子の下や胸元に忍ばせたり、花環に編んだり、手に携える。時々匂いを嗅ぎ、夜は枕の下に敷いて寝る。また、家の周りに挿したり、壁にぶら下げておく」(二、一一七)ように勧めているのは、夏至の習俗を踏まえた上での発言なのである。

しかし、パラケルススは、民衆に伝承されたいわゆる太古の英知を無批判に継承したわけではない。自然の光に照らされてはいるものの、農民や老婆の知恵が正しい光を充分に受けているのではない、との認識に彼は立つ。そこで彼は、民間医療の誤りを正しその不足を補うために、もう一つの太古の英知であるヘルメス学に、そして観察と実験によって検証される自然の光の知恵に民衆の伝承を寄り添わせようとする。民間伝承をいかにヘルメス学的医療科学の世界に組み込むかが、パラケルススの課題だったのである。たとえば、ヨハネ草の採取時間を述べる時、彼はまず最初に「星辰の運行」に読者の注意を促す。つまり、悪霊を駆逐する力をもつ火星、木星、金星が天に掛かり、狂気をもたらす月が出ていない時期を狙うように勧める。次に日の出前の採取が推奨され、最後に他の植物の中に立ち混じる、丈が高く、花を多くつけた満開時のヨハネ草を摘むようにと指示するのである(二、一一六参照)。しかし、その場合彼は、ヨハネ祭のことはもとより、夜露そのものに狂気を鎮める効果があるとか、ヨハネ草が雷や火災除け、恋占いに用いられるとの俗信には一切言及しない。ただ、悪霊＝虫の連想から、ヨハネ草がもつ匂いがある種の害虫駆除に効果的であること、虫下しにはヨハネ草を「臍の上に置く」(二、一一七)療法が効くことをさりげなく述べるのみである。

ところで、パラケルススは、目に見えない内的な性質や力は必ず外側の形や身体性に可視的なしるし、記号を刻印するという「シグナトゥラ説」を唱えた。(7) 自然界には、「しるしを持たぬものは何一つ存在せず、……自然が書き入れた……しるしから自然万象の中に潜む力が何であるかが認識できる」(二、八六)。この「魔術的知」を会得すれば、「薬草のしるしに目を向けることによって、薬草の中に潜むものをことごとく透視」し、ひいては「しるしによって自然の神秘を知りつくす」（二、八七）ことができる、というのである。では、パラケルススは、ヨハネ草の形態に現れた自然の言葉をどのように読み解いているのであろうか。彼の記述によれば、ヨハネ草の「葉にある細かい孔は、皮膚や体内を問わず表皮にできた傷すべてに対してこの薬草が効くことを示している。……またこの草の花は、腐敗すると血のようになる。これは、ペルフォラータが、創傷によって生じる病状すべてに効力があるしるしである。……さらに葉脈は、人間が襲われる幻覚や妄想、人間の周りをうろつく幽霊を追い払うのにペルフォラータが効くしるしとなっている」（二、一一四）と述べる。ところで、彼は「忘却の淵に沈んでいた」（二、八六）自然の記号学を復興させたと自慢するが、プリニウスを引くまでもなく、自然の文字の読解というアルカイックな思考法は、民間に伝承されてきた英知の一形態であることは明白である。ここでも彼は、民間伝承の知恵をヘルメス学的に読みかえる試みを行うのである。ヨハネ草のシグナトゥラから紡ぎだされた民間伝承を、パラケルススが知らなかったはずがない。しかし、葉上の油点（「ペルフォラータ」というラテン語名は、油点が「孔」に見えることに由来する）はこの薬草に痛めつけられた悪魔がその仕返しに葉に針で穴を空けた跡であるとか、葉や花を揉むと出る赤い汁や根にある赤い斑点は洗礼者ヨハネあるいはキリストの血を浴びたためであり、だからこそ血にかかわる病気、切り傷や腫物、婦人病に効くとか（因みに和名「弟切草（おとぎりそう）」の名のいわれ、つまりある鷹匠が鷹の傷薬として秘してきたこの薬草を弟が人に漏らしたためこの弟を刃傷したという伝承（『和漢三才図会』巻九四）も、同じ考えに基づく）、黄色い花の色は雷除けや黄疸に効くしるしである等について、彼は口を閉ざすのである。はたしてパラケルススは、意図的に民間口承との関連を隠そうとしたのであろうか。確かに、民間療法がアカデミックな世界に受容されがたいことを予想して隠蔽したとも考えられる。しかし、彼が人間の姿をした根を持つためにもてはやされるマンドラゴラは生薬商によってそれらしく形を改変された欺瞞にすぎないと指摘することからも予想されるように（一三、三七七参照）、彼は自分なりの自然観察に基づきながら、ヘルメス学を背景に民間伝承へ自己の創見を加えていくことに心血を注いだのである。当時の好意的読者は、最新の学問であったヘルメス学によって民間療法がいかに読みかえられていくかに興味をそそられたに相違ない。民間伝承世界をまったく拭い去ったかに見えるクリスマスローズ（Schwarze Nieswurz）に関する彼の記述には、かえってそれが鮮やかに現れているように思われる(8)。

彼がこの薬草の薬効として第一にあげているのは、今まで誰も顧みなかった葉の薬効、しかも六〇歳から服用する不老長寿の薬効である。彼は、「太古のマギたちが……熱心に求めてついに得られなかった」（二、七六）不老長寿薬の調合法を二つ書き残している。一つは東風で陰干し乾燥させたクリスマスローズの葉を粉末にし、同量ないし少量の砂糖と混ぜ、それを「六〇から七〇歳までは毎朝半クヴェント、七〇から八〇までは一日おきに半クヴェント、八〇から死ぬまでは六日おきに一クヴェント」（二、八）服用するもの、一つは「刈り取られた牧草地の花一オンス［約四〇グラム］、クリスマスローズの葉五オンス、金と真珠のエセンチア五ドラハメ［約二五グラム］」（三、二四一）(9)から作るものである。これを飲めば、「人生の後半生を健康に、長く、憂いなく」（二、七六）過ごせ、病気に悩まされることなく百二〇年（創世記六・三）の、あるいはそれ以上の天寿を全うできる、とパラケルススは述べる（三、二四〇参照）。この処方が「太古の最初の哲学者たち」（二、七）に由来するものであると語られているが、今日の研究はこれが誰を指しているのか突き止めていない。民間伝承やフィチーノの長生論との関連も不明である。この葉のシグナトゥラについてパラケルススは一言も書いていないが、数十年生きつづける地下茎から直接力強く芽を出し数年枯れることがない葉、この葉が成長して花（実は萼）へと変容する不思議、そして何よりも冬至という万物再生の象徴的な時期に花開く生命力、このような「観察」からパラケルススはこの不老長寿薬を創案したのであろうか。いずれにせよ、この処方はヘルモントにも受け継がれ、新たな長生伝承の源泉となっていく。[10] しかし、彼が口承文芸のまことの発信者となりえたのは、その妖精論においてである。

三

不老長寿と同様パラケルススが生涯にわたって関心を抱きつづけた妖精に関する考察は、後期の作品『ニンフの書』（"Liber de nymphis, sylphis, pygmaeis et salamandris et de caeteris spiritibus" 一四、一一五—一五一）に結実している。巨人族への言及はあるものの妖精の存在をまったく無視した聖書、その啓示の不十分さ、というよりはあえて語らなかった神慮を、彼は自然の光および人間の光による啓示によって掘り起こそうとする（一四、一一五、一一八参照）。彼が活動した薬草文化地域が、鉱山を多く抱え、妖精や怪異現象伝承を生き生きと残す森林地帯であったことをもう一度想起しておく必要があろう。ヴェーヌス、ジレーネ、メルジーネ、シュタウフェンベルクの騎士とニンフ等、妖精と人間の交流、異類婚、約束違反による破局などをモチーフとする伝承世界を、パラケルススは充分心得ていた（一四、一一八、一三八—一四三参照）。しかし、ここでもまた彼の自然観察は、ギリシャ神話以来動植物や樹木、川などの自然物に結び付けられてきた妖精をそのまま継承することを許さない。彼は、妖精を地、水、火、風、四つの元素を住み家とする存在であると「経験」し、これを「四元の精」（Elementargeister）と名づけ、独特の妖精論を展開するのである。[11]

小宇宙である人間が大宇宙の華であるように、妖精は四元の華である。パラケルススによれば、妖精は、悪魔や天使などの霊的存在、動物、人間の性質を併せ持った、しかしそれらとは別個の独立した被造物である（一四、一二一参照）。つまり、霊のように神出鬼没ではあるが身体を持ち、人間と同じように家庭を営み、飲み食いをし、子を生み、病気にもなり、薬を処方し、言葉を操り、仕事を持つ。また、彼らなりの道徳があり、社会があり、階層性がある（一四、一二二以下参照）。地下資源の管理、自然界の秩序の維持が彼らの主たる仕事であるが、ある種族は災害や人間の未来の予言をこととしている（一四、一四八以下参照）。ただし、魂を持たないという点で、彼らは人間にではなく動物に近い。彼らは百年千年単位の長寿を誇るが、死ねば自分の元素にもどり後には何も残らない。また、人間存在が四元によって規定されているように、四元の妖精たちは自分たちの一元素を生活の場とする。たとえば、土の精グノームは、人間が空気の中を自由に歩けるように、大地や岩の中を平気で動き回ることができ、地下に住居を作り生活を営むが、土の元素のない所では生きられないのである。

今日からすれば、彼の妖精論は一種の手の込んだ御伽噺でしかない。しかし、パラケルススは、これらの存在を空想ではなく実在のものと考えていた。自然神秘思想の流れからいえばヒルデガルト（Hildegard von Bingen 一〇九八―一一七九年）やスエーデンボリ（Emanuel Swedenborg 一六八八―一七七二年）のコスミックなヴィジョン体験に類似し、また地球以外の惑星に住む宇宙人の形態と知能を惑星の物理的条件から類推したフォントネル（Bernard Le Bovier de Fontenell 一六五七―一七五七年）やカント（Immanuel Kant 一七二四―一八〇四年）の想像力を地球上の多元的世界に適用した先駆的形態ともいえる。(12) ところで、フケーやユゴー、メーリケ等の一九世紀の詩人たちは、パラケルススが物語った、魂を持たないがゆえに死後の浄福にあずかれない妖精譚に関心を示した。つまり、たとえば水の精ウンディーネは、人間の男と結婚することによって魂を得られること、そこから生まれる子供は普通の人間と変わりないこと、夫は妖精であった妻を水の中に入れたり水辺で侮辱してはならないこと、このタブーを破ると妻は水の世界に帰らざるをえなくなるが結婚自体は存続し最後の審判の時には妻も裁きを受け永世を得られること、しかし夫が後妻を娶れば妖精の妻は魂を失い、夫も破婚の罪を死をもって贖わなければならぬこと（一四、一三二以下参照）等の叙述から、ロマン派的な物語が紡ぎだされたのである。しかし、パラケルススの関心が、永遠の愛によって救われるはずの魂とその蹉跌にあったとは思われない。むしろ彼がまとまった天使論や悪魔論を書かず、なぜ妖精論を書いたのかが問われるべきであろう。それはとりもなおさず、彼の身体観、物質観の特質を問うことにほかならないのである。

四

人間の「粗いごつごつした」身体と異なり、アダムに由来しない妖精のグノームの身体が「繊細で微細」（一四、一二〇）であるというパラケルススの「観察」は、物質に関するパラサイコロジカルな認識の扉を開くものである。[13] 彼によれば、物質は安定した自己完結的なものではない。物質とは、硫黄、水銀、塩という三原理から成り立ち、錬金術的作業によって再度三原理に還元されて別の物質へ変わりうる存在（三、二〇四参照）、星辰や悪霊、神など時々刻々変化する多様なエネルギーに弄ばれる脆弱な存在である。物質は霊的なものに浸透され、霊的なものもまた必ず身体性を宿りとする。シグナトゥラ説は、内と外、霊と物質を結ぶこのライプ—ガイスト説の一ヴァリエーションであり、薬を錬成するとは物質の中に潜む霊的エネルギーを純化させることにほかならない。

キリスト教がギリシャ的な霊肉二元論との戦いの中から身体-魂-霊の三元論的人間観、宇宙観を身につけていったことは、神であり人間であるとされるキリストが身体とともに復活したという信仰の立場と密接なかかわりをもつ[14]。ところで、デヴォチオ・モデルナやキエティスム、ピエティスム等の神秘思想の主潮流は、身体性の問題に立ち入らないまま神との合一の場である魂の問題に没入し、魂を神霊の宮＝身体性と読みかえることによってかろうじて三元論的立場を維持する傾向が強い。これに対し、パラケルススは、魂の問題には立ち入らず、むしろ身体、物質、自然の領域に注目し、ここに霊的なものの活動を透視しようとするのである。彼は、人間の身体を三層に分ける。可視的で死すべき「エレメントの身体」、目に見えないが不滅ではない「アストラルな身体」、不可視であり永遠である「神の身体」(一二、三九)にである。人間以外の被造物も、四元と星辰という二重の身体性を持つ。自然の光が解明できるのは、原則として四元と星辰の領域に限られる。しかし、人間は宇宙万象の精髄である「地の塵」から創造された「小宇宙」であると同時に、「生命の息」、つまり神の霊を吹き込まれた「神の似姿」であり、「神々、いと高き者の子ら」(詩篇八二、六)と呼ばれるにふさわしい存在である(一二、一二九参照)。つまり、「聖霊の光」によって、アダムの転落以来四元と星辰の支配に甘んじてきた人間は、逆にこれらを支配できる能力を与えられるのである。第二のアダム、キリストにおいて新たに誕生し、神の似姿を回復した者は、大宇宙の神秘の機微を盗んで「森羅万象を統治する」(一二、一三二)神の魔術師、「神において自然万象の力を自在に使いこなす聖者」(一二、一三〇)となるのである。パラケルススは、ここに自然の光と恩寵の光、学知と信仰の和解を見る。自然の光の中を歩む者も、聖霊を受けるならばキリストや使徒以上の業を行うことができる。その目的とするところは、物質の霊化であり、霊的身体性の顕在化であり、この錬金術的作業によって達成される「万物の完成」(一二、五七)である。

復活の身体である神の身体は、現世では人間に与えられない。神との完全な合一は最後の審判ののちに行われ、アダムの楽園追放から始まる神の救済史、宇宙史はその円環を閉じるのである(一二、三三〇参照)[15]。パラケルススは、現世における行為によって来世における永遠の生命獲得の成否が決まると考える(一二、五九参照)。つまり、自然の光に召命された者は、寸暇を惜しんで自然の神秘を解明しなければならない。しかも、自然の身体性を純化し霊化する作業は、現にある物質的な宇宙の崩壊と霊における再生を準備するものなのである。そしてまさにここに、パラケルススがクリスマスローズばかりでなく水銀を主にした不老長寿薬の発見に生涯固執した理由がある。百二〇歳の天寿すらも越えてこの世の終わりまで生き、神によって書かれた自然の黙示録を読みつづけること、そして心身の治療という作業によって身体を浄化させ神の宮という身体性をあらわにし、そこに宿る神の霊を十全に活動させる態勢を整えた上で終末を待ち望むこと、これを彼は天命としたのである(三、二四〇参照)。しかも、この世の終わりに、現宇宙とは別個の宇宙が出現するのではない。現宇宙に内包されている永遠の霊的身体が新たな宇宙として顕現するのである。「アダムの肉とこの世が滅び去り、死すべきもの一切が消滅すると、宇宙の環は永遠の住居となり……永遠に終わりなき楽園となる」(一二、三三一)。古い肉の世界は、滅びなければならない。しかし、卑金属がそのまま内側から貴金属に変容するように、古い罪の世界のただ中から輝かしい神の国が立ち現れてくるのである。こうして、パラケルススは、民間伝承を土壌の一つとしたキリスト教カバラの、黙示に満ちた預言者として近世自然神秘思想の幕を開いたのである[16]。

(1) パラケルススの全集は、Paracelsus, Theophrast von Hohenheim gen.: Sämtliche Werke, I. Abt. Medizinische, naturwissenschaftliche und philosophische Schriften. Hrsg. von Karl Sudhoff. Bd. 1-14, München u. Berlin: (R. Oldenbourg) 1922-1933. を用い、引用の末尾にその巻数と頁数を示した。なお、偽パラケルスス文書は、本稿では考察の対象にしなかった。

（2） Grabner, Elfriede: Der Zauberer Paracelsus. Theophrastus von Hohenheim im Lichte volkstümlicher Überlieferung. In: Antaios 11 (1970), S. 380–392; Domandl, Sepp: Paracelsus, Weyrer, Oporin. In: Ders. (Hrsg.): Paracelsus. Werk und Wirkung. Wien (Salzburger Beiträge zur Paracelsusforschung Folge 13) 1975, S. 53–70; Baron, Frank: Der historische Faustus, Paracelsus und der Teufel. In: Domandl, Sepp: (Hrsg.): Paracelsus in der Tradition. Wien: (Salzburger Beiträge zur Paracelsusforschung Folge 21) 1980, S. 20–31.

（3） Knorr von Rosenroth, Christian: Aufgang der Artzney-Kunst (Reprographischer Nachdruck der Ausgabe 1683). München Kösel) 1971, S. 665.

（4） Vgl. Peuckert, Will-Erich: Theophrastus Paracelsus: (Neudruck der Ausgabe Stuttgart 1944). Hildesheim u. New York (Georg Olms) 1976, S. 171f.; 中井久夫『分裂病と人類』東京大学出版会、一九八二年、一二五頁。

（5） 吉川幸次郎・三浦国雄『朱子集』朝日新聞社、一九七六年、二七五—二八〇頁。

（6） Marzell, Heinrich: Bayerische Volksbotanik. Volkstümliche Anschauungen über Pflanzen im rechtsrheinischen Bayern. München: (Werner Fritsch) 1968, S. 40–60 u. passim. また、民俗や薬草に関しては、次のレキシコンの該当項目を参照した。Ders.: (Bearb.): Wörterbuch der deutschen Pflanzennamen. 5 Bde. Leipzig (S. Hirzel) 1943–58; Bächtold-Stäubli, Hanns: (Hrsg.): Handwörterbuch des deutschen Aberglaubens: (Unveränderter photomechanischer Nachdruck der Ausgabe 1927–42). 10 Bde. Berlin u. New York (Walter de Gruyter) 1987.

（7） Vgl. Peuckert, Will-Erich: Pansophie. Ein Versuch zur Geschichte der weißen und schwarzen Magie. 3. Aufl. Berlin: (Erich Schmidt) 1976, S. 356–358; Wegener, Christoph: Der Code der Welt. Frankfurt a. M., Berlin, New York u. Paris (Peter Lang) 1988, S. 102–129; Schipperges, Heinrich: Magia et Scientia bei Paracelsus. In: Sudhoffs Archiv: Zeitschrift für Wissenschaftsgeschichte 60 (1976), S. 76–92.

（8） Fischer, Hans: Helleborus im Altertum und bei Paracelsus. In: Schweizerische Medizinische Wochenschrift 66 (1936), S. 484–489; König, Karl: Die Signatur der Christrose (Helleborus niger). In: Hippokrates 29: (1958), S. 781–787.

（9） この箇所のテクストの読みは、次に従った。Scheller, Emil Fritz: Langlebigkeit mit Paracelsus-Arzneien. Heidelberg (Karl F. Haug) 1977, S. 35–40.

(10) Vgl. Knorr von Rosenroth: a. a. O. S. 1128; Perger, A. Ritter: Deutsche Pflanzensagen (Fotomechanischer Neudruck der Originalausgabe 1864). Leipzig: (Fourier) 1978, S. 184.

(11) Vgl. Goldammer, Kurt: Paracelsus in der deutschen Romantik (Salzburger Beiträge zur Paracelsusforschung Folge 20). Wien 1980, S. 101–113; Peuckert, Will-Erich: a. a. O. S. 200–207.

(12) Vgl. Benz, Ernst: Kosmische Bruderschaft. Die Pluralität der Welten. Freiburg i. B. (Aurum) 1978, S. 27–30 u. 37–44.

(13) Vgl. Frei, Gerhard: Das Weltbild des Paracelsus in parapsychologischer Sicht. In: Ders: Probleme der Parapsychologie. München, Paderborn u. Wien (Ferdinand Schöningh) 1971, S. 275–285.

(14) Vgl. Kämmerer, Ernst Wilhelm: Das Leib-Seele-Geist-Problem bei Paracelsus und einigen Autoren des 17. Jahrhunderts. Wiesbaden (Franz Steiner) 1971, S. 10–47.

(15) Vgl. Goldammer, Kurt: Paracelsische Eschatologie. Zum Verständnis der Anthropologie und Kosmologie Hohenheims. In: Nova Acta Paracelsica 5 (1948), S. 45–84.

(16) 「経験神学」を提唱し、神と魂の合一のドラマを「神秘神学」として体系化しようとしたラジカル・ピエティスムの代表者アーノルト（Gottfried Arnold 一六六六―一七一四年）は、パラケルススの思想を近世初頭のラジカル・セパラティスムの起源とみなした。身体と物質の神秘を探求したパラケルススが、反自然を基調とする魂の神秘説へ取り込まれていく、彼の著作に内在する問題と歴史的過程については、稿を改めて検討したい。また、パラケルススの製薬法にみられる「数の魔術」の象徴体系、具体的な自然を相手にしながら神話的自然の物語を紡ぎださざるをえなかったパラケルススの自然研究の特徴を彼の「想像力」論から解明する試みについても、次の機会に譲りたい。

星の賢者と神の聖者
――パラケルススの魔術論――

一　一五世紀の魔術

「魔術（マギア）」という言葉を聞いて、私たちは何を思い浮かべるであろうか。手品（マジック）のことを頭に思い描く者、お伽噺に出てくる魔女と関係がありそうだと思う者、悪魔に魂を奪われた魔女たちがあやつる恐ろしい妖術の類だと考える者、いやいや現代アフリカの巫術師が施す怪しく不思議な業のことだろうと類推する者等々、さまざまなイメージが魔術という言葉から次々と湧いてくるに違いない。ところで、今ここで論じたく思っているのは、一四九三年ないし四年スイスの巡礼地アインジーデルン近郊に生まれ、一五四一年オーストリアのザルツブルクに客死した、ドイツ語圏におけるヘルメス学的医学の実践者であり理論家であったパラケルススが説いた魔術論である。ヨーロッパ近代の幕明けを告げたルネサンス期に魔術が流行したというと意外な印象をもたれるむきもあるかもしれない。しかし、一五、六世紀のヨーロッパは、自然魔術の最盛期でもあったのである。パラケルススが活躍したのは、ゲーテの戯曲『ファウスト』の主人公として有名なヨハネス・ファウスト（一四八〇頃―一五四〇年頃）とほぼ同時代だといえば、多少のご諒解は戴けるかもしれない。

ところで、パラケルススとは一体何者だったのであろうか。ファウストと同様、彼もまた生前から民衆の間に

デューラー作といわれる
パラケルススの肖像

魔術師とか錬金術師の異名を取った。南ドイツやスイス、南西オーストリア（チロル、ケルンテン等）など彼が主に後半生活躍したドイツ語圏の各地には、権威ある高名な医学者が見放した患者の生命を悪魔の霊薬を用いて数多く救ったとか、悪魔を駆使して瞬く間に千尋の谷に橋を架け、あるいは人間の手におえない岩盤にトンネルを掘ったとか、いとも容易に鉛を黄金に、銅貨を金貨へと変えて人々を驚かせたとか、不思議な霊液を振り掛けて死者を蘇らせたとか、その他枚挙にいとまがないほど多彩な伝説が残っている。事実、彼は、四体液説に基づくガレノス＝アラビア医学と決別し、独自の自然観察に裏打ちされた治療術や医療薬を編み出し、近代医学の幕を開いたのである。しかし、彼の唱えた新医学とは、今日の医学とは全く異なる世界観に基づくものであった。すなわち、ヘルメス学的世界観に基づく医学だったのである。

周知のように、イタリア・ルネサンスはヘルメス学復興の運動でもあった。コジモ・ディ・メディチによって一四六二年に創設され一四九四年にその輝かしい歴史を閉じたフィレンツェのプラトン・アカデミアは、そのメッカであった。その実質的指導者であったフィチーノ（一四三三—九九年）は、プラトンの全著作、プロティノスやプロクロスなどの新プラトン主義の著作、ヘルメス・トリスメギストスに帰せられたヘルメス文書、擬ディオニシウス・アレオパギータの著作をギリシャ語からラテン語へ次々と翻訳し、古代の叡智の宝庫であり人類最高の叡智と彼が見なしたこれら「古代神学(プリスカ・テオロギア)」を西ヨーロッパの世界に紹介したのである。また、ピコ・デッラ・ミランドーラ（一四六三―九四年）は、これにユダヤの神秘思想カバラを付け加え、古代秘教学の再興を目指したのである。このようなヘルメス学の再興は、ロイヒリン（一四五五―一五二二年）やアグリッパ・フォン・ネッテスハイム（一四八六―一五三五年）などのドイツ人によってアルプス以北の地にもたらされた。パラケルスス自身も、一五一三年から二年間フェラーラ大学で医学を学び、人文主義的医学者マナルディ（一四六二―一五三六年）から文献学とヘルメス学的医学を伝授されているのである。

二　自然を師とする

パラケルススの思想がイタリアに発祥するヘルメス学再興運動の大きな潮流に棹さすものであることは明らかである。しかし、彼は、フィチーノやピコ、ロイヒリンやアグリッパなどとは異なる道を歩むこととなる。フェラーラ大学で博士号を取得した後、パラケルススは約九年という長い歳月をかけて時計回りにヨーロッパ大陸の周辺部をほぼ一周する大遍歴を敢行する。そして、ヨーロッパの植物相、動物相、鉱山を実見するとともに、民衆に古来より伝承されてきた民間医療の類にも精通するのである。これは、何を意味するのか。彼が、人文主義的学問に疑義を抱いていたことを示している。ルネサンス期のヘルメス学研究は、先に見たようにヘルメス学に関する古典的著作の文献学的研究に基づいて発展した。パラケルススは、しかしこの道を歩まない。何故か。自然の神秘を探るヘルメス学が師とすべきは、過去の書物ではなく、本来自然そのものであるべきだと考えたからである。この姿勢には、パラケルスス独自の自然把握が関係している。つまり、神の御旨が歴史的に人間に啓示されてゆくように、自然の神秘もまた時代の経過にそって開示されてゆく、と彼は考える。ヘルメス神やプラトンなどいわゆる太古の賢者が教えたことに留まっていては、自然の神秘に肉薄するには不十分なのである。日々自然の事物を探求し新しい神秘の啓示を受けるようにしなければならない。つまり、文献研究は究極的な真理探求には役に立たないのである。パラケルススが、自然の中に身を置いて自然という書物をひもとき、実験精神にあふれた自らの「経験」に基づく自然研究の意義を力説するのは、以上のような理由があったからである。

パラケルススのこのような反書物、反権威、反学問的姿勢が、伝統的な知の体系にあぐらをかく当時の学界に受け入れられるはずがない。また、自然から直接知識を獲得するという「経験」のラジカリズムが、当時最先端の学問であった人文主義的研究と連帯しにくい性質を本質的に有していたことは論を俟たない。事実、パラケルススは、一五二七年にその腕を買われてバーゼルの市医に招かれバーゼル大学で医学を講じる機会を与えられるのであるが、その過激なまでの伝統医学批判とそれに代わるべきヘルメス学的医学の唱導に対する人々の無理解から、わずか一年半あまりで講義を中止せざるをえない仕儀に立ち至るのである。その後、彼は、アカデミズムの世界から完全に締め出され、わずかな知遇を頼りながらライン＝ドナウ上流地域を放浪する生活を余儀なくされることとなる。

伝記作家はパラケルススのこのような不遇な生涯を強調しすぎるきらいがあるが、しかし彼は彼なりにこのような放浪の生活を楽しんでいたのではないだろうか。「チーズと牛乳と燕麦のパンで育てられ……樅の木の毬果の中で育った」（一一、一五一）山出しの彼にとって、上流社会や学者のしきたりはわずらわしいものにすぎなかったし、たとえ彼が都会風に振舞おうとしてもそれは人々の目には「粗野で無作法以外のなにものでもない」

（一一、一五二）と映ったからである。彼は、生来の自然児、野性児であり、その荒々しい生命力はおよそ洗練された文化的な社会とは相容れようもなかったのである。父ヴィルヘルム（一四五七―一五三四年）は、大自然の中で一人息子とともに薬草を採取し、薬として使える鉱物や石を一つ一つ実地に教え、その処方を伝授したのである。後半生のパラケルススが、自分に最もなじみの深い地域の自然の中で独自の思想を温めることができたのは、ある意味では幸福なことだったのかもしれない。

三　天地創造の秘密

パラケルススの父は医学と冶金学（錬金術）に精通した人物であった。彼は、妻に先立たれたのち息子が九歳になった頃スイスの山深いアインジーデルンからオーストリアはケルンテン州の町フィラッハに移り住み、その市医になるとともにフッガー家経営の鉱山学校で教鞭を取った。ところで、その医術は「アデプタ・フィロソフィア」、つまり秘教的な「賢者の哲学」に基づくものであったと推測されている。この学派は、一五世紀中葉頃にはすでに南ドイツ一帯に浸透しており、新しい知の一派を形成していた。パラケルスス自身、幼少の頃から「賢者の哲学を徹底的に究明しその術を縦横に使いこなせるすばらしい師の方々と……数多くの古今の書物から」（二〇、三五四）この秘教的学問を習得した、と告白している。パラケルススの場合、この秘教哲学は自然万象の中に宿る神秘的エネルギーを洞察し、錬金術的作業によってこれを抽出して奇跡的効力をもつ秘薬を編み出すことを目指すものであった。ヘルメス学に基づくこのような自然哲学を背景に、パラケルススの思想は育まれ基礎づけられたのである。

ところで、パラケルススの眼差しの下に立ち現れる自然とは、目に見えない霊的な力によって万象が複雑に交感しあい照応しあうヘルメス学的宇宙である。人間は、大宇宙と照応しあっている小宇宙である。では、なぜこのような照応、共感、反発が森羅万象の間に成立しうるとパラケルススは考えたのであろうか。このような対応理論は古代ペルシャやエジプトで発達したものであるが、彼はその根拠をヘルメス学にではなく、旧約聖書の創世記冒頭に録（しる）されている天地創造の記述に求める。パラケルススの解釈によれば、「光りあれ」などという神の言葉「あれ（フィアット）」によって無から万象が創造される。無から有への創造というこの有とは、単なる物質ではなく、霊と身体性をあわせもった有である。一方、人間は、創造の最後につくられる。しかも、人間だけは無から直接創造されたのではなく、「地の塵（リームス・テラエ）」からつくられ、「生命の息吹（スピラークルム・ヴィタエ）」（創世記二章七節）を吹き込まれた存在とされている（一二、三二以下）。つまり、人間だけは、地の塵という塊（マッサ）から創造され、かつ神の生命の息吹を宿す、被造物界の中で特殊な位置を占める存在なのである。

では、人間の身体性を形成する「地の塵」とは一体何なのであろうか。パラケルススによれば、地の塵とは天地の全被造物から抽出された「第五実体（キンタ・エセンチア）」であり（一二、七二）、「大宇宙の精華」（一二、四七）である。したがって、地の塵から創造された人間という「小宇宙が宿す力は、外なる［大］宇宙と同じであり変わるところはない」（一二、四七）。つまり、天地万象のエッセンスである地の塵から創造されたがために人間は必然的に大宇宙と交感し照応しあう、というのである。さて、このようなヘルメス学的創世記解釈から、パラケルススはどのような結論を導き出すのであろうか。一つは、人間を認識するには二つの方面からの研究が必要である、ということである。つまり、天である星辰界を研究する天文学、地上界を構成する四つのエレメント（地、水、火、風）を研究する哲学、の二つである。地の塵が「天穹とエレメントを一つにした」ものであり、したがって人間には目に見え感覚される「エレメントの身体」と、目に見えず感覚されない「アストラルな身体」とが備わっているからである（一二、三六以下）。第二は、大宇宙と小宇宙の同質性という世界観から、人間を探求するには大自然の神秘の研究が不可欠である、とする考えである。「森羅万象は、人間の由来を書き記した文字であり書物であって、……人間とは何者かがそこから読み取れる」（一二、三二）からである。自然研究に対する彼の取り組みが、人間とは何かという問いから発していることを看過してはならないであろう。

四　魔術とキリスト教

パラケルススの自然研究の歩みを観察するならば、時代が下るにつれ関心の重心が地上界から星辰界へ、つまり哲学から天文学へと移行していることが分かる。そして、パラケルススにとって、魔術は星辰界に関わる学知（スキエンチア）の一つとされている。彼の学問体系においては、魔術は天文学の一分野を構成するものである。

ユダヤ＝キリスト教の伝統において、魔術や占いの類は厳禁されていた。旧約聖書では、占い、まじない、易、魔術、呪文、霊媒、口寄せ、降霊などは堅く禁じられ（申命記一八章一〇節以下）、このような術を行う者は死罪と定められていた（レビ記二〇章二七節以下）。新約聖書でも、事情はほぼ同じである。ヨハネ黙示録では、魔術は姦淫、殺人、偶像礼拝の大罪と同列に置かれ（一九章二一節）、これを犯したものは神の救済に永遠にあずかれないとされた。しかし、聖書を注意深く読むならば魔術に対する新たな地平が得られる、とパラケルススは考えていた。これは、彼だけの独創ではなく、イタリアにおけるヘルメス学再興運動の担い手たちにも一般に観察される魔術に対する見方である。つまり、モーセやアロンはエジプトの地で魔術を学び、預言者ダニエルも夢解きの術をカルデア人に教えられた、ただし彼らの魔術は異教の魔術より遥かに優れた唯一神ヤーウェから伝授された神の魔術である、というのである。

さらに重要な聖書の箇所は、新約聖書のマタイ伝二章一節以下にある。つまり、救世主の誕生を天に現れた星によって知り、この星に導かれてベツレヘムの厩にいた幼な子イエス・キリストを見いだし礼拝したという東方の三博士ないし三賢者に関する記事である。ここにいう「博士」ないし「賢者」とは、ギリシャ語原文でマーゴイ（単数形マーゴス）、ラテン語でマギ（単数形マグス）であり、「魔術師」の謂である。しかも、救世主の出現をその学識によって知ったのがオリエントの非ユダヤ教徒であったことを伝えるこの正典記事の意義は大きい。彼ら以外に救世主誕生を告知されたのは、天使によって導かれた貧しいユダヤ人の羊飼いだけである（ルカ伝二章八節以下）。つまり、メシア生誕をめぐって素朴な信仰と深遠な学知の来訪という事蹟が聖書に述べられているわけであるが、パラケルススはここにイエス・キリストを中心に据えたキリスト教信仰と異教的な学問との並存を見るのである。

マグスないしマギとは、バビロニアではカルデア人の名称で呼ばれていた、紀元前八世紀頃イラン北西部に定住したメディア人の一部族名といわれる。彼らは、ユダヤ民族でいえばレビ族に相当する祭司階級を形成し、ゾロアスター教とも混淆した彼らの宗教は、ペルシャ一帯ばかりか古代エジプトの宮廷にも勢力を延ばした。キリスト生誕当時もなお、彼らはペルシャで一階級をなしていたのである。彼らの宗教の特徴は、高度に発達した天文学的＝占星術的知識に基づいた占いや魔術、呪術、夢告、夢解き、医術などを行った点に求められる。東方の三博士が星から知識を得たこと、夢告によりヘロデ王のもとに戻らなかったこと等のマタイ伝の記述は、この人物たちがこの階級出身の学者であることを物語っている。そして、パラケルススのいう魔術がヘルメス学的天文学に基づくとされているのも、このような伝承を踏まえた上でのことなのである。

五　天文学と魔術の体系

パラケルススは、いくつかの著作の中で魔術（マギア）について言及している。とくに、一五三〇年代後半に準備され一五三七年から翌年にかけて完成した後期の代表作『大いなる天文学、すなわち大宇宙と小宇宙に関する賢者の完全なる哲学』（一二、一―四四三）において、魔術を理論的体系的に叙述する試みを行っている。以下、主にこの著作に基づいてパラケルススの魔術論を見てゆくことにしたい。

天文学に基づく術（アルス）、すなわち星辰界の霊的エネルギーを応用した術をパラケルススは九つに分類する。魔術は、その第一にあげられている。それ以外の術としては、降神術（ニグロマンテイア）、交霊術（ネクトロマンテイア）、占星術（アストロロギア）、手相術や観相術などの記号術（シグナートウム）、地占、水占、火占、鳥占など今日では廃れた術（アルテス・インケルタエ）、天文医学（メディキナ・アデプタ）、天文哲学（フイロゾフイア・アデプタ）、天文数学（マテマテイカ・アデプタ）の八種があげられている。つまり、パラケルススのいう天文学とは、古代カルデアやエジプトにおいて発展した占星術が守備範囲としていた領域にほぼ重なるといえる。換言すれば、パラケルススの『大いなる天文学』という著作は、長く廃れて来た太古の天文学を再興させようとする宣言書にほかならなかったのである。もっとも、そこにはパラケルスス独自の知見に基づく魔術論が展開されていることはいうまでもない。

では、パラケルススにとって魔術とは何を意味していたのであろうか。彼の定義によれば、魔術とは「天の力をメディウム、すなわち媒体の中に引き入れ、その媒体の中で天の働きを発揮させる術」（一二、一二二）のことである。そして、魔術をさらに六種に分け、彗星など星辰界における超自然的な徴（しるし）を解釈する魔術、身体を自在に変容させる魔術、呪文や呪符の魔術、星の力を宿らせた石ガマホイによって行う魔術、星の霊力を封じ入れた図符による魔術、カバリアの魔術をあげている（一一、七八）。いずれも、星辰の「力を抽出してメディウムの中に引き入れ」（一一、一三三）、これらを用いて星辰の力を利用する業とされている。そして、その時に使われる、星の力を媒体するものとは、呪符や図符、石などであり、場合によっては人間自身であってもよいのである。ただし、前者が人間へさまざまな影響を与える媒体であるのに対し、後者は人間自身が星の力を受けて人間以外の存在、たとえば狼とか熊へと変容する等という相違があるとされる。

薬を例に、魔術の魔術たるゆえんを見てみよう。パラケルススによれば、魔術師も人間の病気を癒す薬をつくることができる。つまり、魔術師も自然の機微に通じた存在という点ではヘルメス学的医師となんら変わるところはない。ただし、医者が地上の薬草の中に宿る神秘的効能を錬金術的作業によって抽出しこれを薬物として患者に処方するのに対し、魔術師は天穹の星々がもつ神秘的力を濃縮して媒体の中へ封じ込め、これによって病気を直そうとするのである。つまり、医者が一個の小さい薬の中に数多くの薬草を、すなわち広大な草原や牧場をコンパクト化して封じ入れる技に秀でているように、魔術師は星々の花咲く「天の草原」をガマホイという一個の小石や図符、文字などの媒体に封じ込める技をもっているのである（一一、一三三）。人間に役立つものを「大地から調達するのが医者、天から調達するのが魔術師」（一一、一三五）である。医者が地上の神秘に通じているように、魔術師は星辰界の神秘に通じた賢者なのである。

六　自然魔術の例

たとえ魔術がいかに超自然的に見える作用を及ぼそうとも、パラケルススにとってそれは自然法則の範囲内の業にすぎない。逆にいえば、「魔術とは自然の神秘的事象すべてを解き明かす母」（一二、一二五）なのである。地の塵に関する解釈の箇所で見たように、「われわれは星辰から生まれた者、星辰の子」（一二、一二九）であって、それゆえにこそ人間は星々の目に見えない霊的な作用を支配する可能性をもつ。魔術が不思議な業に見えるのは、普通の人間にはアストラルな作用が見えないからでしかない。この星辰界の中に潜んでいるオカルトな力を操り、「星を統治する者こそ賢者」（一二、一二九）の名にふさわしいのである。

ところで、『大いなる天文学』の関心は、星辰界の神秘的力を理論的に体系づけることに置かれ、その実際的応用面についての記述は最小限にとどめられている。時代はやや降るが、豊富な自然魔術の実例を列挙したカルダーノ（一五〇一―一七六年）やデッラ・ポルタ（一五三五頃―一六一五年）の博物誌的な著作と決定的に異なる点である。しかし、これをもってパラケルススが魔術の実践を行わなかったと結論づけることはできない。彼が魔術を用いた治療活動や予言活動を行ったことは、疑うべくもないのである。ただし、パラケルススが述べる魔術の実際的適用例は、ポルタの科学的実験に基づく記述とは異なり、ヘルメス学的魔術の体系化の前に影が薄められているきらいが強い。

では、魔術の実際例を、カバリアに関する叙述に従って見てみることにしよう。「カバリスティカないしカバリアも、他の魔術と同様、自然の魔術的力を駆使する術であるとお心得願いたい。その形態は、次のようなものである。一マイルの長さの管をつくりその管をとおして言葉を話すと、管のもう一方の端に聞き手がいれば、その人にだけその言葉の文句が聞き取れ分かるが、他の人たちには何も聞こえない、ということができる。このような業がエレメントの身体にはできるのである。とすれば、スピリチュアルな［星の］身体がカバリスティカの術においてエレメントの身体を凌駕することいかばかりか、理解できようというものである。［星に由来する］スピリチュアルな身体は自然で霊的な力を駆使して一マイルの管の代わりに百マイルの管を、それどころか端が分からないほど長い管をつくることができるのである」。あるいはまた、「手紙をしたため、これを使者に持たせて一か月以内に相手に届けさせるということがエレメントの身体にできるのであるから、エレメントの身体に可能なことならなんでもできるスピリチュアルな身体に、どうして人間の考えを紙の上に書き記してこれを相手に送り届けるということを一時間以内になしとげられないはずがあろう」（一二、一二八）、というのである。また、太陽の光と熱を集光鏡で強める魔術についても言及している（一二、一三四）。つまり、パラケルススにとって、魔術とは星辰のスピリチュアルな力をなんらかの形で凝縮させ増幅させることによって、エレメントがもつ力以上の業をなすことを目指しているのである。そして、「神は、天穹をとおしてすべての魔術（クンスト）を、自然の魔術を人間に与えたのであり、今も与えているのである」（一二、三）。魔術師は、すべては啓示しつくされていないこれらの術を、熱心に探求しなければならない。キリストもいっているように、「求めよ、さらば見出さん」（マタイ伝七章七節）の心構えで、「その作用すべてをまだ完成しつくしていない星々」（一二、二四）の術を見いだしてゆく必要があるのである。

七　魔術師としての自然

以上のように魔術師という人間が行う魔術のほかに、パラケルススは自然自体が魔術を行うとも考えていた。つまり、「人間の手を介さず、天自らが直接星辰によって」（一二、一三二）不思議な業を行う場合があるとし、これを「天空の魔術（アルテス・アエテレアエ）」と名づけている。これも自然魔術の一種に分類されるのであるが、星辰が直接作用する点が先の魔術とは異なるのである。パラケルススは、これを十種に分けている。すなわち、予言（ディヴィナチオ）、前兆（アウグリウム）、酩酊（エブリエカトウム）、性向（インクリナチオ）、刻印（イムプレシオ）、産出（ゲネラチオ）、無魂（インアニマトウム）、気象（メテオリカ）、禍（アエグロルム）、奇形（ノヴァリア）である。たとえば、夢や天空に現れる彗星などのような異象によって将来の出来事が告知されたり、鳥や魚、動物が普段とは異なる行動を取ったり奇形を発生させることによって疫病や戦争、災害が予言されるという類である（一二、一〇四以下）。また、星辰は、直接人間の感覚や技芸の領域に影響を与える、とされている。星からの影響が注がれる部位によって、人間はさまざまな特性を星から賦与されるのである。たとえば、ソロモンはその人格に、シーザーはその魂に、シュヴァーベン公バルバロッサはその精神に、アルベルトゥス・マグヌス、ラクタンティヌス、ウィクリフなどはその学問に、デューラーはその芸術に、フッガーは商売に星辰の技芸を注入された代表的人物と目されている（一二、一〇九以下）。つまり、星辰自体がある特定の人間を借りて魔術を行う、というわけである。

ところで、パラケルススによれば、魔術は普通の学芸のように人間から人間へと学ばれ伝えられてゆくものではない。魔術師とは、受胎した時すでに魔術師として誕生することを約束された自然の寵児であり、直接「自然から誕生する者」（一二、一三〇）にほかならない。しかも、この「自然の弟子は、自然以上のことを行うことができる」。何故か。自然は、それ自体眠っている、ある意味では無自覚な存在である。つまり、自己の能力を自覚しないまま活動している存在である。このような「眠りをむさぼりまどろみの中に沈んでいる自然は、自然の弟子によって目覚めさせ」（一二、一三一）られることを待望している。だからこそ、「自然は自分を尋ね求める者にその術を与え、その魅力によって自分の能力と権能が及ぶ限りの力をその者たちに惜しみなく与え」（一二、一三〇）、魔術師によって自然の神秘が探求され自己認識が深まることを喜ぶのである。人間を中心に宇宙がまとまる、というキリスト教的＝ヘルメス学的世界観の一表現である。しかし、これはまた魔術師と自然両者が意志するところであるばかりではない。宇宙の創造主である神が、自然のうちで「人目に触れず秘密のままで終わるものがあることを望まず、自然の中に創造された森羅万象すべての神秘が明らかにされ［人間に］経験されることを欲し給うた」（一二、一二三）からでもある。

八　天文学の体系と魔術

星辰界の機微に精通し、自然の神秘に肉薄する魔術師＝賢者は、「天を意のままに動かし」（一二、一二九）、「自然を統治する」（一二、一三一）。しかし、彼らの力が及びうるのは星辰界を含めた自然界に限定されている。つまり、ここにいう「天」とは、天穹に輝く星々の世界のことである。

ところで、パラケルススの天文学とは、このような星辰界だけを対象とするものではなかった。彼によれば、天文学には四種類ある。すなわち、自然の天文学、超自然の天文学、信仰の天文学、そして地下（地獄）の天文学である。第一と第四の天文学が自然界における星辰界を対象とするのに対し、第二と第三は超自然界における天を対象とする。パラケルススは、地下界ないし地獄、地上界、星辰界、神の住居である天界ないし最高天の四層に世界を区分するが、地上界が哲学の領域であるのに対し、天文学は地下世界と星辰界、天界の三領域を対象とする学とされる。確かに、従来の意味における天文学は、第一の自然の天文学を指すのみである（一二、二七三）。しかし、パラケルススは、天文学をアストラルな霊のみに限定せず、神の霊をも視野に入れ、これをいわば超天文学として天文学の考察の対象に含めたのである。

さて、これら四種の天文学には、先に見た「人間の学（スキエンチア・フマーナ）」の九種と「天空の魔術（アルテス・アエテレアエ）」の十種がそれぞれ存在する。したがって、一口に魔術といっても、パラケルススの場合、自然の魔術、超自然の魔術、信仰の魔術、地下の魔術の四種があることになる。先に説明した魔術は、自然の魔術のことである。では、これら四種の魔術はどのように異なるのであろうか。パラケルススは、魔術によって生起する結果だけを見るならばいずれも変わるところはない、という。違うのは、魔術を魔術たらしめるその四種の源泉だけだというのである。つまり、魔術という現象そのものは、不偏不党の中立的なものと考えられている。たとえば、イエス・キリストの行った奇跡の業、すなわち超自然の魔術が、人々にはサタンの業、すなわち悪魔の魔術と誤解される（マタイ伝一二章二四節）ということが起きるのも、魔術がもつこのような性格のしからしむるところなのである。

ところで、『大いなる天文学』は、残念ながら今日そのすべての内容を読むことができない。序、自然の天文学を論じた第一書、および超自然の天文学を扱った第二書は完全な形で残っているが、信仰の天文学に関する第三書は一行も残されていない。また、第四書の地下の天文学もその総論的な部分を見ることができるのみである。したがって、以下超自然の魔術を検討し、後二者についての言及は最小限にとどめることとする。

九　超自然の魔術

先に見たように、魔術とは「天の力をメディウム、すなわち媒体の中に引き入れ、その媒体の中で天の働きを発揮させる術」である。四つの天文学に応じてここにいう「天」の意味を考えるならば、それは外なる天穹に輝く星辰ばかりを指すのではなく、神の内なる天、信仰の天（この天は「新しきオリンポスの山」と命名されている）、地下の暗黒の天という四層の意味をもっていることになる。

では、「内なる天」（一一、一七八）に関わる超自然の魔術とはどのようなものであろうか。自然の魔術においては外なる自然の精華である「地の塵」としての人間が問題となったが、超自然の魔術では「生命の息」を吹き入れられた「神の似姿」としての人間が問題となる。つまり、エレメントよりも微細であるアストラルな霊を駆使する自然魔術に対し、超自然の魔術は最高度に微細で精妙な神の霊の領域に属するもの、ということができる。そして、「内なる天とは、最高天であり神の支配を受ける」（一一、一八三）天にほかならず、神そのものをも指している（一一、一七九）。したがって、超自然の魔術とは、神の魔術、あるいは神に等しい者の魔術の謂ということになる。つまり、超自然の魔術が生起する場とは、「自然哲学というよりはむしろ神学」（一一、一八三）の領域なのである。

超自然の魔術のうち人間の手を介さないで内なる天が直接行う魔術として、パラケルススは次のような具体例をあげている。たとえば、ノアの洪水やソドムとゴモラを焼きつくした火は、自然の水や火のことをいっているのではなく、内なる天が降らした雨であり火である。これは、「虚栄を捨てて、神の怒りに由来する罰から身を守る」（一二、二七九）ように、さもなくば永遠の業火に焼かれるであろうという警告である。あるいは、東方の三賢者がメシア生誕の星と解釈した異象の星は、実は外なる天にではなく彼らの内なる天に昇った星である。また、キリストが十字架上で死んだ時、周囲が闇に包まれたことが聖書に記されているが、これも内なる天における現象を記述したものであり、「神の子に死刑を宣した者たちが受ける劫罰の徴(しるし)であり、彼らが永遠の闇にとどまらなければならない」（一二、二七九）ことを指している、とされている。

一方、超自然の魔術を行う魔術師、あるいは内なる天が行う魔術の意味を解釈できる魔術師とは一体どのような存在なのであろうか。キリストが「太陽と月と星に不思議な徴(しるし)が現れるであろう」（ルカ伝二一章二五節）という天とは、「超自然の天」（一二、一二三）を意味している。ここにおいて、魔術を行うのは星辰の子としてのではなく、神の子としての魔術師である。呪文ないし言葉の意味も、自然魔術とは異なるレベルに輝く。イエス・キリストが中風の者にむかって「立て、ベットをかついで帰れ」（マタイ伝九章六節）と命じたり、死の床に横たわるラザロにむかって「ラザロよ、立ちなさい」（ヨハネ伝一一章四三節）といって再び生き返らせたり等、神につながる言葉にはそれがそのまま現実となる力が潜んでいるのである（一二、三三四）。また、「死者を生き返らせ、癩者をきよめ、盲人の目を開き、萎えた脚をまっすぐにさせること（マタイ伝一一章五節）、大麦のパン五つで数千人を養うこと（ヨハネ伝六章九節以下）、火の舌で語ること（使徒行伝二章三節）」（一二、三三四）等も、超自然の魔術の領域となる。つまり、超自然である「神の魔術(コエレスティス・マギア)とは、術(クンスト)ではなく、神の支配」（一二、三六九）を意味する。神がこれこれをなせと言葉する、その言葉を「天の魔術師」（一二、四〇四）がなぞると、それがすなわち現実となって現れるのである。そして、超自然の魔術師とは、神と同じことができる人間の謂である。パラケルススは、このような存在をもはや魔術師とか賢者とかの名で呼ぶことをしない。彼は、このような者たちを「聖者」と名づけるのである。

「神が命じたことを一点の疑念も抱かずに信じて行いさえすれば、そのままのことが生じ」（一二、三七〇）、奇跡が起こる。つまり、神の魔術師とは、旧約時代におけるモーセやヨナ、エリシャ、ダニエルなどの預言者、新約時代における使徒や聖者、殉教者たちを指している。そして、「キリストにおいて新たに生まれた者」こそが、超自然の魔術師となる資格をもつ。パラケルススは、自然と超自然の魔術師を対比して、「自然から生まれた者」と「神から生まれた者」、「自然の聖者」と「神の聖者」、あるいは「自然の国の聖者」と「神の国の聖者」（一二、一三〇）と呼んでいる。そして、「自然の光」に照射されている前者はいずれは滅びゆく運命にあるのに対し、永遠の「恩寵の光」に照らされている後者は永遠の生命を保つ、という。

一〇　聖者と新生

超自然の魔術を行える者であるためには、キリストにおいて新たに生まれ神の霊とその身体を授かるという「新生」が前提とされる。キリストにおいて新たに生まれた者（ヨハネ伝三章三節）のみが、天的なものを受け入れることができる（一方、悪魔において新生した者が、悪魔の魔術を行うことになる）。ところで、この新生の業は、パラケルススにおいては洗礼によって開始される、と考えられている。洗礼とは、人間各々がこのサクラメントによって原罪を犯したアダムに由来する「古い誕生」を脱し、第二のアダムであるキリストにおいて「新たな誕生」を経験し、神の子として生きはじめることを意味する。そして、洗礼後も、新生した者は樹木のように天に向かって成長をつづけ、神の国へ一層近づかなければならない。さらに、新生は、もう一つのサクラメントである聖餐と深く関わる。洗礼によって新生した者は、聖霊の身体、「復活の身体」（一二、三一〇）を獲得するが、この身体はキリストの血と肉によって養われなければならない。つまり、聖餐が、新生した者の霊的糧となるのである。

人間が第一のアダムからではなく「第二のアダムであるキリストから生まれる」（一二、三二一）ということは、「人間は何になりうるのか」（一二、三〇八）という問いと結び付いている。キリスト教正統信仰は神と人間との間にある越えがたい断絶を強調しがちであるが、パラケルススは「あなた方は神々、みな、いと高き者の子らである」（詩篇八二篇六節）という聖句に基づき、新生した者は神と同じ働きを行えると考えた。さらに、キリストの言葉「わたしを信じる者は、わたしがしているのと同じ業をすることができる。いや、もっと大きな業をすることができるであろう」（ヨハネ伝一四章一二節）に依拠し、キリストの奇跡以上の働きを神の聖者たちが行いうることを確信していた。神の魔術師である聖者とは、「新しくつくられた者」（コリント後書五章一七節）、すなわち「新しき人間」（一二、三〇八）のことなのである。そして、超自然の魔術の雛型は、イエス・キリストの奇跡に求められる。しかし、パラケルススは、神自身を魔術師と見なすことはしない。「神は魔術師のごとき存在ではあるが、その人格（ペルソナ）の点で魔術師であるのではない。神は、神に属する者たちを介して魔術を行うのである。……神を魔術師と呼ぶことはできず、神から術を与えられた者が魔術師」（一二、四〇四）なのであり、「天の魔術師が聖者」（一二、四〇五）なのである。つまり、「キリストは天文学者（アストロノムス）ではなく、父なる神も魔術師（マグス）ではない」（一二、二七〇）。

新たに誕生した人間は、それ以後神に属する者となり、神と分かちがたく結び合い、「神の本性を宿す」（一二、三二六）こととなる。「新生した人間とは、神に、神の天に、神の性向に、神の本体に属するものにほかならない」（一二、三三一）。このような者だけに、「神のみがもつ力が授けられる」（一二、三三九）のである。新約聖書に描かれている使徒たちが行ったさまざまな奇跡の業は、新生した者がキリストの霊的全権を受け継ぎ、さらには聖霊の働きによってキリストの奇跡をも凌駕する業を行えることを示しているのである。

二　終末と宇宙の刷新

ところで、新生がキリストを抜きにしては考えられないことからも分かるように、超自然の魔術はキリスト以前と以後とでは質的に変化している。「古い天の魔術はキリストと洗礼者ヨハネにおいて終結し、新しい天の魔術がキリストにはじまり最後の審判までつづく」（一二、三七一）のである。ここにおいて、パラケルススの魔術論は、キリスト論とともに終末論とも切り結ぶことになる。

パラケルススにとって、終末とは全人類が裁かれる最後の審判の日であるとともに、現宇宙が火によって焼き尽くされ（ペトロ後書三章七節）、「エレメントも、星辰も、またそれらの中にあるものすべてが消滅し」（一二、三二二）、「宇宙が終わりなき永遠のパラダイス」、「永遠の住まい」（一二、三三一）に変容する時である。そして、宇宙的カタストロフィのあとに出現する「神の国」に住むことを許される者は、「新たに生まれた者」、「神に選ばれた者」、「神の試練に耐え抜いた者」（一二、三三一）に限られる。「キリストにおいて新たに誕生し復活した者が、新たに創造された宇宙に生きることになる」（一二、三三二）のである。

ここには、ヨハネ伝三章三節および五節にある「だれにせよ、新たに生まれなければ神の国を見ることはできない。……水と霊［つまり、パラケルススの解釈によれば洗礼］から生まれないかぎり、神の国に入ることはできない」というキリストの言葉が反映している（一二、三三〇）。ところで、パラケルススは、キリスト教の伝統にならって、人間の復活は霊や魂の問題だけでなく身体をも含むものであると考えていた。そして、新生を、身体レベルにおいて神の生命を生きる魂が「聖霊の衣」（一二、三一二）をまとうことと見なしていた。キリストは、「新生によって人間に永遠の肉体を創造し、人間を［再び］神の子、神の兄弟姉妹にした」（一二、三一三）のである。人間の死後、第一の創造における地の塵の身体は塵に、星辰の身体は星辰界にもどり終末時には完全に無へ帰するのに対し、新生によって誕生する「永遠の人間」（一二、三一五）は「永遠の身体」とともに神の国において復活するのである。そして、この永遠の身体において、人間は「神を、救い主を、主を、創造主をまざまざと見ることになる」（一二、三二七）のである。ヨブが、「わたしはこの肉で神を眺めるであろう」（一九章二六節）といった肉とはこの復活の身体のことを指している、とパラケルススは解釈する。また、この「新しい宇宙」に生きる「新しい人間」（一二、三二三）は、アダムとは一切関わりのない存在であり、「女からではなく乙女から生まれた者」（一二、三二一）とされる。ここには彼独自のマリア論が関係するのであるが、今は触れない。

ところで、パラケルススにおいては、自然を研究することは神の啓示の問題と堅く結び付いていた。自然という書物は、神の書物である聖書を抜きにしては解読できない性質のものである、と彼は確信していた。「哲学者が神学から誕生しないとするなら、自己の哲学をその上に築きあげることのできる土台石がないということである。真理は、神学からこそ現れる。神学が欠けているならば、真理は見いだされない」（一二、三六）のである。しかし、彼はいうまでもなく被造物の世界である自然界と神とを、あるいは自然に関する学知と信仰とを同列に置くことはしない。「自然の光」と超自然的な「恩寵の光」とは、あくまでも異質なものであり統合されることはない。「神の働きは、自然の光には隠されている」（一二、二四）のである。確かに、自然の神秘を探求することは、「自然の偉大な御業……において創造主を認識」することであり、「自然の御業の中を歩むとは、主とともに歩むこと」（一二、一三六）ではある。だが、自然学と神学は別個のもの、並列して存在するものと考えられている。つまり、自然の魔術と超自然の魔術、あるいは信仰者の思念ないし想像力によって生起する魔術や悪魔の力を借りて行われる黒魔術は、それぞれ並列して存在せざるをえないのであって、魔術が生起する根拠、源泉は互いに重なり合うことはないのである。しかし、並存しつつも互いに相容れない自然と恩寵の光は、「人間の光」（一四、一一六）の中で共存する可能性を秘めている。そして、その可能性は、全宇宙が消滅し神の国が新たに建設される「宇宙の刷新（レノヴァチオ・ムンディ）」（一二、二八〇）の時まで模索されるのである。

一二　神との合一

永遠性という点では、自然の魔術は超自然の魔術には太刀打ちできない。しかし、至る所に聖者がいるわけではない。自然の賢者が、聖者の代理を務めなければならない局面はいくらでもあるのである。その上、今この世に生きている人間は、眼前に広がる具体的な自然の中に投げ出されている。「われわれが産み落とされたのは自然の中」（一二、一三六）であることを忘れてはならない。あたり前のことではあるが、この世がつづく限り自然の魔術は存在しつづけるのであり、自然の魔術師である賢者が活躍する場は超自然の魔術師である聖者になんら遜色なく存在するのである。しかし、とパラケルススはいう。確かに「われわれは自然の中で創造され、自然の中で生まれた。しかし、だからといってわれわれが創造され生まれた自然の中で死ぬべきだということにはならない」、むしろ「永遠の中にこそ、つまり神の本体と営みの中にこそ憩うべきである」（一二、二七三）、と。

パラケルススも、神との合一（ウニオ）ということを考えていた。しかし、彼の合一観は、中世の神秘家たちのいうそれとはかなり趣を異にしている。彼にとって、神と人間との合一とは、現世において花婿であるイエスと花嫁である人間の魂が婚姻するという類のものではなく、また人格神を越えた無（ニヒツ）ないし神性（ゴットハイト）の領域に人間の魂が吸収されることでもない。彼にとって合一とは、終末の後に姿を現す神の国においてイエスの身体に人間の永遠の身体が合し、一つの新しい身体になることを意味していた（一一、三二一）。あるいは、キリストにおいて新たに誕生した者たちが、キリストという一人の羊飼いのもとにまとまることを指していたのである。すなわち、新生した者たちは「復活の後にただ一人の羊飼いに、すなわち羊の群れすべてを牧するキリストに養われることになる。そして、羊の群れは一つにまとまる（ヨハネ伝一〇章一六節）」（一一、三二七以下）、という合一を考えているのである。いわゆる、キリストの霊的身体（コロサイ書一章一八節）としての教会論につらなる観点である。

ところで、パラケルススは、キリストの出現によって神の国がすでにこの地上ではじまっているという終末観を抱いていた。人間の側からいえば、洗礼のサクラメントによって古きアダムは死にはじめ、聖餐のサクラメントによってキリストの肉と血に等しい復活の身体、永遠の身体が養われ成長してゆくのである。古きものの終焉と、神の国を嗣ぐ新しきものの成長である。キリストによって開かれた新生の業によってすでに人間と宇宙の刷新は開始されている。したがって、今この世に生きる人間は、地の塵の身体性と永遠の身体性という二重の身体を生き抜いていることになる。そして、「新しい身体が生み出されたのは、神が人間に影響を及ぼし、人間とともに神の御業を行うため」（一一、三三〇）である。このような人間の二重性に自然の魔術と超自然の魔術、さらには信仰と地獄の魔術の並列的、並存的存在意義がある。自然の魔術が星辰の霊的身体に関わる術であったのに対し、超自然の魔術は新生によって獲得された新しい神の身体、復活の身体に関わる術であって、魔術がそれぞれ異なった四つの中心をもちながら並列し、おのおのの働きの領分をまっとうするというパラケルススの魔術論は、このような終末論的観点をも内包するものだったのである。

さて、パラケルススの場合、時間と永遠、自然と超自然が互いに浸透し合いダイナミックな運動を展開するという面が極めて弱い。たとえば、新生に関していえば、彼はこれを一種のサクラメント論の立場からいわば外的あるいは静的に解釈し、同時代の再洗礼派の指導者やスペインのアヴィラのテレサ（一五一五―八二年）や十字架のヨハネ（一五四二―九一年）、あるいは一七、八世紀のフランスのキエティスムやドイツのピエティスムの担い手たち、つまりギュイヨン夫人（一六四八―一七一七年）やフェヌロン（一六五一―一七一五年）、フランケ（一六六三―一七二七年）やアーノルト（一六六六―一七一四年）などに観察されるような信仰の内面的ドラマと関わらせることがないのである。パラケルススが、あくまでも自然と超自然の臨床医に徹したためであろうか。いずれにせよ、パラケルススの自然学に関する思想は、フーザー編纂の全集の大部分が一五八九年から九一年にかけて出版されることによって、パラケルスス派の閉じられた狭い秘教的サークルからヨーロッパ思想界のただ中に引き出されることになる。そして、彼の自然学は、彼と同時代に姿を現しはじめた近代神秘思想の新生観、再生観と、またシュヴェンクフェルト（一四八九―一五六一年）の霊的身体論やヴァイゲル（一五三三―一五八八年）の神秘的宇宙論と接触することによって、パラケルススにおいていささか無自覚であった信仰の内面性とダイナミズムを獲得することとなる。さらに、本稿で論じたパラケルススの汎智学（パンゾフィー）的魔術論は、ヤコブ・ベーメ（一五七五―一六二四年）の神智学（テオゾフィー）の中に取り込まれ、無なる神と永遠の自然の自己展開、自己顕現の不思議（マギア）として新たな展開を見せることとなる。そして、それはさらに「南方の賢者（マグス）」の異名をとったラファター（一七四一―一八〇一年）やエッカルツハウゼン（一七五二―一八〇三年）、バーダー（一七六五―一八四一年）やノヴァーリス

（一七七二―一八〇一年）など一八世紀末から一九世紀初頭の魔術論へと継承されていったことを指摘しておきたい。

テキスト

Paracelsus, Theophrast von Hohenheim gen.: Sämtliche Werke, I. Abt. Medizinische, naturwissenschaftliche und philosophische Schriften. Hrsg. von Karl Sudhoff. Bd. 1-14, München u. Berlin 1922-33. なお、引用にあたっては本全集の巻数と頁数を括弧の中に入れて表示した。

参考文献

Benz, Ernst: Das Bild des Übermenschen in der europäischen Geistesgeschichte. In: Ders. (hrsg.): Der Übermensch. Zürich u.Stuttgart 1961, S. 19-161.
Goldammer, Kurt: Magie bei Paracelsus. In: Ders.: Paracelsus in neuen Horizonten. Wien 1986, S. 321-342.
Kämmerer, Ernst Wilhelm: Das Leib-Seele-Geist-Problem bei Paracelsus und einigen Autoren des 17. Jahrhunderts. Wiesbaden 1971.
Peuckert, Will-Erich: Gabalia. Berlin 1967.
Ders.: Theophrastus Paracelsus. Hildesheim u. New York 1976 (Neudruck der Ausgabe Stutgart 1944)
Schipperges, Heinrich: Magia et Scientia bei Paracelsus. In: Sudhoffs Archiv: Zeitschrift für Wissenschaftsgeschichte 60 (1976), S. 76-92.
Yates, Frances Y.: Giordano Bruno and the hermetic tradition. London 1964.

付記――本稿は、文部省の平成三年度科学研究補助費（一般研究（C））による研究成果の一部である

Ⅳ

アンゲルス・シレシウス（一六二四―七七年）

魂の神化とヘルメス学
――アンゲルス・シレシウス『ケルビムの遍歴者』について――

一　生涯とカトリック改宗

シレジア（シロンスク）のブレスラウ（ブロツワフ）から北東にむかって約二〇キロあまりの距離に位置するエールス（オレシニツァ）の宮廷にヨハネス・シェフラー（Johannes Scheffler 一六二四年一二月―一六七七年七月九日）が宮中侍医として仕官したのは一六四九年一一月のことである。しかし、彼は、ルター教会の精神が色濃く支配する同宮廷に三年あまり仕えたにすぎず、その職を一六五二年一二月に辞したほぼ半年後の一六五三年六月一二日にブレスラウの聖マティーアス修道院においてカトリック教会の信仰を公に告白することになるのである。時にシェフラー二八歳。その後の彼は、反宗教改革パンフレットを相次いで発表しその恐るべき闘士としての名を全シレジアに、そして全ヨーロッパに轟かせるとともに、「シレジアの天使」の謂いであるアンゲルス・シレシウス（Angelus Silesius）の筆名をもっぱら用いて『ケルビムの遍歴者』等三冊の詩集を上梓し、バロック詩人としての令名をも世に知らしめ、文筆家として最も能産的な時期を迎えることになったのである。(1)

時代は、三十年戦争の余燼いまだ消えやらぬころである。遅々として進まなかったシレジアの再カトリック化政策は、一七世紀初頭に司教カール・フォン・エスターライヒ（Karl von Österreich 在位一六〇八―二四年）が登場するに及び、その強力な指揮のもとに上シレジアと公爵領グラーツがカトリック教会の版図に復帰したことによって、ようやくそのめざましい成果をあげる機運を見せていた。一六四八年に締結されたウェストファリア条約は、アウクスブルク信条を許認可するシレジア内における地域を、侯国としてはブリーク、リーグニッツ、ミュンスターベルク、エールスのみに、都市としてはブレスラウ一市のみに定め、その他の地域におけるルター教会の設置はわずかにグローガウ、ヤウアー、シュヴァイドニッツの三か所に限定するものとしたのである。これをうけて、神聖ローマ皇帝フェルディナント三世（Ferdinand III. 在位一六三七―五七年）は、一六五三年から翌年にかけて千二百以上にものぼるプロテスタント教会をすべて差し押さえ、その牧師たちを追放するという政策を強行した。こうして、一六六〇年代半ばまでに、シレジアにおける新教徒の市民権は大幅に制限されるまでに立ち至るのである。カトリック側にしてみれば、シレジアの中心都市の一つであるブレスラウの再カトリック化は、旧教の強力な後ろ楯であるハプスブルク家による帝国統治を完成させるためにも、逸することのできない必須の条件であった。シェフラーは、この政策の一翼を担う重要な役割を演じていくことになる。反宗教改革の功績が認められた彼に、一六五四年フェルディナント三世から王室付き宮中侍医の名誉職が賦与される。一六六一年、ナイセにおいて司教を叙階される。そして、ついに一六六四年には、司教区裁判所主席判事兼司教総代理ローシュトック（Sebastian von Rostock 在位一六六四―七一年）付き式部卿に就任するに至るのである。そして、この地位こそ、手段を問わずシレジア全土をカトリック教会の支配下におくことを目的とする中枢的機構の長にほかならなかったのである。すなわち、シェフラーは、この職を一六六六年に辞するまで、シレジアの反宗教改革を直接統括する部署の最高位にあったということになる。

さて、ここで、ヨハネス・シェフラーの出自について簡単に振り返っておきたい。彼の家系は、父方も母方も生粋のルター教会篤信家として知られていた。父シュテンツェル・シェフラー（Stenzel Scheffler 一五六二―一六三七年）は、クラカウ（クラクフ）に地所をもつ裕福な貴族の出であったが、一六一八年頃に故郷を去ってブレスラウへ移り住んできた人物である。移住の理由は、カトリック勢力が絶大となったポーランドにおいてルター教会の信条を守ることに困難を覚えたためといわれている。一方、母方のヘンネマン家は、ブレスラウの新教徒を代表する名家として知られていた。母マリア・マクダレーナ（Maria Magdalena Hennemann 一六〇〇―三九年）の祖父ゼバスティアン（Sebastian Hennemann）は、ブレスラウの宗教改革者ヨハン・ヘス（Johann Heß 一四九〇―一五四七年）の友人としてその名を知られ、市参事会員にまで選出されている。彼女の父ヨハン（Johann Hennemann 一五五五―一六一四年）は、ヴィッテンベルク大学に学び、ブレスラウの宮中医師をつとめた名望篤い教養人であった。両親が結婚を祝福されたのは、一六二四年二月二〇日のことである。時に父六二歳、母二四歳。新しい土地で社会的信用を高めたいと考えた莫大な財産を蓄えている老貴族と、両親を早くになくし婚期を逸しかけたブレスラウの名家の娘との婚姻という構図をここに読みとることも、あるいは十分に可能なのかもしれない。ともあれ、この新教の家庭に、長男ヨハネスが同年一二月末に、長女マクダレーナ（Magdalena）が一六二六年に、次男クリスティアン（Christian）が一六三〇年に加わる。しかし、その両親も、ヨハネスが一二歳の時に父が、一四歳の時に母が逝去し、子供の養育は知人の後見人の手に委ねられたのである。

両親の残した遺産は、嗣子を生涯養うに足るほど潤沢であった（弟クリスティアンは精神を病みおそらく十代で早世した）。ヨハネスは、ブレスラウのギュムナージウムを卒業したのち、一六四三年から五年にわたってシュトラースブルク、ライデン、パドバの各大学で医学を学び、一六四八年七月に医学博士号を取得して帰郷している。そして、ブレスラウ市民として両親の遺産を正式に受け継ぐ手続きを済ませたあと、すでに妹と家庭を営んでいたベルンシュタットの宮中医師トビーアス・ブリュックナー（Tobias Brückner）の推挙を得て、いよいよエールスの宮廷に仕えることになるのである。さて、そのエールスであるが、上述のように、ルター教会の版図に残ることが許された、シレジアにおける数少ない侯国の一つである。ジルヴィウス・ニムロト公（Sylvius Nimrod von Württemberg）は、アウクスブルク信条の遵守にきわめて熱心な領主であった。世間一般の目には、うら若き医学博士ヨハネスの就いた職が新教徒としてきわめて恵まれたものと映ったことは想像に難くない。

しかし、そのヨハネスが、すなわちブレスラウの新教徒の名門シェフラー家の嗣子であり、新教信仰防衛の砦の一つエールス宮廷につい先頃まで仕えていた宮中医師が、ルター教会からカトリック教会に公然と改宗したのである。場所は、聖マティーアス修道院、イエズス会が一六三八年以来ブレスラウの再カトリック化政策の拠点と定めてきた修道院である。したがって、彼の改宗は、社会の片隅で人知れず行われた私的事件などにとどまるものでは決してなく、カトリック教会からすればシレジアにおける再カトリック化政策の輝かしい大成果、ルター教会からすれば新教撲滅運動に決定的弾みをつけさせてしまった大醜聞にほかならなかったのである。改宗後わずか一一年にしてシレジアにおける宗教裁判の総指揮者として腕を振るわせるほどまでにカトリック教会がヨハネスを篤く遇したのは、一つにはシレジアの再カトリック化運動の端緒に彼が位置していたからである。事実、シェフラーの改宗後、シレジアでは著名人のカトリック改宗が一種の流行のように行われたのである。

二　改宗の動機

ところで、シェフラーはなぜルター教会を捨ててカトリック教会に改宗したのであろうか。ヨハネスが、生きたカトリック信仰にはじめて触れたのは、おそらく一六四七年秋からほぼ一年間つづいたパドバ留学期だったと思われる。彼は、この期間パドバばかりでなく北イタリアの都市をいくつも訪問したと述べている。ライデンの改革教会において説教中心の、すべてをそぎ落としたような簡素な礼拝をも経験したであろうこの若き医学生にとって、カトリック教会の信仰共同体としての豪華極まりない礼拝と儀式の数々が強烈な印象を与えたことは容易に想像できる。あるいは、ルター教会に温存されているカトリック的なものの起源をこの地で深く認識するということもあったのかもしれない。しかし、今日、この時期に関する彼のことばは具体的には何一つ残されてはいない。「世界は極美の無なり」という、神秘思想的傾向をもった謎めいた句を聞くのみなのである。

パドバにおけるカトリック体験を改宗の遠因とするならば、その近因はエールスの宮廷牧師フライターク（Christoph Freytag）との宗教的確執に求められるであろう。友人ベトキウス（Georg Betkius）宛の私信（一六五二年一一月二八日付エールス発）末尾で、シェフラーは、宗教改革以前の神秘思想的著作から主に祈禱にかかわる箇所を抜粋して小冊子をつくり仲間うちに配布しようと計画していたこと、それがこのルター教会牧師のいわれのない中傷によって不許可となったこと等を憤懣やるかたない口調で次のように報告しているのである。

「わたしは、心を神に向けた赤裸々な祈禱の文句の数々をさまざまな著述家のなかから選び出しドイツ語に翻訳して編んでみました。これを印刷に付してささやかな小冊子とし、友人たちへの新年の贈り物にしようという心づもりだったのです。しかしながら、印刷所で差し止めを食らうという事態が生じました。そこで、わたしは、印刷工を通じて原稿をフライターク氏に委ねました。氏が如何なる挙に出たかといえば、この件に関し氏はわたしに一言の相談もせぬまま、原稿の上に次のように筆を走らせたのです。これらが祈りのことばを印刷に付することあたわず、尊敬するJ・F氏、および州町の牧師職にあるすべての者に、［宗教的］熱狂の助長に手を貸すが如き嫌疑の及ばぬがためなり、と。そして、これを印刷工に送りつけたのです。このような事態になったのも、祈りのことばにそれぞれ著者名を書き添えていたからにほかなりません。しかし、このような遣り口がいかなる意味で牧師職にふさわしい裁決であり、使徒職にみあった処置なのか、それは人々の判断に委ねたいと思います。今後、かかる輩についてどう考えていくべきか、わたしとしても堅く期するところがあります。」（Held I, S. 231）

詞華集の具体的出典については、この書簡は何も示唆していない。シェフラーのことである。宗教改革以前のカトリックの著作からも幾多の抜粋を行っていたことは、のちに述べる理由から確実と思われる。しかし、フライタークがそこに見咎めたのは、単に新教か旧教かという硬直した党派的判断に立った上で断罪しようとした、この若き医師の親カトリック的態度にとどまるものではない。むしろ、この牧師は、そこに危険極まりない宗教的「熱狂」（Enthusiasmus）を鋭敏に嗅ぎとったのである。しかも、この熱狂の発光源がシェフラーとは別にあることもあやまたず心得ていた。その人物とは、同書簡のなかで尊崇の念をもってその名が想起されているアブラハム・フォン・フランケンベルク（Abraham von Franckenberg 一五九三—一六五二年）である。

フランケンベルクが長い間留守にしていた故郷の地所ルートヴィヒスドルフに思想的逃亡地ダンチィヒから戻ってきたのは余命幾ばくもない一六四九年秋のことである。ルートヴィヒスドルフは、エールスとは指呼の間にある。シェフラーは、神智学者ヤコブ・ベーメ（Jacob Böhme 一五七五—一六二四年）の伝記作者としてその令名をうたわれたこの老神秘思想家のサロンに足繁く出入りするようになる。フランケンベルクが逝去するのは、一六五二年六月二五日である。短期間だったとはいえ、二人のこの出会いは双方にとってきわめて意義深いものとなった。シェフラーは、フランケンベルクを霊父と仰ぎ、古今の神秘思想、ヘルメス学、カバラなどの奥義をこころゆくまで吸収した。フランケンベルクもまた、この若者に自己が最終的に到達した思想を伝授するに足る継承者の一人として大いに期待をかけたのである。とするならば、フランケンベルクから教示された神秘主義的著作からの抜粋がその詞華集の大部分を埋めていたと推測して大過ないであろう。フランケンベルクからシェフラーに遺贈された著書としては、ヘルフタ修道院のメヒティルト・フォン・ハッケボルン（Mechthild von Hackeborn 一二四一／四二—九九年）と大ゲルトルート（Gertrud die Große von Helfta 一二五六—一三〇一／〇二年）の幻視書、デヴォチオ・モデルナ（新しい信心）の祖リュースブルク（Jan van Ruusbroec 一二九三—一三八一年）の著作集、偽書も含めたタウラー（Johannes Tauler 一三〇〇頃—六一年）の説教集、一五四〇年に没した逸名の女性神秘家による神秘神学的著作『福音の真珠』（"Margarita evangelica"）、ザンデーウス（Maximilian Sandäus 一五七八—一六五六年）の『神秘神学』（"Theologia mystica"）などが知られている。いずれも、カトリック著作家のものである。その他、シェフラーの文庫には、再洗礼派のダーヴィット・ヨーリス（David Joris 一五〇一／〇二—五六年）の信心書、ヴァイゲル（Valentin Weigel 一五三三—八八年）やベーメ、フランケンベルク等の神智学書、聖ビルギッタ（Birgitta 一三〇二／〇三—七三年）の幻視書、フィレンツェの改革者サヴォナローラ（Girolamo Savonarola 一四五二—九八年）や十字架のヨハネ（Juan de la Cruz 一五四二—九一年）の著作、『ドイツ神学』（"Theologia germanica"）、ボナヴェントゥーラ（Bonaventura 一二一七—七四年）やブロワ（Louis de Blois 一五〇六—六六年）等の神秘神学的著作、アグリッパ・フォン・ネッテスハイム（Heinrich Cornelius Agrippa von Nettesheim 一四八六—一五三五年）やパラケルスス（Philippus Aureolus Paracelsus 一四九三／九四—一五四一年）、クロル（Oswald Croll 一五六〇—一六〇九年）、ディー（John Dee 一五二七—一六〇八年）、フラッド（Robert Fludd 一五七四—一六三七年）等の魔術書、ヘルメス学書、薔薇十字文書などがあったことが知られている。(2) フライタークは、エールスにおけるルター教会の存立をも脅かすに足る以上のような宗教的熱狂を詞華集に見いだし、機会到来とばかりにシェフラーの追い出しにかかったのである。このなにやら奇矯な宗教思想の持ち主を宮廷から追放するのに、もはや何の躊躇も彼は要しなかった。ドイツやオランダ各地の神秘家たちとのネットワークをもちシレジアに隠然たる力を誇っていたフランケンベルクは、この時もはやこの世の者ではなかったからである。一方、シェフラーの方にも躊躇はなかった。彼もまた、霊師の一周忌を覚えるかのように自分の「堅く期するところ」を実行に移したのである。以上が、シェフラーのカトリック改宗に関する外面的な遠因と近因である。

では、このカトリック改宗の内面的動機とは何であったのであろうか。

彼は、改宗したその年、『ルター教会を離脱しカトリック教会を告白するに至った根本的理由と動機』（"Gründtliche Vrsachen vnd Motiven, Warumb er Von dem Lutherthumb abgetretten, Vnd sich zu der Catholischen Kyrchen bekennet hat"(3)）と題する小冊子を急遽作成し、これをバヴァリアにおけるイエズス会の根拠地インゴールシュタットで印行し世に問うている。そこに主張されていることは、きわめて明快であるように思われる。その要点は、以下のような内容に尽きる。すなわち、使徒の教会のまことの継承者は、カトリック教会であって、ルター教会ではありえない。それは、単にルター教会の成立が一六世紀だという歴史的理由からだけではない。キリスト教的な徳目の鍛錬、霊性的生の継承、聖霊による聖書の正しい解釈、異端との戦い、血の証人である殉教者の働き等を使徒や教父時代から体現してきたのは普遍的教会であるローマ・カトリック教会だけであって、ルター教会には一切見られないことである、というのである。宗派的論争文書の常として、その主張には客観的説得力は薄いといわなければならない。しかし、改宗の内的動機という観点からこの文書を読むならば、シェフラーの関心の在り処を探り当てることができるのである。彼は、再三再四にわたって「祈禱、不眠、断食、および「キリスト教的」徳目の修練を伴ったキリスト教的完全性」について述べ、「霊的生活を昔ながらの規則のもとで」実践することへの憧憬を倦むことなく語っている。カトリック教会の連綿たる伝統のなかにこそ、「非の打ちどころのない生を歩み、この上なく美しい神の徳目の花を咲かせ、完全なる天使的生を生きてきた聖なる男子たちと乙女たち」(Held I, S. 252) が存在してきたというのである。カトリック教会が陶冶してきた「神の観想」(Held I, S. 250) を目的とする修道的生活への熱烈な共感がそこには窺える。そして、これが、シェフラーがカトリック教会へ改宗するに至った最大の内的理由だったと考えられるのである。

三　神秘神学

修道の根本思想は、ある霊師の指導のもとで心身の訓練を行い、段階的に修行の階梯を登って行くことによって究極的境地に到達するという予定道におかれている。ある一定のプログラムにそって徳を磨く、あるいは功徳を積むという考えは、いうまでもなくルターが主張した「信仰のみ」の立場と相容れることはできない。修行が必然的成果を約束するのに対し、信仰による義化の教えは神の恩寵といういわば偶然に（神の側からいえばそれは予定であり必然ではあるが）その基盤をおくからである。シェフラーがルター教会を去った最大の理由は、それが「霊的な、そして世俗の煩わしさから隔離された修道院生活を徹底して撲滅し」（Held I, S. 238）、「徳の修練のために設立され、古えの人々から禁欲の家と名づけられた修道院を廃した」（Held I, S. 239）からにほかならない。彼にとって、「共同の修練」こそ人間「聖化」（Held I, S. 241）の唯一の方途と確信されていたのである。

ところで、イエズス会の創始者イグナチウス・デ・ロヨラ（Ignatius de Loyola 一四九一―一五五六年）の『霊操』（"Exercitia spiritualia" 一五四八年）は、当時におけるこの種の代表的著作であった。シェフラーも、反宗教改革の原動力となったこの戦闘的な修行プログラムに目をとおしていたにちがいない。しかし、彼が修道ということで思い描いていたのは、ロヨラをも含むより大きな伝統の潮流であった。それは、「キリスト者の最高の智恵であり、聖なる隠者や多くの教父たち、処女たちによって熱心に実行されすばらしい教えへと練り上げられた、神との神秘な合一術（神秘神学）」（Held I, S. 240）の伝統である。シェフラーは、東方ギリシア正教会に淵源し西方カトリック教会の修道会においても育まれてきたこの神秘神学（Theologia mystica）を称揚して次のように述べるのである。

> 「［カトリック教会にあっては］たいへん熱心に徳の修練が積まれつづけ、また人間を神の観照へと導く、神との神秘な合一術が最高の賞賛を受けながら継承されてきた。それは、第一には禁欲修行者たちや古今の

著作家たちの数知れぬほど多くの著作に由来している。第二には、とくに聖フランチェスコ［Francesco 一一八一―一二二六年］、イエズス会の創始者聖イグナチウス、洗足カルメル会修道院長十字架の聖ヨハネ、聖女テレジア［Teresa 一五一五―八二年］の著作に由来している。彼らは、単に自分自身のためにのみこの神々しい術を内的に修練し、熾天使セラフィムのように愛を、そして創造主の観照を（この死すべき存在において可能な程度においてではあるが）享受したばかりではない。自分たちと志を同じくする者たちにもこれを教授し教導したのである。」（Held I, S. 245f.）

さらに、シェフラーは、この神秘神学を実践する者たちが、ルター教会から「熱狂者、狂信者」（Held I, S. 240）の烙印を押されたことを指摘する。シェフラーやフランケンベルクに対するフライタークの非難は、このことを言い当てていたのである。

さて、ここで、シレシウスの名で発表された『ケルビムの遍歴者』について述べておきたい。同詩集は、第一版が一六五七年に、第六書を増補した第二版が一六七五年に出版されている。第二版の題は、『ヨハネス・アンゲルス・シレシウスのケルビムの遍歴者、すなわち神の観想へと導く霊にあふれた格言詩・脚韻詩。著者の校訂を新たに得、第六書を増補して、霊の法悦をめざす神秘神学および観想的生の友のために再度刊行す』（"Johannis Angeli Silesij Cherubinischer Wandersmann oder Geist-Reiche Sinn- und Schluß-Reime zur Göttlichen beschauligkeit anleitende. Von dem Urheber anfs 〈!〉 neue übersehn / und mit dem Sechsten Buche vermehrt / den Liebhabern der geheimen Theologie und beschaulichen Lebens zur Geistlichen Ergötzligkeit zum andernmahl herauß gegeben."）である。(4) この題名のなかには、「観想」、「観想的生」、「霊の法悦」のほかに、まさにそのものずばりの「神秘神学」という用語が見えている。また、「遍歴者」とは神との合一に至る神秘神学階梯を歩む者を指し、この道程に身をおく求道者は伝統的に「天使的生」を生きる者とされていた。さらに、この「天使道」は、目的地の相違によって「ケルビム的」と「セラフィム的」に区別されていた。すなわち、ケルビムの道とは、擬ディオニシオス・アレオパギテース文書に端を発する、神を観照することによって達成される無との合一の道を意味していた。一方、セラフィム的道とは、クレルヴォーのベルナルドゥス（Bernardus 一〇九〇頃―一一五三年）の神秘説に典型的に見られるような、花嫁である魂が花婿イエスと結ばれる婚姻の合一の道を意味していたのである。したがって、『ケルビムの遍歴者』と題するこの詩集は、一応前者の神秘神学の方向をもつものということができる。そして、後者のセラフィム的詩集としては、初版が一六五七年に、再版が一六六八年に出された『聖なる魂の歓び、あるいはイエスを恋い慕うプシケーの霊的牧歌』（"Heilige Seelen-Lust Oder Geistliche Hirten-Lieder Der in jhren JESUM verliebten Psyche"）があげられるのである（vgl. EV 14ff.）。

ところで、シェフラーは、反宗教改革文書には本名を使い、詩集にはもっぱらアンゲルス・シレシウスという筆名を用いた。名前のこのような使い分けに、論争書とは別個のものとして詩集を出版したいという彼の詩人としての矜恃を見ることもできよう。と同時に、これらの詩集もまた、シェフラーがカトリック教会にのみ存在すると考えた神秘神学を称揚するものとして、反宗教改革的文書であったともいい得るのである。事実、彼は、『ケルビムの遍歴者』において、臆面もなく次のようにうたいきってはばからない。

「賢なるはカトリックのキリスト教徒のみ

汝、いかに分別あろうとも、おのれに智恵あると思い誤るなかれ。
カトリックのキリスト教徒以上に神にありて賢なる者はなし。」（VI 253）

シェフラーに見られるこのような宗派的偏狭さは、彼よりほぼ一世代あとに活躍したプロテスタント系の神秘神学者ポワレ（Pierre Poire　一六四六―一七一九年）やアルノルト（Gottfried Arnold　一六六六―一七一四年）などの思想と比べてみると、いっそうはっきりする。シレシウスは、ルター教会において徹底して貶められた神秘思想が、そして神秘思想のスコラ学的記述を目指す神秘神学が脈々と継承され生きているのはカトリック教会しかないという堅い信念を抱くに至っていた。しかし、歴史を少しさかのぼりさえすれば、宗教改革を思想的に準備したのは、神との無媒介の合一を求めたほかならぬ当の神秘思想であり、当然プロテスタントのなかにも神秘思想の潮流はまごうことなく存在していたのである。とはいえ、ルター教会が成立当初から神秘思想やヘルメス学に対しきわめて批判的であったことも事実である。ルター教会の牧師であったヴァイゲルは教会当局からの批判を予測して自分の育んだ神秘思想の公表を死後に持ち越さざるを得なかったし、近世神智学の祖ベーメにしても終生ルター教会からの弾圧に苦しまなければならなかったのである。シェフラーは、このような歴史的事実を認識していた。さらに、自分の尊敬するフランケンベルクがルター教会からどのような仕打ちにあっていたのかをもつぶさに見ていたはずである。彼が、エールスの宮廷に代表されるルター教会の精神的姿勢に激しい反発を覚えたのは、ある意味で当然の反応ともいえるのである。

しかし、神秘神学的文化政策に親和性を示すカトリック教会に希望を託すことがシェフラーにとってはたして最良の選択だったのかどうか、という疑問は残りつづける。とくに、それまでの論争書を一書にまとめた反宗教改革文書論集『エクレシオロギア』（"Ecclesiologia"）の「読者への序文」（死の前年に執筆）のなかに、「真理を説くことによって異端者たちを憤激させてしまうよりは、きれいさっぱり奴らを地獄に突き落としてしまったほうがよっぽどましだ、などと愛が欠如しているために考える多くのカトリック教徒」（Held I, S. 332）に対する苦渋に満ちたことばを洩れ聞くとき、シレシウスにとっての異端とは、ルター教会などのプロテスタント全般を指しているばかりではなく、カトリック教会のなかにも大いに見いだされる、愛を喪失した悪の勢力と認識されていたことが分かるのである。晩年の彼は、プロテスタント側からはいうまでもなく、カトリックの内部においても孤立の影を深くしていた。では、神秘神学を軸にして行われたシェフラーの改宗がもたらすことになったこのような悲劇性はいったいなぜ生じたのであろうか。それは、彼がプロテスタントかカトリックかという二者択一として問題を立てた点に求められるであろう。ポワレやアルノルトにせよ、シェフラーにせよ、いずれも神秘神学の基層を担う思想や伝統の理解はほぼ同一であったといえる。しかし、両者が目指そうとした地点は、決定的に異なっていた。すなわち、神秘神学とは魂が浄化（purgatio）と照明（illuminatio）という階梯をたどってついには神との神秘的合一（unio mystica）という最高の段階にまで至る過程を古今の文献を踏まえつつ概念的に叙述するものであるという認識は、またキリスト教信仰の核心はこの神秘神学にこそ存するという認識は、両者に共通している。しかし、そこから先において両者は袂を分かつのである。シェフラーは、神秘神学の伝統を継承するカトリック教会こそが、それゆえに唯一の真理の教会である、と主張する。一方、ポワレやアルノルトは、神秘神学をイエス・キリストの教えの核心ないし原点と認識する以上、分裂したキリスト教会を再び一（いつ）なる教会へと再統合するためには神秘神学がその中心的役割を担わなければならないはずだ、と主張する。つまり、各教会のセクショナリズムを解体させ、歴史的には初期キリスト教会を理想にかかげながら人間各自の内面世界に建設される新しい「霊の教会」を未来に向かって待望するためには、神秘神学をキリスト教の中心におかなければならない、と考えるのである。シェフラーがカトリックの伝統に深々と身を委ねこれに同化しようとする姿勢を示すのに対し、後者は東方ギリシア正教会をも視野に入れながら超宗派的運動を展開していこうとする。これをいいかえるならば、前者が神秘神学の理想を既成の組織に求めようとしたのに対し、後者は神秘神学の伝統を新たに活性化させることによって伝統にとらわれない第三の道を切り開いて行こうとした、ということであろう。確かに、ポワレやアルノルトが目指した超宗派的運動を勇気づけることになる、カトリック圏におけるモリノス（Miguel de Molinos 一六二八―九六／九七年）やギュイヨン夫人（Jeanne-Marie Guyon 一六四八―一七一七年）等のキエティスム運動の消息は、時代的にも地域的にもシェフラーの知り難いものであった。また、シレジアの骨肉相食むような宗教的状況は、超宗派的発想に対しむしろ抑圧的に働いたことであろう。しかし、死の二年前（一六七五年）に上梓された彼の第三詩集『最期の四事に関する感覚的記述』（"J. A. Silejij Sinnliche Beschreibung Der Vier Letzten Dinge"）の硬直した党派的詩行を目の当たりにするとき、かつてのみずみずしい感性と精神の躍動をたたえた二冊の処女詩集との落差に愕然とさせられる。と同時に、反宗教改革の闘士として獅子奮迅の働きをせざるを得なかった長い歳月が詩人の彼に強いたであろう苛酷な運命に改めて思い当たるのである。垂直の上昇を希求する神秘神学に牽引されていたにもかかわらず、水平軸に展開する宗教闘争のぬかるみに脚を奪われてしまったということ、シェフラーのかかえる問題は、ここに尽きるように思われるのである。

四　『ケルビムの遍歴者』序文

ところで、詩人シレシウスが理解した神秘神学の内実とはいったいいかなるものだったのであろうか。生涯を決するまでにほれこんだ神秘神学であったにもかかわらず、彼はこれについて論を立てるということをまったく行っていない。むしろ、詩という実作をもってこれを語らせれば足るという姿勢を見せるのである。詩人としての矜恃であろうか。しかし、『ケルビムの遍歴者』序文には、彼の神秘神学観を知る上で貴重な意見が開陳されている。以下、序によって、彼の理解した神秘神学の特徴をたどっておくことにしたい。

シレシウスの言によれば、神秘神学が目的とするところとは、魂が「神ないし神的本体と合一」することにおかれている。魂の「神化」によって、すなわち魂が「神になること」によって「神との同等性」(EV 25f.)を獲得することが、神秘神学の真髄なのである。しかし、シレシウスは、一般の人が陥りやすい誤解を恐れて、神化といい、合一といっても、神ないし神の本体と人間の魂が存在論的に一(いつ)となるということではまったくない、と断言する。神と人間とは存在論的本性論的に断絶しつつ、一なるものとなり得るのである。このことについて、シレシウスは、次のように述べる。

「創造主の御旨は、人間の魂がその被造物性を喪失すべきこと、あるいは喪失し得ることにあるのでも、また神化によって神ないし神の非創造的本体へ人間の魂が変容することにあるのでもない。このようなことは、永遠にありえないことだからである。なぜならば、神は全能であるとはいえ、一個の被造物を本性上かつ本体上神にすることなどできはしないからである（もし神にそのようなことができるとするならば、それは神ではないであろう）。」（EV 31ff.）

自性清浄心を立てることで如来と凡夫とに存在論的均一性をみる大乗仏教の如来蔵思想とは異なり、キリスト教は神と魂との質的懸隔を除外することはない。人間はその本性上神ではまったくないし、神といえども人間を神と同じ本性、同じ存在につくりかえることはできないのである。しかし、それにもかかわらず、神と魂との合一という奇跡的事態が神の恩寵によって存在することを「聖なる見神者」（EV 68f. 248）である過去の偉大な神秘家たちが証明しているのだ、とシレシウスは主張する。では、その神秘的合一とは実際にはどういう事態を指しているのであろうか。シレシウスは、「近接的合一」という用語を使いながら、神の本性のなかに没し去る魂のありようについて次のように述べている。

「［合一に］ふさわしいものとされた聖なる魂は、神およびその神的本体との近接的合一に達する。それは、魂が神およびその神的本体によって徹底的に刺し貫かれて像を超脱せられ、神およびその神的本体と一致し一（いつ）になるほど近接する合一である。万一この魂が目に映るとすれば、そこに観察され認識されるのは神以外のなにものでもないであろう。それは、永遠の生命において生起する場合と寸分も違わない。魂は、神の栄光の輝きにいわば完全に呑み込まれたかのようになっているからである。それどころか、魂は、（恩寵によって）まさに（本性上）神であるところのものとなる。以上のような理解において、魂は、かの光のなかに宿る一点の光、かのことばのなかに浮かぶ一つのことば、神のなかにある一個の神という名で（以下の［本詩集の」数々の詩に述べられているように）呼ばれ得ることになるのである。なんとなれば、古えのある教師が語っているように、父なる神にはただ一人の子があるばかりであり、キリストのうちにあるならばわれわれはみな父なる神の独り子となるからである。われわれがキリストのうちにある子であるとすれば、われわれもまたキリストであるところのものとならなければならないし、神の子と同一の本体をもたなければならないのである。」（EV 46ff.)

「確かに、神的本体は、ある事物と混ざり合ってそれと一つの本性ないし本体となるという形では分与不可である。しかし、神的本体は、それが聖なる魂のなかに注ぎ込まれることになる親密な近接的合一によって、いわば分与可能と名づけてよいことになる。なぜならば、ペテロは、われら神的本性に与る者とならん［ペテロ後書一・四］といい、ヨハネもまた、われら神より生れしかば神の子にほかならじ［ヨハネ第一書二・二九、三・二］と述べているからである。」（EV 136ff.)

シレシウスがこの序文のなかで最もその記述に力を入れた点の一つは、神秘的合一がはたして人間と神との本性上本体上の一致をもたらすことになるのか否か、ということにあった。それを、彼は、本来本性上本体上神と一致するはずのない人間が神の恩寵によってのみ神の本性に関与できる、と主張する。そして、タウラーやアウグスチヌス会のトマス（Thomas a Jesus 一五二九—八二年）を引用しつつ、恩寵によって神の本性に与った人間は、「神との親子関係」に入って「神の子」とされることを、また「神の子［イエス・キリスト］」のまことの本体そのものをもつ」（EV 152f.）存在に変容させられることを確約するのである。このように、シレシウスは、神であり人間であるイエス・キリストを仲介させることによって、神と人間との本性上の断絶があるにもかかわらず恩寵によって生じる両者の本体的合一を説明しようとするのである。

では、シレシウスは、この本体レベルでの合一をどのように理解していたのであろうか。彼は、イエス・キリストと同じ本体を人間がもつようになる「このような大いなる栄光は、われわれにはいまなお秘められている」(EV 157f.) と指摘する。そして、この合一の玄義の扉を開くのは、慰め主、助け主としての聖霊にほかならない、と示唆する。聖霊の注ぎ、霊的塗油ということによって完成する霊的合一は、魂という内面世界のなかで行われる霊の事柄そのものなのである。その合一のありようを「あますところなく描くには、ことばを見いだすことはできない」(EV 250ff.)。それは、メタファによってかろうじて表現される領域なのである。その伝統的比喩について、シレシウスは次のように述べている。

「このことはより本来的に誤りなく理解され説き明かされなければならないわけであるが、小生が常々たいへん好ましく思ってきた比喩は、太陽が大気と合一する、火が鉄と合一する、ぶどう酒が水と合一する等、聖なる師父たちが用いてきたそれである。これらの比喩によって、神と魂とのこのいと高き合一のさまが、ある程度まではあるが、ありありと描くことができるのである。」(EV 186ff.)

ところで、これら合一のメタファをベルナルドゥスを援用しつつ紹介することによって、シレシウスは、魂と神の本性上の合一ということの正確な意味をあらためて説明しなおすのである。たとえば、なみなみとぶどう酒が入っている酒樽のなかに一滴の水がたらされたとする。すると、この一滴の水は、ぶどう酒の味と熱を身につけぶどう酒と区別がつかなくなる。また、鉄が溶鉱炉のなかに入れられるとする。すると、鉄はかつての冷たく重い性質を失い火と同等のものとなる。同様に、大気も、太陽の光がそこに射し込むことによってそれと同じ明るさをみずから発するようになるのである。しかし、ここでシレシウスが強調するのは、二つの異質なものが同等のものになるということではない。これら三つの比喩に共通する溶解のイメージを、同等性を成立させる神の愛へと結びつけ、それがまた魂の死と重なることを指摘するのである。すなわち、ブロワの『霊導』（"Institutio spiritualis" 1571）の「神秘的合一（ウニオ・ミュスティカ）」に関する第一二章に依拠していえば、魂は「永遠の愛という深淵のなかに落ち、あたかも死んだようになる」（EV 225f.）、そして「神性の広大な砂漠と闇のなかで自己を失う」（EV 229f.）。しかし、この「自己喪失は、実は自己発見」（EV 230f.）に通じているのであって、神の愛の生命を生きるという霊のドラマがそこに介在する、というのである。すなわち、このように理解された合一の内実とは、火に熱せられた鉄が火に溶解し火に同化しつつもなお鉄であることを実はやめないように、「神化した魂」（EV 236）もまた神の愛に溶解しそれと一体化しつつもなお魂の本体を喪失しない、あるいはそういう意味において魂の本体を喪失する、という形で表現される性質のものなのである。ブロワからの引用は次のようにつづいている。

「したがって、かつてはひんやり冷たかった魂は、いまやあかあかと燃えている。かつては漆黒の闇であった魂は、いまや光り輝いている。かつてはごつごつと固かった魂は、いまや柔らかく穏和になっている。すなわち、ことごとく神の色に染め変えられているのである。魂の本体が神の本体に注ぎ込まれたからである。神の愛の炎によってくまなく燃え、完全に溶解することによって神のなかへと移り入り、神と一つの霊になったのである。金と鉱石が溶解して一つの金属の塊になったのと同じである。」（EV 237ff.）

シレシウスは、さらにカルトゥジオ会のディオニューシウス（Dionysius Carthusianus 一四〇二―七一年）の出エジプト記注解から次のように引用して、合一の神秘をさらに明らかにしようと試みる。

「魂は、いわば被造の本体を脱ぎ捨て、非造の第一範例本体（エッセ・イデアーレ）を再び着るのである。スブスタンチアが変容する、あるいは自己の本体が取り去られる、というのではない。存在様式が、そして生の質すなわちクワリタスが神化するのである。それは、神に、そして神の至福をこえた至福に、超自然的かつ恩寵的に類比される。こうして、使徒のことば、主につく者は主と一つ霊となるなり［コリント前書六・一七］云々がみごとに成就されることになるのである。」（EV 269ff.）

さて、このような合一に到達した魂に関し、シレシウスは、今度はその能力について次のように述べる。

「人間が、神と一つの霊、神と一（いつ）、キリストにおいて完全なる子、完全なる嫡子となるほどに、神との完全な同一性へ達するならば、その人は神と同じ偉大さ、富、知恵、力を得るのである。そして、神はこのような人間なしには何も行わない。なぜならば、神はこのような人間と一（いつ）だからである。神は、彼に自分の栄光と富を一つ残らず啓示する。神の家のなかには、すなわち神ご自身のなかには、彼に隠されたままのものは何一つ残されていない。われ、諸々の善を汝に示さん［出エジプト記三三・一九］、と神がモーセに語り給うたとおりなのである。」（EV 279ff.）

そして、これにつづけて、

「神に等しく豊かなるはキリスト者なり
神に等しく豊かなるは、われなり。神と共有せざりしもの、
（人よ、わが言を信ぜよ）塵一つだにありうることなし。」（I 14）

「神、われなくば生きず
われは知る、われなくば、神、一瞬たりとも生くることあたわず。
われ死せば、神、必ずや息を引き取らざるを得ず。」（I 8）

等四編の自詩をあげ、ここにうたわれている神とはイエス・キリストのことであり、合一後の魂はキリストと婚姻してお互いになくてはならない関係に入る、と論じるのである。また、キリストの受難は人間の神化を可能ならしめるために不可欠の業であったことを、キリストと神化した魂とは永遠の至福を楽しむことを、恩寵によって魂がこれほどまでにすばらしい存在に変えられたことを、賛美の口調で以下のように述べるのである。

「キリストがこの異郷の地にやってきて人間となったばかりでなく、加えてこれ以上ないほどの屈辱的な死を死ぬことを意志したのは、キリストがわれわれを再び自らのもとへと連れ戻し、われわれを永久（とわ）に喜び楽しむことができるようになるためだったのである。われ人の子らと共にあるを喜べり〔箴言八・三一〕、と

彼自らも語っているとおりである。おお、驚嘆すべき筆舌に尽くし難き魂の高貴に、おお、言語を絶した魂の尊厳に、キリストをつうじてわれわれが到達できるとは。わが王よ、わが神よ、いったいこのわたしが何ほどの者だというのでしょう。おお、限りなき尊厳をもつ者よ、わが魂がいかほどの者だというのでしょう。あなたが自ら身を卑くなされてわがもとに来られ、わたしをあなたのもとへ高めて下さるとは。天使たちすべての永遠の喜びであるあなたが、わたしのような者に喜びを探し求められるとは。おのれ自身永遠の自足にやすらっておられるあなたが、自らをわたしと合一させ、わたしを自らに合一させようと意志なさるとは。本当に、わたしの魂など何ほどの者でしょう。それを、あなたは、花婿が花嫁に対するように、恋人同士のように、わが魂と結びつこうとなさる。おお、わが神よ、あなたこそ真実なる方と信じていなければ、わたしと比類なき尊厳をそなえたあなたとのあいだにこのような交わりが可能だと信じることなどできはしないでしょう。しかし、あなたは、われ汝と永久（とわ）にわたりて結婚せんと欲す［ホセア書二・一九］、と仰せになりました。自らを顧みてまったくそれに値しうるはずもないのに、この理解をこえた恩寵にただただ驚愕し、こころをへりくだらせ、精神を震わせるばかりです。おお、神よ、比類なき奇跡を行うのは、あなたしかおられません。あなただけが、神であられるからです。汝にのみ、賛美と誉れと感謝と栄光が世々かぎりなくあらんことを［黙示録五・一三］。」(EV 298ff.)

以上が、シレシウスが序文で展開した合一論の概要である。

この序文の特徴は、全体のほぼ半分の分量が神秘主義的著作からの引用で占められていることである。引用されている順にその著者をあげるならば、タウラー、リュースブルク、ベルナルドゥス、ボナヴェントゥーラ、アウグスチヌス会のトマス、カルメル会のニコラウス（Nicolaus a Jesús Maria 一五九〇頃―一六六〇年）、十字架のヨハネ、アウグスティヌス（Augustinus 三五四―四三〇年）、フランチェスコ会厳修派のハルピウス（Harphius van Erp 一四〇五―七七年）、ベネディクト会のブロワ、カルトゥジオ会のディオニューシウスであり、その他引用なしで名前のみあげられているのは、『ドイツ神学』の逸名の著者、イエズス会のザンデーウス、ビルジット会のマリーナ・ド・エスコバル（Marina de Escobar 一五五四―一六三三年）である。いずれもカトリックの著作家であり、プロテスタント系の神秘家たちは意図的に取り上げられていない。また、その大部分は、ドイツ、フランドル、スペイン、ポルトガルの修道会を代表する修道院長や修道女であり、神秘神学や禁欲的修道の興隆に、あるいはセラフィム的ないわゆる花嫁神秘思想の発展に著書および実践の両面において多大な寄与をなした人々である。

さて、内容的にみて、この合一論にはなんら新しい神秘体験や思想が語られているわけではない。それは、過去の権威ある著書からの引用に全面的に依拠する叙述方法からも明らかである。そこにもし新しさを見いだせるとするならば、『ケルビムの遍歴者』において、あえてセラフィム的なキリストと魂の婚姻をケルビム的天使道の神秘的合一の究極として位置づけたことであろうか。しかし、これもまた、たとえば古典的な神秘神学文書の一つである擬ディオニシオス文書『神名論』第四章一三節において合一という忘我状態が愛の合一ないし神化を意味していたことが踏まえられていると一応は考えられるのである。(5) とはいえ、以下に見るように、『ケルビムの遍歴者』には「神の観照」（EV 13）を追求するケルビム的傾向が「天上的愛」（EV 16）に燃えるセラフィム的傾向の神秘神学に裏打ちされることによって、それまでの伝統的な神秘神学とは一線を画す、一種独特の歌が盛り込まれている。まずは、シレシウスが神秘神学的遍歴を詩の実作においてどう表現しているのかを具体的に見ておきたい。

五　「神化」の歌

「神の神秘なる学」（EV 348f.）、「神との交わりの神秘なる学」（Held, I S. 245）、「神秘なる神の智恵」（EV 329f.）の教えなどとも呼称されている神秘神学の中心概念が「神化」（deificatio）にあるとシレシウスが理解していたことは、上述から明らかである。（ただし、シレシウスは、カトリックにおける人間神化の思想について述べるのみで、元来ギリシャ教父に由来する神化（テオーシス）の伝統については一切言及しない）。ところで、「揺るぐことなき眼をもって神を観照する」（EV 17f.）ケルビム的観点における魂の神化のその神とは、イエス・キリストという人格神ではない。その神とは、人格神をこえた神、人格神を人格神たらしめるそれとしての神ならざる神であり、人間の認識や欲望に汚染された神を否定し尽くした地平にはじめて立ち現れる、名づけ得ない、神秘ななにものかである。もはや神という名とも像とも無縁なこのなにものかは、被造的な「存在を超脱した存在」（II 145）であり、被造物から完全に自由な超存在の存在である。それゆえ、それは、否定神学の伝統的な用語によって、「神性」とか、「純粋な無」（I 25）、「赤裸の無」（II 6）などと呼ばれる。しかし、それだけでは実は十分ではない。その神性とか無ということばが固定化され実体化されてはならないからである。シレシウスが、「超神性」（I 15）とか「超無」（I 111）などについて語らざるを得ないのは、存在の存在が単なる存在の地平において認識されることを恐れるからにほかならない。これを遍歴する魂の側から見るならば、人間の認識能力で捕捉できる括弧つきの「神をさらに超え行き」（I 7）、「そこへ至り行く道の途絶せる」（I 72）かの領域に到達することが厳しく要請されるのである。「まことに神化せし者」（I 192T）、「聖なる者」（II 199）とは、このような意味における神ならざる神に化した者の謂いなのである。

シレシウスは、以上のような神把握ないし無把握を踏まえて、実は人間ばかりではなく、括弧つきの神自身も自己存在を超え行かねばならないことを、すなわち人間の認識に汚染された神もまた上述の神化のプロセスを要することを指摘する。それによって、人間も神も共に超克しなければならないのはいわゆる被造物性という存在様式であるということが明示される。そして、人間であれ神であれ神化のプロセスとは、被造物性を有する自己を徹底的に否定し破壊し尽くすことであると考えるのである。次の詩を見られたい。

「神もまた自己を否定す
さても汝われに至れるかな、と神、聖なる者にむかいて語るは、
聖なる者と同様、神もまた、まことに［自己］否定を行う故にあらずや。」（II 199）(6)

人間があるいは神が被造物性をいっさい脱ぎ捨てたヌードの神になるという「神化」はまた、人間があるいは神が完全な無となる過程でもある。したがって、「神化」は「無化」（annihilatio）ともいわれる。魂は、みずからが無にならなければ無なる神を認識することはできないのであり、したがって究極の合一に到達することも不可能となるのである。シレシウスが、「無を意志することが［人間を］神に等しくさせる」（I 76T）と語り、「無になることは神になること」（VI 130T）と述べるのは、そのような意味においてである。

「自己の無化

汝をして汝を超脱させるは、無化をおいてほかにあるなし。
無化を受くること多ければ多き者ほど、いよいよ神性を得ん。」（II 140）

「無化」の過程はまた、被造物性の視点からいえばその殲滅を意味する。したがって、それは「死化」（mortificatio）の過程でもある。すなわち、被造物性から「われを自由にするは死のみ」（I 35）であり、「死こそ汝を神化せしめる」（I 34T）のであり、それゆえに「永遠に継続する死」（I 31T）こそが魂に最もふさわしいとされるのである。無化といい死化といい、そこで行われるのは一切の被造物性を捨て去る徹底した「放下」（Gelassenheit）であり、自己否定である。

「おのれを捨てる者こそ神を見いださん
おのれを捨て、おのれ自身の束縛から解き放たれた者こそ
おのれの慰め、おのれの救い主として神を見いだせる者にほかならじ。」（II 61）

「放下

汝、神を放下すること多ければ、いよいよ神、汝となるを得ん。
神、汝を重荷から助くるに過不足あることなし。」（I 22）

「放下を徹底せる者
放下を徹底せる人間は、永遠に自由なり、一なり。
かかる者と神に分け隔てあることありえんや。」(II 141)

さて、この放下の果てに魂が体験する合一のあり方をシレシウスはどのようなものとして見ていたのであろうか。そこには、二つの方向が見られる。一つは、魂が無限の神のなかに自己を消失する合一の姿である。神性の海に溺死する、(7) あるいは一滴の水として「神性の海」のなかに没し去り海と同化し自己に対して死ぬという合一の姿である。

「至福なる溺死
汝、汝が小舟を神性の海の上へとすべらせ、
海中に溺死することあらば、汝、至福に満たされん。」(IV 139)

「海にありては雨滴いずれも海と化せん
微小なる滴、ひとたび海のなかに入り来たらば、海と化せん。
魂、ひとたび神のなかに受け容れられたれば、神と化せん。」(VI 171)

この場合に特徴的なことは、魂が本来その故郷とする神性の大いなる海へと帰還するこのような「霊的航海」

（II 69T）の到達地点が、絶対的安定と想定されていることである。魂は、神性の海の中でその個別性を喪失して海と完全に同化し（vgl. VI 172）、神性の超越的世界に姿を没し去るのである。しかも、魂は、この合一の場から新たに出発する契機をもたないかのようにうたわれている。すなわち、魂は、此岸から彼岸へと超脱し、もはや現世へ戻ってくることはないかのようなのである。このような見取り図には、いうまでもなく神秘神学の淵源であるプラトンのイデア論的世界観が色濃く投影されており、砂漠の師父以来顕著にみられる禁欲的修道者の理想が強く表現されている。また、母なる無限の海に溺死するというイメージには、いうまでもなく没我的愛の合一が透視されているのである。

さて、シレシウスが述べているもう一つの合一のあり方は、エックハルトの教説にその多くを負っている。無化ないし死化の行き着く果てにまず現れるのは、神との合一の場となる楽園の回復などではなく、むしろ逆に自己破壊の結果として広がる荒涼とした無の「砂漠」である。「神性の海」に見られる豊饒性は、この荒野にはいっさい見当たらない。そして、人間の魂も、また括弧つきの神自身も、その括弧つきの「神をさらに超え行き砂漠へと赴かなければならない」（I 7）とされるのである。しかも、この荒涼たる死のただ中に、生命のよみがえりがひとまずは望見されるのである。

「永遠の死
そこから新たな生命を花咲かせることなき死、
わが魂があらゆる死から逃るる死とは、かかる死にほかならじ。」（I 29）

「その死ならじ
われは死を信ぜず。われ、たとい一時ごとに死ぬとも
われ、一時ごとに、より善なる生命を見いだしぬ。」(I 30)

上引の詩に見られる死から生への復活というテーマは、しかし死のなかの生という伝統的な文学的トポスのみに終わるものではない。死のただ中における生命のよみがえりは、砂漠と化した魂のなかにまったく思いがけない形で突如神の子が誕生する、というエックハルトが説いた合一思想を背景にもつのである。シレシウスは、このような合一について次のようにうたう。

「何故に神は誕生する乎
おお、なんという不可解！　神、おのれみずからを喪失し、
それ故に、神、再びわがうちに新たに誕生せんとすとは。」(I 201)

「神最愛の業
神がこころから行いたく思う最愛の業とは、
汝のうちに神の子を生むことなり。」(IV 194)

「三種の出産

マリア、そは神の子を産むにこれを外的に行う。

われ、わが霊のうちにこれを内的に行い、父なる神、これを永遠にわたりて行う。」（V 249）

「霊的な出産と永遠の出産は一（いつ）なり
わがうちに行われる霊的出産は、
父なる神が子を産む出産と一（いつ）なるものなり。」（V 250）

「神の出産、永遠につづけり
神、神の子を産む。そは時間の外の営みなれば、
かかる誕生、久遠につづけり。」（V 251）

「神の子の誕生あるは汝のうちなり
人間よ、汝、ふさわしき者なれば、神、神の子を
その玉座のうちにおけるごと、汝のうちに瞬間毎に産みつづけん。」（V 252）(8)

無化した神ならざる神と無化した魂ならざる魂が無の砂漠のなかで会するならば、すなわち無において無が無に会するならば、その無のただ中に人格（ペルソナ）としての神の子イエス・キリストが誕生する、というのである。ここにおいて、神化は合一のまったく新しいあり方を発見する。それは、先に見た神性の海へと同化し没し消滅する、

いわば非人格的な合一とは異なり、無化した自己の内面世界に神の子が誕生するという合一であり、この合一を体験した人間は一個の独立した神的人格として「新生」（II 107T）するとされるのである。「新しき人間」（I 206T）の誕生である。そして、エックハルトにおいては、超越的世界が内面化されることにより、現界から超越界へという空間的移動を前提とする合一観が無効にされると同時に、むしろすでに今、この瞬間毎に、ここ現界において神の国が内面世界に到来しているという「永遠の今」の現成が問題とされるに至るのである。

しかし、シレシウスの関心は、このような思想の線を忠実にたどることに向けられることにはない。魂のなかにおける神の子の誕生をむしろ伝統的な素材へと解消させてしまい、エックハルトの思想がもっていたまことの新しさに対し無関心であるかのような態度をとるのである。たとえば、次にあげる詩のように、人は神の宮であるとうたうことによって、かえって神の子の誕生を隠蔽するかのごときである。

「身体、魂、そして神性
魂は、一個の水晶。神性は、魂の光輝。
汝が生命の宿る身体は、これら両者の宮なり。」（I 60）

「神の玉座
わがキリスト者よ、汝、問うていうか、神、何処にその玉座を置けりと。
神、汝を神の子として産む、まさにその汝のなかに置き給う。」（I 50）

また、次にあげる詩などは、神の子の誕生を創世記冒頭の記事に引き寄せるあまり、エックハルトの真意とは別個の、教会的言辞へと回帰させようとする印象を与えずにはおかないものである。

「神秘なる受胎
神を孕まねばならぬはわれなり。されば、神の霊、わが上に漂い、
わが魂のうちに神をして真実生命あらしめざるを得ず。」（II 101）

そしてまた、合一の究極として立ち現れる霊的な「神秘の婚姻」（I 183T）についても、同詩集にそれに類する詩がまったく欠けているわけではない。修道により処女へと磨きあげられた魂は、キリストの「花嫁」として「最愛の子」（II 10T）の資格を得、キリストとの神秘な愛をこころゆくまで享受するのである。

「神の花嫁
子よ、神の花嫁にこそなるべし、ひとり神にのみ身を捧ぐべし。
汝こそ、神のこころの恋人とならん。神こそ、汝が最愛の者とならん。」（II 108）

「霊的なシュラムの乙女［雅歌七・一］
神こそわたしのソロモン、わたしはシュラムの乙女。
わたしが神をこころから愛し、神がわたしに身を捧げて下さるならば。」（III 78）

「霊の婚礼
わが魂こそ花嫁、神の子こそ花婿、
神の霊こそ司祭、神性の玉座こそ
結婚の場、わが花婿の血こそ
われを酔わすぶどう酒、花婿の神化せる肉こそ
なべての食事、父の懐こそ
小部屋、広間、寝台。そのなかでわたしたちは恍惚となる。」(III 79)

そして、このような詩においても、シレシウスは神秘神学の伝統的修辞的言辞に回帰する姿勢を強くみせ、思想的に新境地を切り開くことに対し意欲的とはいいがたいのである。

六　フランケンベルクの影

『ケルビムの遍歴者』序文に明らかなように、そこに展開されているのは過去の文献に依拠した神秘神学の弁護であり擁護である。新しい思想がそこに述べられているわけではない。したがって、シレシウスから思想家を引き出そうとする試みは実り多い結果を導き出さない。彼は、なによりも表現の人であり、この意味における詩人なのである。神秘神学の素材を短詩形式によっていかに表現するかが、彼の最大の関心事であり、技量の見せどころだったのである。

彼の詩の新しさは、フランケンベルクの秘教的サークルで出会ったツェプコ（Daniel von Czepko 一六〇五―一六〇年）や、おそらくは私淑するにとどまったであろうツェッシュ（Johann Theodor von Tschesch 一五九五―一六四九年）などの詩作品に直接的な影響を強く受けながら、無味乾燥な平面的概念的叙述に堕しやすい神秘神学を、自分の魂の出来事としてみずみずしい感性をもって短詩にうたったという点にこそ求められるべきであろう。しかも、『ケルビムの遍歴者』は、神秘神学のスコラ学的体系性からも軽々と解き放たれている。同詩集のなかに、たとえばボナヴェントゥーラなどが開陳した神秘神学的階梯を読み込もうとする読者は大いに失望させられることになろう。また、神秘神学的道程が順序正しく配列されているというわけでもまったくない。まさに、この詩集は、思考や体系の重圧から解放されて詩霊の風に吹かれるまま自由気儘に神秘神学の世界を逍遥した、その豊かな果実の数々といえるのである（vgl. EV 22ff.）。しかし、詩のかたちによって結晶化させられた神秘神学のこのような世界をシレシウスもまたみずから生きたのか、というとそういうわけではまったくない。それは、彼の生涯が打ち明けているところである。おそらくそれを行うには、彼の神秘体験はあまりにも幼すぎたのであろう。ともあれ、彼は、生涯のとある若い時期に、詩神のインスピレーションに激しく魂を摑まれながら神秘神学の精神を珠玉の詩行へと書き表したのである。そして、それはそれで天才的詩人の尊い仕事の一つであることに変わりはない。

しかし、同詩集を神秘神学の伝統のなかにもう一度投げ返そうとするとき、そこにはそれまで見られなかったある独特の思想的傾きとでもいうべきものがあることに気づかされざるを得ない。それは、神秘神学をカトリック擁護のためにあますところなく党派的に活用しようとしたシレシウスの意図（『ケルビムの遍歴者』のなかには、あまりにもカトリック的な香りが強く漂う詩が数多く収められているのも事実である）とはまったく別の事柄として立ち現れてくるなにものかなのであり、これまで論じてきた神秘思想ないし神秘神学の枠組みとは異なるなにかなのである。そして、そのなにものかとは、フランケンベルクが到達した神秘思想ないし神秘神学理解と密接なかかわりをもつと思われるのである。

シレシウスの生涯にとってフランケンベルクとの出会いがカトリック改宗をも含めて決定的意味をもっていたことは、すでに見たとおりである。また、エールスの若き宮中医師が既成教会から離脱した自由なセパラティストとして生きてきたこの神秘思想家最晩年の特愛の弟子であったことも、すでに指摘したとおりである。ところで、霊師とその優秀な弟子というこの二人のあいだにあったであろう精神的絆の強さは、ことの性質上思想的要因をその中核にもっていたと考えて大過ないものと思われる。キリスト教ばかりでなくユダヤ教の古今の神秘思想にも深く通じていたフランケンベルクがその生涯を閉じるにあたって到達した思想の高みをシレシウスは親しく継承したといえるのである。ただし、である。この弟子自身は、思想的に師の遺産を熟成させ発展させるだけの能力を持ち合わせていたわけではなかった。また、彼自身の関心も、思想そのものというよりはむしろその思想を実践する修道に向けられていた。そして、思想と実践の見事な統合が師に体現されているのを発見し、精神的指導者として帰依したのである。しかし、シレシウスは、フランケンベルクの語った思想に絶大な魅力を覚え引きつけられはしたものの、師の思想をそれ以上展開させる余裕も力もなかったというのが実状である。以上のことを逆にいうならば、シレシウスは、その神秘神学理解の核心を思想的にはフランケンベルクにほぼ全面的に負っていたと推測することが可能となるのである。

では、フランケンベルクが到達した結論とはどのようなものであったのであろうか。ベーメ神智学を継承するとともにこれを再び神秘思想へと引き戻して展開させた、というのが今日の研究が教えるフランケンベルクの思想史上の位置である。[9] その具体的内容は、彼が一六四〇年に刊行した小冊子『智慧の根拠に関する断案』（"Conclusiones de fundamento Sapientiae"）に簡潔に表現されている。[10] 以下、いささか長くなるが、その訳文をかかげておく。

「以下のことは、確実であり、反論され得ぬことである。すなわち、

1　すべての教育等と勉学は、すべてある一つの目的、目標、目途をかかげていなければならない。

2　あらゆる教えと学びが目指すその目的とは、人間がそこから転落した至高善である神へと人間が再び導き入れられること、参入することにほかならない。

3　もし森羅万象を前にして、また森羅万象において、至誠をもって神を誉め称えようとしないならば、この神秘なる参入を見いだすことはできない。

4　神を誉め称えるとは、神の善、智、および全能という栄光の威厳をとこしえに賛美することである。

5　人間が神と神のなかで合一することがないならば、また神が人間と人間のなかで合一することがないならば、神の栄光の賛美を正しく賛美することは不可能である。

6　神と人間との合一は、万物に対する神の切なる愛という根拠がなければ、生じ得ない。

7　この愛は、前触れとして与えられる神の甘味な恩寵を少しでも味わうということがなければ、認識不可能である。

8　神の恩寵とは、われらが主キリスト・イエスにおける永遠の生命である。

9　永遠の生命とは、イエス・キリストの神秘なる啓示における神の観照と魂の平安にほかならない。

10 イエス・キリストの啓示とは、神、自然、および自己自身を、神、自然、および自己自身のなかで、神、自然、および自己自身を介して、神、自然、および自己自身のなかから認識することである。

11 この認識は、栄光の光、恩寵の光、および自然の光を介して、聖書、宇宙（世界）の書、人間の書という三にして一なる書物のなかに求められ、見いだされ、啓示されなければならない。

12 この三冊の書物は、神の子羊、神の光と、神の生命ないし心臓の、唯一なる、内的な、永遠の書物のなかに永遠の昔から書き記され、封印を施され、しまいこまれていたものである。

13 内側と外側から書かれたこの生命の書とは、十字架にかけられた者にして復活せし者、イエス・キリストのことである。

14 この書物のなかに十字架にかけられた者にして復活せし者を正しく読もうと欲する者は、内的にも外的にもこの者と同じ形とならなければならない。

15 この同形性は、もっぱらイエス・キリストの教えと生命にしたがって理解されなければならず、信仰のなかから、希望において、愛による忍耐によって働くものとならなければならない。

16 イエス・キリストの生命においては、とくに三つの段階が、すなわち卑下、休止、および高挙が実践されなければならない。

17 卑下の段階とは、最初の、古い、外なる、地上の、目に見える、獣的な、肉の思いにかられた人間の受苦、十字架および死にほかならない。ひとは、この世と自己自身に対して死に、休止し、サバトへと入らなければならないからである。

18 休止しサバトに入るとは、キリストとともに洗礼によって死へと埋葬されることにほかならない。謙遜と恭順のままに静謐な放下のなかであらゆる被造物から身を引きみずからを埋葬することである。ほかならぬイ、エ、ス、・、キ、リ、ス、ト、の心臓という巌のように堅固な新しい墓のなかに死して埋葬され、みずから進んで神のなかに自己を失うことである。

19　高挙の段階とは、キリストの死のなかから、新しい誕生によって、パラダイスの生命へと青々と萌え出ずることにほかならない。イエス・キリストの肉を食べ、その血を飲み、バベルの地を立ち去ることである。神の似姿である、第二の、新しい、内なる、天上的な、目に見えない、天使的な、霊の思いにかられた人間イエス・キリストを着ることである。光の子として光のなかを歩み、神と人間たちのもとにあって智慧と年齢と恩寵において成長し、大きくなり、強くなることである。そして、ついには、完全な大人となり、神に嘉せられる義と聖において生きることである。

20　これらのことはすべて、真剣な求め、熱心な探究、絶え間なく門を叩きつづけることなしには得られない。

21　子をとおし、霊のなかで、また真理において、父に聖霊を下さるように熱心に請い求めなければならない。なによりもまず、神の国を心臓の最内奥の底に探さなければならない。そして、イエス・キリストの生命という、唯一の、狭い、内なる門を叩かなければならない。

22　信仰心篤く、純潔で、思慮ある、この世から身を引いた生活なしには、正しく求め、探し、戸を叩くことは不可能である。

23　この世の虚栄の数多い（多種多様な）安楽を避けることができなければ、この世を捨てた生活を送っても無駄に終わる。

24　もし自分自身を、すなわち自分自身の財産、身体、賞賛、生命、魂および意志を、キリストの名と認識と愛のゆえに捨て憎むことを学ばなければ、この世を捨てても空しい。

25　これらすべてを、父が、独り子イエス・キリストにおいて、聖霊を介して働かせ、開示し、証しするのである。父は、聖霊をわれわれの上にありあまるほど豊かにお注ぎになる。それは、われわれが、恩寵によって、希望するままに義とされ、永遠の生命を嗣ぐことになるためである。以上は、真実まことのことである。」

シレシウスがフランケンベルクの精神にいかに染め上げられていたかは、たとえば師の死後友人の記念帳にシレシウスがラテン語で書き記した以下の格言からもよく窺える。

「至高の智とは、イエス・キリストを知ること、この者を十字架につけられし者にして復活せし者としてのみ知ることより別になし。汝、死すべし、永生たるべし、かつキリストと同形なる者となせ。さすれば、汝、幸いなるべし。」(Held I, S. 127)

しかし、なによりもフランケンベルクの影響が最も鮮やかに表現されているのは、ほかならぬ『ケルビムの遍歴者』なのである。同詩集に反映しているシレシウスの神秘神学理解は、ほぼ上引の『断案』にそってなされている。すなわち、魂の神への回帰と参入、神賛美の位置づけ、神と人間の相互乗り入れ的な合一観、合一を可能ならしめる愛の認識、神の観照、恩寵の問題、キリストの抜きんでた救済上の意義、死と永遠の生命観、キリストの生涯にそって解釈し直された神秘神学階梯の三段階とその修道的実践の必要性、キリストとの同形性、自己喪失と新生のドラマ等々、『ケルビムの遍歴者』の神秘神学的プログラムはフランケンベルクの思想を継承したものといえるのである。ベーメが無からはじめて憧れ、意志、欲、永遠の自然、二つのプリンキピウム、ルチフェルの転落、宇宙とアダムの創造、アダムの転落とソフィアの消失、エバの創造、イエス・キリストの救済の業、新しい誕生と神の国の到来というように、神の自己啓示ないし自己展開の運動を壮大なドラマとして描くことによって近代の神智学（テオゾフィー）を成立させたのに対し、フランケンベルクはこれをイエス・キリスト中心のキリスト智学（クリストゾフィー）へと構成しなおし、それまでの神秘思想との接続をなめらかにさせようとする。したがって、フランケンベルクの思想では、ベーメに顕著であったコズミックな視点が希薄になって後退し、すべてがイエス・キリストと、その十字架と復活によって成就する人間の魂の救済が中心的位置を占めるようになり、敬虔な信仰に収斂する傾向を強めることにならざるを得ないのである。

七　魂のヘルメス学

その意味で、『ケルビムの遍歴者』においてフランケンベルクの思想が最も顕著に貫徹されているのは、神化の思想と並んでヘルメス学的な歌であると思われる。パラケルススによって本格的に開始された近代のヘルメス学は、一七世紀に入ってからは汎ヨーロッパ的ないわゆる薔薇十字運動へと席を譲っていく。と同時に、卑金属を貴金属へと変容させる錬金術の不可能性が暴かれていき、自然魔術もまたたとえばテクノロジーの分野に吸収されざるを得ない時代の趨勢となっていくのである。このような局面をかかえたヘルメス学がなお生き延びていくには、物質の変容にではなく魂の変容にこそヘルメス学本来の本質が秘められているのだという自己認識の深化が必要とされてくる。近代においてヘルメス学が文学や芸術、心理学の分野に多大の影響を及ぼすようになったのは、以上のような理由が介在しているのである。

さて、『断案』には、栄光、恩寵、自然という三種類の光と、聖書、宇宙（自然）、人間という三冊の書物についての言及がなされていた。そして、フランケンベルクは、これら三者の上位にあってこれらを統べおさめる第四の光ないし書物としてのイエス・キリストに言及していた。いうまでもなく、聖書、生命の書（キリスト）、良心の書（内なる人間）、自然の書というメタファは、当時大いに流布したアルント（Johann Arndt 一五五五―一六二一年）の修養書『真のキリスト教に関する四書』（"Vier Bücher vom wahren Christentum" 一六〇六―一〇年）に由来している。ところで、シレシウスも、自然の書とキリストの書について、次のような歌を並べて掲載しているのである。

「自然万象のなかの創造主
被造物は一冊の書物なり。この書を知恵もて繙き得る者、
その者にこそ、この書中にて創造主、玄妙に明かされん。」（V 86）

「最良の書物は一つ
多くの書物は多くの苦役なり。一冊の書をまことに読書せる者は、
（その書とはイエス・キリストなり）、すでに永遠の癒しを受けたり。」（V 87）

シレシウスのいわんとするところは明らかである。なるほど、彼にしても自然の書物が貴重であることに異を唱えはしない。「被造物は神へと向かう道の一つ」（II 114）だからである。しかし、自然の書物は救いということに関しては畢竟間接的な書物にとどまらざるを得ない。救いに直接資するのはキリストという書物しかありえないのである。まさに、フランケンベルクのクリストゾフィーの説くところである。また、パラケルススがフィチーノ（Marsilio Ficino 一四三三―九九年）の「左の翼」と「右の翼」の教説を継承して「自然の光」と「恩寵の光」について語り、さらには神探究の相容れがたいこれら二つの光を統合する「人間の光」（その聖書的典拠はヨハネ伝一章四節）に新しい人間存在の可能性を見ようとしたのとは異なり、シレシウスは自然探究の重要性を認知しながらもキリストの業にそれを従属させるという信仰の立場をかかげるのである。それはまた、たとえば彼の蔵書のなかにあったクロルの『化学の聖堂』（"Basilica Chymica" 一六〇九年）が、可視的世界から不可視の創造主へ至る過程を、可視的なキリストからやはり不可視の父へと至る過程と重ね合わせて考え、しかもそこに優劣の差をつけようとしなかったのとは大いに異なる精神の発現なのである。[11]

シレシウスがヘルメス学に関してある程度の知識をもっていたことは、神秘神学に関心をもつ知識人としての当然のたしなみであったであろう。神に三位一体が語られるように、「硫黄、塩、水銀」（I 257）という三原理が自然の根幹をなしていることを彼はうたうことができた。しかし、『ケルビムの遍歴者』のなかで、シレシウスは露骨に分かるようにはヘルメス学を語ることをしていない。ヘルメス学に通じていない読者であれば、なにかバロックに特有のディレッタントなメタファか聖書的言辞として読み過ごしてしまう程度にさりげなくヘルメス学的世界を提示しているのである。[12] たとえば、真珠、露、蝸牛ないし貝が登場する以下の詩などは、今日どう読まれるであろうか。

「露から生まれる真珠
蝸牛は露を舐め、われは、主キリストよ、汝が血を舐める。
露と血のなかにこそ、高価なる宝、生まるればなり。」(I 120)

「真珠の誕生
真珠なるもの、貝の穴に宿る露より
造られ生まるなり。汝、これを信ぜんとせずとも、
やがて明らかとなるべし、露は神の霊、
真珠はイエス・キリスト、貝はわが魂なることを。」(III 248)

これらの詩には、貝が露を呑み込むと真珠が生まれるという民間伝説や、真珠は蝸牛の心臓であるという古い信仰が反映していることは一読して明らかであろう。[13] しかし、ポイケルトがベーメを引用して指摘しているように、これは明らかにヘルメス学的コンテクストにおいて理解されるべき詩にほかならないのである。[14] ベーメの『大いなる神秘』(″Mysterium magnum″)三三章三五節には、民間説話をヘルメス学的に色づけした次のような説明が記されている。

「太陽が良好な星位にあるとき、サトゥルヌス(土星)は、虹から露の雫を自分のなかに(すなわち、サトゥルヌス的性質のなかに)取り込むのである。これが、のちに雨となって降下し、魚がこれを呑み込んで体内

で凝固させ、こうして高価な真珠が生まれてくるのである。[15]」

次に見る詩は、やはり宝石の一つである柘榴石を読み込んだものである。柘榴石は、キリストになぞらえられる一角獣の角の根元にあると伝承され、一般には赤色と考えられている宝石である。

「飼葉桶について
かの飼葉桶こそ宝石を納むる櫃なり、とわれはいま悟れり。
わが柘榴石なるイエス、そのうちに臥せばなり。」（III 246）

また、真珠と柘榴石の色をも髣髴とさせる白色と赤色とに関する詩としては次のようなものがある。

「薔薇について
われ、薔薇を愛す。そは、わが血の花婿、わが神の如くに、
白く、また赤く、また棘を多く持てばなり。」（III 84）

「汝、純白にして真紅たるべし
われの心底望む心臓とは、主よ、わが神よ、
汝が無垢なる純白の、汝が血潮に染まりし真紅のそれにほかならじ。」（III 85）

上記二篇の詩とも、聖書的にいえば雅歌五章一〇節の「わが愛しき方は、白く赤い」を背景としている。また、はじめの詩に出てくる「血の花婿」は出エジプト記四章二五、二六節に由来し、普通はキリストの予型と理解されている箇所である。一方、寓意ということでは、白色は清浄無垢と処女性、無原罪性を、赤色ないしいわゆる薔薇色は受肉と受難と愛を指しているとされている。

さて、上に引用した五篇の詩は、いずれもイエス・キリストを主題としている。真珠や露、蝸牛、貝、柘榴石、薔薇、紅白は、それを引き立てる寓意にすぎないかのようであり、また事実そう読んで意は十分通じるのである。また、雅歌が、ベルナルドゥスを典型とするように、セラフィム的合一をうたう相問歌の聖書的典拠であることから、これらの詩は一般的にはまさにそのような性向のものとして理解されてきたのである。しかし、その雅歌五章一〇節以下は、ブルガタ訳によれば、「その頭は純金で、その髪の毛は棕櫚のように縮れ、烏のように黒い。その目は、水の流れのほとりにいて、乳で身を洗い、なみなみと水をたたえた流れに休らう鳩の目のようだ。その頬は香料商が丹精して育てた香り草の花床のようであり、その唇は香り高い没薬をしたたらす百合のようだ。……これが私の愛しい方、これが私の友なのだ」とつづけられている。黄金、烏、黒色、鳩、香り草（の花床）、没薬、百合（薔薇）、そしてエロスの香りが濃密に漂っているこの句を読むならば、雅歌のもう一つの読み方が、つまりヘルメス学的な読み方が想起されなければならなくなるであろう。そして、この部分は、ヘルメス学的伝統において、卑金属を銀や黄金などの貴金属に変性させる賢者の石の製造法を暗示している典拠としてまさに考えられてきた箇所なのである。

とするならば、上記の詩はヘルメス学的用語に満ち満ちていることになる。(16) すなわち、紅白の薔薇は、錬金術の「大いなる作業」によってつくられる「プリマ・マテリア」、つまり「第一物質」から萌え出る智恵の花「テインクトゥール」ないし「賢者の石」（それは、黄金を錬成する赤い石と、銀を錬成する白い石によって表象されるのが一般的である）を意味する。[17]同様に、赤い柘榴石や白い真珠も、それぞれ黄金と銀をつくる賢者の石を寓意している。では、露とか貝の穴、蝸牛とは何を意味するのであろうか。それを解明する前に、次の詩を見ておきたい。

「乙女の大地（処女地）
この世にて最も玄妙なるは、汚れなき乙女の大地なり。
人曰く、この地より賢者らのかの子供生まる、と。」（I 147）

この詩も、処女マリアの清らかな胎からイエス・キリストが誕生することをうたったにすぎないもののように読み取れる。しかし、実は、これもヘルメス学的読解を秘めている詩である。ここにいう「賢者」とは、単なる知者や修道者を指すのではなく、「マーグス」、つまり錬金術師や魔術師、占星術師を意味している。したがって、「乙女の大地」とは錬金術にいう原材料であり、太陽（王）と月（女王）が天の「露」を受けながら両性具有的存在へと、すなわち賢者の石へと変容する死と再生の褥を意味している。[18]とすれば、「貝の穴」や「蝸牛」という形象も錬金術的変容が行われる場としての子宮を、あるいは子宮を模した蒸留器を象徴していると見なすことができるのである。ところで、この蒸留器は、ヘルメス学においては「哲学の卵」、「雛鳥の家」、「婚姻の部屋」などとも呼ばれる。したがって、以下の詩もこのような錬金術的変容を背景にもつ詩にほかならない。

「霊の雛鳥
わが身体は、卵の殻なり。そのなかにて、雛鳥、
永遠の霊によっていまにも孵化されんとす。」(II 87)

「同題
いつまでも身を震わせ殻をつつくばかりのこの雛鳥は哀れなるかな。
この雛鳥、永遠なる光の飾りをやがて見ることあらじ。」(II 88)

すなわち、「卵の殻(シャーレ)」とは蒸留器を、雛鳥が霊の作用によって孵化されるとは錬金術的作業をへて生まれる賢者の石を意味している。この作業が失敗し殻を破って外に出て来れない場合には、雛鳥は「永遠なる光の飾り」、すなわち王冠をかぶった若い王に象徴される光輝く賢者の石のその光の王冠を得ることができなくなるのである。[19]しかし、すでに述べたように、シレシウスは、フランケンベルクのプログラムによりながら、ヘルメス学的表象を用いつつそれをクリストゾフィーとして作品化していくのである。それは、錬金術の賢者の石はイエス・キリストという隅の親石(マタイ伝二一章四二節)に勝るものではないとうたう次の詩によって誤解されようもなく明瞭に表明されている。

「まことの賢者の石
錬金術師よ、汝の[賢者の]石は空しい。わが頼みとする隅の親石こそ、

わが黄金のティンクトゥール、あらゆる賢者が希求する石なり。」(I 280)

「隅の親石のなかにこそ宝あり
何故に汝は［賢者の］石を責め苛みつづけるか。隅の親石をおいて、
健康と黄金とあらゆる［まことの錬金の］技を秘めもつものはなし。」(I 87)

「隅の親石こそ最善なり
人は黄金錬成の石を捜し求め、隅の親石を顧みない。
隅の親石によってこそ、永遠の富、健康、智恵が得られるというのに。」(III 117)

「賢者の石は汝のうちにこそあり
人間よ、汝自身のなかに入り行け。賢者の石を求めて
異邦の国を真っ先に旅するが如きのなからんがためなり。」(III 118)

「永続するものを錬成するは隅の親石なり
黄金錬成の石、黄金を錬成するも、黄金、世とともに失せゆくなり。
隅の親石、家を建つるも、その家、永遠に存続するなり。」(III 119)

上記第二の詩にいわれている「責め苛む」（martern）とは、賢者の石を錬成するために蒸留器のなかで行う煆焼、昇華、溶解、腐敗、蒸留、凝固などのさまざまな作業のありさまを一種の拷問にたとえる錬金術用語の一つである。しかし、そのようにして得られた賢者の石も、隅の親石であるキリストが人間を神に等しい存在に変容させることに比べるならば何ほどのものでもないとシレシウスはいうのである。貴金属を得るための錬金術は、捨てられなければならない。人間をまことに救う真の錬金術こそ求められるべきなのであり、キリストこそ十字架で責め苛まれた隅の親石なのである。これを、シレシウスは、物質変性の錬金術と対比して、霊的錬金術と呼ぶ。

「霊的錬金術
その暁にこそ鉛は黄金に変容し、偶有性は姿を消さん。
われ、神により、神を介し、神へと変容せる暁にこそ。」（I 102）

「同題
金属とはおのれ自身、火と炉は［聖］霊なり。
身体と魂を変容させるティンクトゥールはメシアにほかならず。」（I 103）

「同題
神の火にてわれ溶解されるやいなや、

神、神自身の本体をわれに刻印するなり。」(I 104)

キリストに読みかえられた万能薬にして不老長寿の霊液ティンクトゥールについては、三位一体と関連して次のような詩がある。

「ティンクトゥールの染め上げ
聖霊、そは溶解す。父、そは焼尽す。
子はティンクトゥールなり、黄金を錬成し輝かすなり。」(I 246)

神の位格は、それぞれ霊的な錬金術師として、泥(糞)に等しい人間を黄金人間へと錬成するのである。その時にティンクトゥールないし賢者の石の働きをするのは、キリストの愛であるとされる。

「愛こそ賢者の石なり
愛こそ賢者の石なり。愛は黄金を泥から分離し、
無を有となし、われを神に変える。」(I 244)

以上のような脈絡のなかで、シレシウスはヘルメス学的合一について次のようにうたう。「黄金性」(Goldheit)は「神性」(Gottheit)と対比させられることによって内面化され、霊的な染色について語られるこ

とになるのである。

「寸分も違わぬ合一

さあ見よ、黄金性が鉛といかに高く合一しているかを。
また、神化した者が神の本体といかに高く合一しているかを。」（I 248）

「黄金性と神性

黄金を錬るは黄金性、神を錬るは神性なり。
それと一（いっ）にならずば、汝、鉛と泥に終わるほかなし。」（I 249）

「最良の染め上げ

黄金に染め上げる技に長けたる達人とわれが見なし評価するは、
神のためにおのが心を純金へと変えたる者なり。」（III 120）

「染め上げ

黄金に染め上げらるるさまを見よ。汝の救わるるさまが、
神化するさまが、鮮やかにまた自在に汝の眼に映らん。」（I 258）

そして、シレシウスは、この霊的錬金術の頂点を、本来何の価値もない泥とキリストが婚姻するという未曾有の愛のなかに見るのである。

「最も偉大なる奇跡の業
神が泥（人間）と結ばれた、ということ以上に
偉大なる奇跡の業、いまだかつて見いだされたることなし。」（III 122）

こうして花婿キリストと結ばれた魂を宿す身体は、賢者の石に等しい柘榴石を抱く宮となるのである。次の詩を見られたい。

「変容
わが身体、そは神の御前に柘榴石の如くに立たん。
身体の金屎、火のなかにて焼き尽くさるる暁には。」（II 110）

以上のように、『ケルビムの遍歴者』におけるヘルメス学的表象は完全にクリストゾフィーへと換骨奪胎させられ、キリスト化されている。キリストは「真珠の露」（I 121）と呼ばれ、十字架上で流される血はキリストの「愛の露」（III 39）に、キリストのパンは「賢者の石」（V 119）に、キリストの王国は「珠玉の真珠」（III 231）になぞらえられる。大いなる作業の最終段階に至った蒸留器を意味する「ソロモンの玉座」は、神の子がそのな

かにやすらうみすぼらしい木製の「飼葉桶」（III 1）の足元にも及ばないとされる。「賢者の錬金」（III 208T）は神徳の下位におかれ、「ペリカン」（III 42）、「ライオン」（II 95）、「サラマンダー」（IV 32）、「鷲」（II 171）、「フェニックス」（II 172）、「太陽」と「月」（II 94）などが重要な錬金術用語であることなど一顧だにされないままに、キリストその他の象徴として用いられているのである。キリストとの「合一」こそが人間を「黄金」（V 202）に錬成するのであり、「虚栄の薪が焼き尽くされる」人間の「こころ」が錬金のための溶鉱「炉」（I 66）に見立てられるのである。そして、クリストゾフィーが愛にきわまるというフランケンベルクの教えを踏まえて、炉の「火が金を試す」ように人間の「愛を十字架が試す」（V 304）と語られるのである。そして、それは、「イエスこそ、健康と生命をもたらす賢者の石なり」（Held II, S. 80）とうたう『聖なる魂の歓び』のセラフィム的な歌へと導かれていくのである。

（1）シレジアの宗教的環境およびシレシウスの生涯については、次の研究書を参照のこと。Held, Hans Ludwig: Leben und Werke des Angelus Silesius. In: Angelus Silesius. Sämtliche Poetische Werke. In drei Bänden. Herausgegeben und eingeleitet von Hans Ludwig Held. Dritte erweiterte Auflage. Bd.1, München 1952, S.9ff.; Gnädinger, Louise: Daten zu Leben und Werk. In: Angelus Silesius (Johannes Scheffler): Cherubinischer Wandersmann. Kritische Ausgabe. Herausgegeben von Louise Gnädinger. Stuttgart 1984, S. 359ff. なお、上記Held編全集三巻本から引用する場合は、巻数をローマ数字で、頁数をアラビア数字で表示した。たとえば、（Held I, S. 35）は、同全集第一巻三五頁を示す。また、『ケルビムの遍歴者』は、上記Gnädinger編の批判版を用いた。詩の引用にあたっては、たとえば第一書二〇の詩は、（I 20）と表示する。ただし、各詩の始めに付されている題辞からの引用はそのあとにTを付加し、序文（"Erinnerungs Vorrede an den Leser"）に関してはEVの表示の次に行数を示した。たとえば、（EV 15）は、序文一五行目からの引用であることを示す。引用文のなかで用いた［ ］は、引用者（岡部）が補足的に付加した部分である。『ケルビムの遍歴者』には、次の邦訳がある。植田重雄・加藤智見訳『シレジウス瞑想詩集』（上下）

岩波書店、一九九二年。ただし、本稿で引用した詩および序文はすべて拙訳によった。なお、『ケルビムの遍歴者』を主に神秘神学の伝統のなかで検討した次の拙論も参照のこと。『ケルビムの遍歴者』――アンゲルス・シレシウスの神秘神学詩について――（科研報告書「ドイツ近世神秘思想文学運動の研究」一九九五年、一一頁以下）。

（2）Vgl. Orcibal, Jean: Les sources étrangères du《Cherubinischer Wandersmann》(1657) d'après la bibliothèque d'Angelus Silesius. In: Revue de littérature comparée 18 (1938), S. 494ff. なお、オルシバルは、錬金術関係の著作に関しては、これらをシェフラーはルードルフ二世（Rudolf II. 一五五二―一六一二年）に仕えたことのある母方の祖父ヨハン・ヘンネマンから受け継いだのではないか、と推定している。

（3）Held I. S. 233-254.

（4）ちなみに、第一版の題は、『ヨハネス・アンゲルス・シレシウスの霊にあふれた格言詩・脚韻詩』（"Johannis Angeli Silesii Geistreiche Sinn- vnd Schlussr[e]ime"）である。

（5）Vgl. Pseudo-Dionysius Areopagita: Die Namen Gottes. Eingeleitet, übersetzt und mit Anmerkungen versehen von Beate Regina Suchla. Stuttgart 1988, S. 52 (712, 1 A).

（6）ちなみに、シレシウスはこの詩に注して、「マタイ伝二五章。神が人間に自己否定のための恩寵と力を与えたからこそである。あるいは、人間にこのようなことが行われたのは人間に宿る神の霊によってであるからである」と付記している。

（7）魂が神の本体の中へ同化されるという形で成就する神的合一を「底なしの海のなかで溺死」するという比喩を用いて語っている神秘家としては、たとえばタウラーがいる。Vgl. Die Predigten Taulers. Hrsg. von Ferdinand Vetter. Dublin, Zürich 1968, S. 176, Z. 10f.

（8）エックハルト的な神の子の誕生に関する歌としては、そのほかに I 61; II 103, 104; III 224; IV 216 なども参照のこと。

（9）Vgl. Peuckert, Will-Erich: Das Rosenkreutz. Zweite, neugefaßte Auflage mit einer Einleitung herausgegeben von Rolf Christian Zimmermann. Berlin 1973, S. 217ff.

（10）同テクストに関しては、次の文献に依拠した。Held I, S.159f.; Peuckert, Will-Erich: Pansophie. Ein Versuch zur Geschichte der weißen und schwarzen Magie. 3. Auflage. Berlin 1976, S. 394f.

（11）Vgl. Peuckert: a. a. O. S. 367f.

（12）『ケルビムの遍歴者』におけるヘルメス学的読解については、詳しいとはいいがたいがGnädinger版の注（S. 317ff.）、および次の注も参照のこと。Angelus Silesius: Cherubinischer Wandersmann. Eingeleitet und erläutert von Will-Erich Peuckert. Leipzig o. J. S. 225ff.

（13）Vgl. Artikel "Perle" von Groth. In: Handwörterbuch des deutschen Aberglaubens. Bd. 6, S. 1496f. 岩波版にも同様の動物伝説についての注意書きが訳者によって添えられている（上巻四一頁以下）。

（14）Angelus Silesius: a. a. O. S. 229. なお、民間伝承および錬金術的伝統における「露」と「真珠」については次の文献を参照のこと。ガストン・バシュラール（及川馥訳）『大地と意志の夢想』思潮社、一九七二年（Bachelard, Gaston: La Terre et les Rêveries de la Volonté. Paris 1948）、三一五頁以下。また、擬ディオニシオス文書によれば、露は、太陽、星、火、水、風、石、岩盤などとともに神の名としてあげられている。Vgl. Pseudo-Dionysius Areopagita: a. a. O. S. 27 (596, 1 C).

（15）Jacob Böhme: Sämtliche Schriften. Faksimile-Neudruck der Ausgabe von 1730 in elf Bänden, neu herausgegeben von Will-Erich Peuckert. Bd. 7. Stuttgart 1958. S. 308.

（16）錬金術における賢者の石の生成過程については、以下の文献を参照のこと。なお、煩雑になるので、該当箇所を逐一指示することをしなかった。F・S・テイラー（平田寛・大槻真一郎訳）『錬金術師　近代化学の創設者たち』人文書院、一九七八年（Taylor, Frank Sherwood: The Alchemists. Founders of Modern Chemistry. New York 1949）、セルジュ・ユタン（有田忠郎訳）『錬金術』白水社、一九七二年（Hutin, Serge: L'Alchimie. 1975）、スタニスラス・クロソウスキー・デ・ロラ（種村季弘訳）『錬金術　精神変容の秘術』平凡社、一九七八年（Klossowski, Stanislas de Rola: Alchemy. The Secret Art. London 1973）、C・G・ユング（池田紘一・鎌田道生訳）『心理学と錬金術　Ⅰ・Ⅱ』人文書院、一九七六年（Jung, Carl Gustav: Psychologie und Alchemie. Zürich 1944）、ヨハンネス・ファブリキウス（大瀧啓裕訳）『錬金術の世界』青土社、一九九五年（Fabricius, Johannes: Alchemy. The Medieval Alchemists and their Royal Art. Copenhagen 1976）、Read, John: Prelude to Chemistry. An Outline of Alchemy. Its Literature and Relationships. Cambridge. London 1966.

（17）賢者の石をつくる蒸留器（フラスコ）から萌え出る智慧の花の図版としては、たとえば次を見られたい。クロソウスキー前掲書、図二五—二八、ユング前掲書Ⅱ、図一九三。また、賢者の石の実をたわわに実らす太陽と月の樹については、クロソウスキー前掲書、一〇五頁（10, 17）を参照のこと。智慧の花である紅白の薔薇の図版は、以下を見よ。ユング前掲書Ⅰ、図一

三、三〇。
(18)　王（太陽）と王女（月）が蒸留器のなかで抱き合い一体となる図版としては、たとえば次を参照のこと。クロソウスキー前掲書、図二七、二八、三七、三八。この「結合」ないし「合一」は、錬金術的作業においては「完全なる溶解」を意味する。また、王と王女の両性の完全に一体化した形の上に天の露が降る図としては、次を参照のこと。テイラー前掲書、図二四、クロソウスキー前掲書一〇四頁(8)。
(19)　これに相当する図版としては、たとえば『古えの賢者の智恵』（"Sapientia veterum philosophorum"）のそれを参照のこと。クロソウスキー前掲書、一〇八―一一七頁。

『ケルビムの遍歴者』
――アンゲルス・シレシウスの神秘神学詩について――

はじめに

アンゲルス・シレシウス（Angelus Silesius　一六二四―七七年）とはいったい何者であり、かつまた何者でなかったのであろうか。

今日、シレシウスはバロック期のシレジアの詩人としてその名をつとに知られている。彼は、五二年有余の生涯のあいだに三冊の詩集を上梓している。すなわち、『ケルビムの遍歴者、あるいは神の観想へと導く霊にあふれた格言詩・脚韻詩』（初版一六五七年、増補改訂版一六七五年）、『聖なる魂の歓び、あるいはイエスを恋い慕うプシケーの霊的牧歌』（初版一六五七年、増補改訂版一六六八年）、および『最期の四事に関する感覚的記述』（一六七五年）である。いずれも、バロック期の詩を代表する優れた詩業であり、現在、文学史上におけるシレシウスの詩人としての評価はほぼ確立していると断言してほぼまちがいがないといえよう。

ところで、上記三詩集のうち最も人口に膾炙してきたのは、『ケルビムの遍歴者』である。それには、主に二つの理由が考えられる。第一は、同詩集の詩自体が内在させている詩質の高さである。同詩集に収められているアレクサンドラン詩型の二行詩には、バロックとかマニエリスムなどという用語から想起される一七世紀中後期におけるドイツ文学の類型的世界からはみでる何かが峻烈な形で響きわたっている。その何かとは、詩そのものからいうならば、余分なものを一切そぎ落として屹立する鋭利な精神性、静謐な瞑想によって鍛え上げられ研ぎ澄まされた端正な知性、そしてそれらから迸り出てくる認識の、凝縮に凝縮を重ねた詩的結晶、対比の妙から生まれる意外性の斬新さと小気味良いエスプリとでもいうべきものである。また、内容との関連からいうならば、マイスター・エックハルト（Meister Eckhart 一二六〇頃―一三二八年頃）、パラケルスス（Philippus Aureolus Paracelsus 一四九三／九四―一五四一年）、ヤコブ・ベーメ（Jacob Böhme 一五七五―一六二四年）という三つの峻険な高峯をいただくヨーロッパ近世神秘思想が人間存在や自然万象の根底ばかりか神存在の根底をも突き抜けて直観し、反省し思考した領域のただならぬ深淵と高みを詩言語によって簡潔に詠みあげたその技量の冴えである。換言するならば、シレシウスのこの詩集には、ことばの根源的な意味における近代＝新しさ（modern）に通じる言語感覚と精神が強烈な形でそなわっているのである。このような特徴は、彼の他の二詩集には観察されない、『ケルビムの遍歴者』に独自のものといえる。

第二は、第一の理由とも密接に関連するのであるが、一八世紀末から一九世紀前葉にかけて行われたシレシウスの再発見、再評価がもっぱら『ケルビムの遍歴者』をめぐって行われた事実である。その中心人物は、神秘思想に造詣の深かったバーダー（Franz Xaver von Baader 一七六五―一八四一年）とフリードリヒ・シュレーゲル（Friedrich Schlegel 一七七二―一八二九年）である。彼らは、この詩集にみられる驚くばかりのモダンなセンスと深い思弁的内容にそれぞれ強い魅力を覚えたのであった。バーダーは『ケルビムの遍歴者』の格言詩のなかに「キリスト教の最も深い秘義」を見いだし(1)、シュレーゲルはその短詩の「子供のように純真な明澄さ」がたたえている「深い真理」に強い共感の意を表明している(2)。彼らの関心は、まことの意味における〈新しい〉哲学や文学を構築する際に古今のキリスト教神秘思想ははたしてどのような寄与をなし得るかという点に置かれていたが、この問題を考察するにあたって、シレシウスのパラドキシカルな二行詩は一八世紀的な知的枠組みをひとまず解体させて新しい世界を構築する上で格好の霊感を与える優れた素材と考えられたのである。シレシウスの詩に対するこのような理解の傾向は、一九世紀から今世紀［二〇世紀］に至るまで、さまざまな立場において踏襲されることになる。たとえば、哲学者としてはヘーゲルやショーペンハウアー、ハイデッガーなどが、また詩人としてはフリードリヒ・リュッカート、アネッテ・フォン・ドロステ゠ヒュルスホフ、ゴットフリート・ケラーなどが、同詩集について並々ならぬ関心と共感を寄せるのである。以上のような経緯をもつ受容史が、詩集自体が読者に要求する評価とならんで、シレシウスといえば『ケルビムの遍歴者』の詩人という等式を生む大きな一因となったのである。

さて、本稿は、『ケルビムの遍歴者』の詩をヨーロッパ近世神秘思想潮流のコンテクストの中で分析することを目的としている。その際、最終的に問題となるテーマは、魂の進化、すなわち魂の無化゠神化という事態であり、魂の変容を語るヘルメス学のメタファとなるのであろうが、(3)本稿ではこの問題にたち至るまでの前提的諸問題について考察することにしたい。すなわち、『ケルビムの遍歴者』という詩集名にこめられた作者の意図、神秘神学詩として理解されるべき同詩集の特徴、シレシウスの詩作にあらわれた無のメタファの分析、および神秘思想の近代を招来した〈霊の貧しさ〉と〈魂の中における神の子の誕生〉というエックハルトの思想とシレシウスの詩作との関係等が本稿で取り扱う対象となる。それはまた、シレシウスとは何者でありかつ何者でなかったか、という問いへの一つの解答の試みでもある。

一　『ケルビムの遍歴者』の書名について

『ケルビムの遍歴者』という詩集名は、第六書を増補し一六七五年グラーツで刊行された改訂第二版においてはじめて付された題名である。一六五七年ウィーンで刊行された初版の書名は、『ヨハネス・アンゲルス・シレシウスの霊にあふれた格言詩・脚韻詩』("Johannis Angeli Silesii Geistreiche Sinn- vnd Schlussr[e]ime") といういたってそっけないものであった。それが第二版になると、『ヨハネス・アンゲルス・シレシウスのケルビムの遍歴者、すなわち神の観想へと導く霊にあふれた格言詩・脚韻詩。著者の校閲を新たに得、第六書を増補して、霊の法悦をめざす神秘神学および観想的生の友のために再度刊行す』("Johannis Angeli Silesij Cherubinischer Wandersmann oder Geist=Reiche Sinn= und Schluß=Reime zur Göttlichen beschauligkeit anleitende. Von dem Urheber anfs ‹sic› neue übersehn / und mit dem Sechsten Buche vermehrt / den Liebhabern der geheimen Theologie und beschaulichen Lebens zur Geistlichen Ergötzligkeit zum andernmahl herauß gegeben") と改められている。[(4)] ちなみに、この改訂第二版は、字句の変更をなんら加えることなく翌一六七六年にグラーツで再び版を重ねている。

ところで、第二版のこの書名は、第一版以上にシレシウスが同詩集に賦与しようと意図した性格をきわめて的確に表現したものとなっている。以下、この題名について検討しておきたい。

まずは、ヨハネス・アンゲルス・シレシウスという著者名についてである。アンゲルス・シレシウスというラテン語名は、文字どおりに訳すならば、〈シレジアの天使〉、あるいは〈シレジアの使者〉の謂いである。いうまでもなく本名ではない。実の姓名はヨハネス・シェフラー（Johannes Scheffler）という。彼がアンゲルス・シレシウスという名を得たのは彼がルター教会からカトリック教会へと改宗した一六五三年七月一二日のことであり、彼が文筆に本格的に手を染めることになるのはそれ以降のことであるので、彼の著作はすべてアンゲルス・シレシウスというペンネームによって刊行されることになるのである。彼がアンゲルスという名を選んだについては、尊敬する一六世紀のスペインの神秘神学者ファン・デ・ロス・アンヘレス（Juan de Los Angeles 一五三六―一六〇九年）、すなわちあえて訳せば「諸天使のヨハネ」の名にちなんだとも、マタイ伝一一章一〇節に引用されているマラキ書三章一節の句「見よ、われ、わが使い（aggelos = angelus）を汝の面前に遣わし、汝に先立ちて汝の道を備えしめん」に由来するともいわれている。また、アンゲルスにシレシウスを付したのは、著名なルター派神学者ダルムシュタットのヨハネス・アンゲルス（一六〇八年没）との混同を避けるために、自分の出身地シレジア（シュレージエン）を加えたと推測されている。(5) のちに見るように、アンゲルス・シレシウスという名には、自分こそがシレジアの地から全ヨーロッパに向けて真正の詩神に由来する数々の珠玉の詩を告知する神の使者にほかならないという矜恃がにじみ出ているのである。

次に、第一版の書名ともなっている「霊にあふれた格言詩・脚韻詩」の用語に目を向けておきたい。「格言詩」と訳した原語は、Sinn=Reim（Sinnreim）である。この語は、一七世紀中葉以降、Sinngedicht と同じように用いられ、「エピグラム」（epigramm）を意味するドイツ語として使われてきたものである。したがって、箴言詩、警句詩、風刺詩などとも訳すことができる。(6) 一方、「脚韻詩」と訳した Schluß=Reim（Schlußreim）は Endreim を意味し、Stabreim ないし Alliteration と対になる用語である。すなわち、頭韻に対し脚韻のととのった詩のことを指している。『ケルビムの遍歴者』に収められている詩の大部分は、一七世紀はじめにフランスからドイツに導入されたアレクサンドラン詩型の二行連詩である。すなわち、一行はヤンブス六つで構成され、三つ目の強勢のあとに区切り（Zäsur）が置かれ、行末には一般的な意味での休止（Pause）があり、各行末は韻を踏んで響きあう、という形式をもつ短詩である。

ところで、同詩集におさめられた詩の特徴の一つとして、論理的対立を提示しつつそれを止揚して新たな言説を構築する事例が数多く存在する。その場合、このアレクサンドラン詩型がもつ形式上の論理的展開には主に二つの類型が見られる。(7) 一つは、次のような構造をもつ。すなわち、第一行目においてツェズールに区切られてテーゼとアンチテーゼが対比的に提出されるが、この定立と反定立は論理的反転構造をもつ。そして、この対比ないし対立は、二行目においてさらに敷衍されたり、形象を用いた説明となったり、あるいはその根拠が提示されたりする場合もあれば、両者の対立によって生じた緊張が論理を越えた領域へと詩句を導いていく場合もある。その典型的な例を、以下にあげる。

「一者は他者のなかにあり
われ、神の外にあるにあらず。神、われの外にあるにあらず。
神の輝きと光はわれなり。わが誉れは神なり。」（W. I-106）

「われは神の如く、神はわれの如し
神の如く大なるはわれ。われの如く小なるは神。
神、わが上にはあり得じ。われ、神の下にはあり得じ。」（W. I-10）

「ふたたび放下について
去れ、されば神、内に来たらん。自己に死せよ、されば汝、神に生きん。
存在を熄めよ、されば神、存在せん。何も行うなかれ、されば戒め、成就せん。」（W. I-136）

もう一つは、主に否定がもつ機能によって、論理的に対立する二項が止揚される場合である。その際、A≠AないしA＝Āという言述によって論理的思考が破綻にさらされるとともに、このような非論理的言述が論理的概念と合理的構成をもつ詩句に支えられることによって詩の内容に神秘思想特有の緊張感と深みを現出させるのである。たとえば、次のような詩がその例としてあげられる。

「神にすべての名ありて、いかなる名もなし
いと高き神にむかいて、あらゆる名をもちて呼ぶを得る。
されど、いと高き神にむかいて、いかなる名をも認むることあたわず。」（W. V-196）

「無にして全なるは神なり
神、そは無にして全なり。牽強付会にはあらず。
されば、かかる神を何と名づくるや、かかる神を何と名づくべきにあらずや。」（W. V-197）

「小微に宿れる渾大

汝曰く、小微のなかに渾大宿るは不可能なり、
地の一点に、天のおさめらるることなし、と。
来り見よ、乙女の子を。されば汝、天と地と
幾百の世界、ゆりかごのなかに宿れるを見ん。」(W. III-29)

このような作詩の作法には、強靭な論理を背景とする鋭い逆説によって拓かれた、知的であると同時に知性に強烈なめまいを起こさせる論理と非論理の戯れの影が色濃く射しこんでいる。これは、一面ではバロック期が愛好してやまなかった綱渡り的な螺旋状の言語遊戯ともいえるが、と同時に、人格神を超える神性ないし無、さらにはまたその「神性を超え」(W. I-15T)、「無を超える」(W. I-111)かの名づけえないものに可能なかぎり言語によって肉薄しようとする否定神学が着実に培ってきた、ことばを破壊しつつことばする言語が必然的に内包する力動性の詩的結晶とでもいいうるものでもあろう。とするならば、「格言詩・脚韻詩」に冠せられた形容詞 geist=reich (geistreich) には、二つの意味が託されていたことになる。一つは、すでに訳に示しておいたように、神の聖霊にせよ、神聖な詩神の霊にせよ、霊の賜物を豊かに注がれた、の謂いである。すなわち、インスピレーションの輝きみちあふれた、ということである。もう一つは、引用した詩に見られるように、エスプリに富んだとか、機知や才知にあふれた、わさびの効いた、等の意味である。エピグラムという詩型に即していえば、寸鉄人を刺す、とでもいう意味合いにもなろう。事実、この詩集を繙いてみるならば、常識的な知性を震撼させずにはおかない、読み解きがたい逆説的な詩句に枚挙の暇もないほどであり、それがこの詩集がもつ魅力の一つとなっているのである。

では、この語句をさらに規定している「神の観想へと導く」とは、はたして何を含意しているのであろうか。また、「霊の法悦をめざす神秘神学および観想的生の友」とは、具体的に何を意味しているのであろうか。Schluß=Reim が epigramm のドイツ語訳であったように、「神の観想へと導く」の「観想」のドイツ語 beschauligkeit はラテン語 contemplatio の翻訳語である。また、「観想的生」に相当するドイツ語 beschauliches Leben は、vita contemplativa の訳語であり、「神秘神学」と訳した geheime Theologie は、theologia mystica の訳語なのである。

ところで、ここで興味深いことは、シレシウスが「神秘思想」（Mystik）ということばを用いずに、あえて「神秘神学」という用語を使っていることである。神秘神学とは、六世紀初頭に成立した擬ディオニュシオス・アレオパギテース文書のなかの一書名にまでさかのぼる用語であるが、一七世紀においては、神秘体験に関する（当時の意味におけるかぎりでの）学問的研究の主流的傾向を意味していた。これが目的とするところは、古今を通じてさまざまな神秘思想文書に叙述されている神秘的合一（unio mystica）の体験を神学的概念的に記述すること、また神秘体験が究極的到達点とみなす神秘的合一に至るまでに人間の魂が歩む道程を諸段階に分類し体系化することなどである。このような近世におけるキリスト教神秘神学の系譜は、その歴史をさかのぼるならばギリシャ哲学とキリスト教教父という淵源をもつ。すなわち、プラトンやプロティノスにおける魂のイデア界への上昇や一者への帰還と、オリゲネスやニュッサのグレゴリオス等に代表される出エジプトの事跡やモーセのシナイ山登攀になぞらえて語られることの多い、完全な見神を求める魂の遍歴と天への上昇である。

このような神秘体験の概念化、体系化の近世胎動期における先駆的著述としては、アッシジのフランチェスコ（Francesco d'Assisi 一一八一—一二二六年）が体験した神秘的合一について知性の認識力によって可能なかぎり肉薄しようとした、ボナヴェントゥーラ（Bonaventura 一二二一七―七四年）の『魂の神への遍歴』（"Itinerarium Mentis in Deum"、一二五九）や『三重の道について』（"De Triplici Via"）などをあげることができる。これは、一二世紀のサン・ヴィクトールのフーゴ（Hugo von St. Victor 一〇九六頃―一一四一年）やグイゴ（Guigo II. 一一八八年没）に代表されるサン・ヴィクトール学派やシャルトルーズ学派によって確立された修道士のための霊的階梯論を継承しつつ神秘神学的階梯論へと進展させた著作である。(8) 神秘体験ないし神秘思想の神学化ないし体系化は、リュースブルク（Jan van Ruysbroeck 一二九三―一三八一年）やタウラー（Johannes Tauler 一三〇〇頃―六一年）に淵源するデヴォチオ・モデルナ（新しい信心）運動の諸著作によって受け継がれ、さらにはスペインにおいてカルメル会の神秘思想家アヴィラのテレサ（Teresa de Avila 一五一五―八二年）や十字架のヨハネ（Juan de la Cruz 一五四二―九一年）の著作にもとづいてその緻密化と学問化が一種の「魂の学」として、すなわち神秘体験の心理学として押し進められていくのである。一方、イエズス会の創始者であるロヨラのイグナティウス（Ignatius de Loyola 一四九一頃―一五五六年）の『霊操』（"Exercitia spiritualia" 一五四八年）は、霊的修練の階梯を実践面において精緻に体系化した著作という意味で、神秘神学に対して新しい波を巻き起こすことになるのである。このような神秘神学の伝統は、一七世紀に入ってからは、フランソア・ド・サル（François de Sales 一五六七―一六二二年）、モリノス（Miguel de Molinos 一六二八―九六／七年）、フェヌロン（François de Salignac de la Mothe Fénelon 一六五一―一七一五年）らの手によって、教父の著作にまでさかのぼる歴史的視野を獲得していくことになる。さらに興味深い点は、カトリック圏内ばかりでなくプロテスタント圏においても神秘神学の見直しが進められ超宗派的運動の理論的根拠の一つとされていったことであり、カトリック教会の集権化にともない神秘神学はむしろプロテスタント圏で新たな可能性を展開しはじめたことである。ポワレ（Pierre

Poiret 一六四六―一七一九年)、アルノルト(Gottfried Arnold 一六六六―一七一四年)、テルステーゲン(Gerhard Tersteegen 一六九七―一七六九年)などによる、歴史研究に裏打ちされた神秘神学の教義的再編成がそれである。

さて、ここにおいてはじめて「観想」および「観想的生」ということばをシレシウスがなぜ用いたかを理解する地平が拓けてくるのである。実は、これらのことばはシレシウスによって恣意的に、あるいは美的ないし文学的に選びとられているわけでは決してない。このことばは、神秘神学の中心的な専門用語にほかならないのである。すなわち、神との合一をめざす魂の遍歴は、神秘神学において一般に次のような三階梯をへて行われると考えられている。その三段階とは、魂の汚れを清める「浄化」(purificatio)、魂が神的光を受ける「照明」(illuminatio)、魂が神と一致する「合一」(unio)ないし「完成」(perfectio)である。また、究極的救済へ至る魂の道程ということでは、「浄化の道」(via purgativa)、「照明の道」(via illuminativa)、「合一の道」(via unitiva)である。そして、いま問題にしている「観想」とは、「黙想」(meditatio)、「祈祷」(oratio)の次につづく第三階梯であり、エクスタシス(ecstasis)や脱我(excessus)の神秘体験によって獲得される究極的な知の認識を指すのである。すなわち、第三階梯において魂に賦与される内的な神秘的直観を観想というのである。(9)

とするならば、シレシウスが詩集の表題において「霊的法悦をめざす神秘神学および観想的生の友」と述べている意図もきわめて明瞭となる。『ケルビムの遍歴者』という詩集がその読者として想定しているのは、観想の段階をなんらかの意味で目指そうとしている魂なのである。「神秘神学の友」、「観想的生の友」とは、そのことを意味している。そして、「霊の法悦」の「法悦」(Ergötzligkeit)とは、いうまでもなく神秘的合一というエクスタシスによって魂にもたらされる霊的法悦のことにほかならない。つまり、この詩集は、魂の完成を意味する神秘的合一体験のただなかで魂の目に映った至高の霊の領域を知性の力によって言語化したものということになる。少なくともシレシウス自身が意図するところは、まさにこのような点に置かれていたと推測されるのである。以上のことを最も端的に言い表しているのが、第二版で付された「ケルビムの遍歴者」という詩集名にほかならない。「遍歴」（Wanderung）とは、罪と地上性の暗い闇に堅く閉ざされている人間の魂が心身の修行によって次第に罪の闇から浄化され解放されて神の光による照明を被り、さらには神の秘義に関する観想を獲得してついには光と闇という二元性をも超出した合一という絶対的領域にまで果敢に到達するという魂の「旅程」（itinerarium）のことなのであり、艱難と辛苦と希望に満ちた魂の敬虔な「放浪」であり「遍歴」（excursus）のことなのである。したがって、たとえば「ケルビム風のさすらい人」とか「さすらいの天使」などというような邦訳が不用意にかもしだす、なにかシューベルトの歌曲を想起させるような甘く切ない世界とは一切無縁の事態がこの詩集のなかで語られることになるのである。

だが、それにしてもなぜこのような魂の遍歴が、「ケルビム」という形容を担わなければならなかったのであろうか。(10)

もともと古代オリエント世界において祭儀とかかわる半人半獣の重要な守護霊として知られていたケルビムは、ユダヤ・キリスト教の伝統では神の至高の領域を守る神の天使として主に伝承されている。すなわち、アダムとエバの楽園追放神話においては、生命の樹へ至る門を守護しているのはケルビムと稲妻の形をした燃える剣である（創三・二四）。神殿の至聖所には一対のケルビム像が置かれ、ソロモンの神殿の壁はケルビムとしゅろと花の彫刻で飾られている（王上六・二三以下）。エゼキエルが幻視した、終末ののちに建設される未来の完全な神殿においても、その壁は同じくケルビムの装飾が施されている（エゼ四一・一七以下）。神殿と同様に、契約の櫃も一対のケルビムの像によって守護されており、ヤハウェはこのケルビムの間から自己を啓示するのである（出二五・一八以下、民数七・八九）。そのヤハウェは、ケルビムに乗って天を駆け（サム下二二・一一、詩一八・一一）、ケルビムの上に座すとされている（王下一九・一五）。また、ケルビムの形姿は、ユダヤ教およびキリスト教の神秘主義にとって重要な源泉の一つとなったエゼキエル書冒頭の幻のなかに出てくる不思議な生き物として描かれている。すなわち、ケルビムは、人間、獅子、雄牛、鷲の四つの顔と四つの翼をもつ姿をもち、火炎が渦巻く車のなかにあってヤハウェの玉座となり、その玉座からヤハウェは圧倒的な光の顕現のなかでことばによって自己を啓示するのである（エゼ一・五 以下、一〇・八以下）。すなわち、ケルビムは、神のヒエロファニーが行われる場と密接にかかわる天使として伝承されてきたのである。

この観念は、キリスト教神秘思想の天使論においても継承されていく。その源泉は、教父の神秘神学を集大成した擬ディオニュシオス文書の一つ『天上の位階について』（"De Coelesti Hierarchia"）である。それによれば、天使の階層（ヒエラルヒア）は三層に分けられ、その最高位に熾天使セラフィム、知天使ケルビム、座天使トロノスの三天使が配置されている。トロノスについての伝承は、旧新約聖書のなかにわずかしか存在せず（詩八〇・二、九九・一、Ⅰコリ一・一六）、神の玉座という記述以上の具体性を帯びているわけではない。これに比して、同様に言及箇所は少ないものの、セラフィムに関する叙述はより具体的形象的である。すなわち、この天使は、元来は蛇の姿をし天空を飛ぶダイモーンないし竜であったと考えられており（民二一・六以下）、イザヤの幻視によれば、三対の翼をもち、天地を揺るがすような声でヤハウェを賛美し、見神に必要な最終的浄化をこの預言者に施した炎の天使として記述されているのである（イザ六・二以下）。

しかし、「ケルビムの遍歴者」を理解する上で最も重要な視点は、『天上の位階について』七章で語られる三天使の性質の諸相である。これら三天使によって構成される天使の最高位階は、「神のもとに無媒介的に存在しているがゆえに、あらゆるものに抜きんでて最も高い地位を占めている」[11]。そのなかでの最上位は、セラフィムである。火や燃焼を語源とする天使セラフィムは、神愛に燃える灼熱の存在として、また能動的な運動性として神と直接的無媒介的に交わると同時に、三天使よりも下位に位置する天使ないし魂に神愛の火をともして燃え立たせては神のもとへと上昇させ、またその火によって浄化する特性をもつとされている。一方、第三位の天使トロノスは、地上的なものから完全に超絶して神のもとに確固たる不変不動の座を占め、神を自らの上に載せつつ、神から到来するものすべてをあるがままに受け取る性質と理解されている。そして、第二位の天使ケルビムに関しては、以下のように述べられているのである。

「ケルビムという名が明らかにしているのは、認識し見神することができるという彼ら［知天使の］の能力であり、光の最高の告知を受けとり、直接作用する彼らの力によって根源的な神の美を観照し、知恵を分与するという天性に満たされ、［神から］与えられた知恵を注ぎ出すことによって［下位の］第二階梯にいる霊たちと虚心に交わるという彼らの能力にほかならない[12]。」

すなわち、ケルビムは、動的なセラフィムの愛の灼熱、静的なトロノスの絶対の不動とは異なり、神知による認識と観照を司る天使として性格づけられているのである。しかも、三天使がそれぞれの階層に配当されている三層の、ないしは九層のヒエラルヒアは[13]、神秘神学的にいえば、神との究極的な一致へと至る魂の上昇の階梯を示している。換言すれば、魂は神へと上昇するにつれて、これら九種の天使の性質に順次染めあげられていくのである。したがって、天使のヒエラルヒアとは、「可能なかぎり神に似たものへと導き、神によって与えられた照明に応じ自分の力の程度に従って神の姿をなぞるべく上昇する、聖なる秩序、認識、働き」であり、ヒエラルヒアの目的とは「可能なかぎり、神に似たものとなり、神と一つとなること[14]」である。つまり、魂が遍歴するその階梯が天使のヒエラルヒアということばで理解されているのである。

擬ディオニュシオス文書における以上のような天使論の図式は、たとえばその影響を抜きにしては語れないボナヴェントゥーラの『魂の神への遍歴』にも観察することができる。しかし、その際に特徴的なことは、もっぱらセラフィムとケルビムの二天使が考察の対象とされ、トロノスの役割についてはほとんど語られていないことである。さて、ケルビムが「神の不可視で永遠なる事柄[15]」を、あるいは「神の本質的諸属性[16]」と「ペルソナのさまざまな固有性を観想[17]」する魂の知の方面を代表するのに対して、セラフィムは知性の働きを超えた脱我の領域において魂の霊的感覚に体験される神愛とかかわる天使とされている。具体的には、クレルヴォーのベルナルドゥス（Bernardus　一〇九〇頃―一一五三年）が述べた、花婿イエスとその花嫁となるべき人間の魂との甘く密やかな脱我的愛がセラフィムに帰せられるのである[18]。また、魂に即していわれる天使の位階は、逆に神の観点からすれば、「神は、セラフィムたちにおいては愛（caritas）として愛し、ケルビムたちにおいては真理として知る[19]」と表現される。つまり、魂のなかに現れる神の働きが、天使になぞらえられているのである。

表詮を超えた神に肉薄する知性の認識を智天使ケルビムに、花婿イエスとの神的合一の愛に燃える霊的感覚の法悦を熾天使セラフィムに象徴させるボナヴェントゥーラの観照に関する上記のような図式は、実は、その背景に擬ディオニュシオス文書を秘めながらほぼそのままシレシウスの神秘神学理解に引き継がれている。シレシウスが『魂の神への遍歴』をはじめとするボナヴェントゥーラの神秘神学的著作に沈潜していたことは、今日の研究によってほぼ確証されている[20]。そして、『ケルビムの遍歴者』のはじめに置かれた「読者に注意を喚起する序」

（"Erinnerungs Vorrede an den Leser."）の冒頭部分、これは第二版刊行時に補筆訂正した箇所であるが、その冒頭部分において、シレシウスは、第一版をともに一六五七年に刊行した『霊にあふれた格言詩・脚韻詩』、つまりいまここに再版を刊行する『ケルビムの遍歴者』と、一六六八年すでに再版を出版した『聖なる魂の歓び』が、それぞれ魂の観照のケルビム的側面とセラフィム的側面を歌った詩集であることを明らかにしているのである。すなわち、後者の詩集が目的とするところとは、「聖なる愛の欲がいや増しに増すことによって、「読者である」あなたの心に神の愛の至福の炎が燃え上がる」ことにあり、前者のそれは「あなたの魂の目を導いて神の観想へと向けさせる」ことである、と明言している。すなわち、この二冊の詩集によって、読者は「あるときはセラフィムのように天上の愛に燃え、あるときはケルビムのように目をそらすことなくひたと神を見る」（W. EV-13）ことができるのである。人間の魂プシケーとその花婿イエスの愛の交歓を旧約聖書の『雅歌』に題材をとりながら歌った牧歌『聖なる魂の歓び』と、そしてこの『ケルビムの遍歴者』は、いわば観想的生における二部作としてシレシウスによってはっきりと位置づけられていたのである。

二　神秘神学詩人シレシウス

ヨハネス・シェフラーがなぜアンゲルス・シレシウスという筆名に生涯にわたってこだわりまたこれをこよなく愛したのか、その理由はもはや明らかであろう。彼は、神秘神学的階梯における「天使的生」（vita angelica）をわが身に引き受けようとしていたのである。

すでに述べたように、擬ディオニュシオス文書によれば天使のヒエラルヒアは三階梯ないし九階梯を構成している。そして、神との合一を目指す探求者、すなわち遍歴者は、この九層の天使の階梯を修行と瞑想とによって一つ一つ登っていくのである。[21] このような魂の登攀は、天使的性質という側面から見るならば、魂がそれぞれの階梯においてその階梯に配当されている天使へと変容しつつ最終的には知性と霊的感覚を超絶した神的なものへと上昇する過程となっている。また、これを神の側から見るならば、神は天使のうちに住みつつ、天使をして魂をさらに高い段階へと上昇させるべく不断に働いている、ということを意味していることになる。つまり、シレシウスの二詩集『ケルビムの遍歴者』と『聖なる魂の歓び』は、魂のケルビム的階梯とセラフィム的階梯を歌った詩集と位置づけられるのであり、それをシェフラー自身に即して述べるならば、彼はみずからを知天使ないし熾天使に擬しつつ神と魂のウニオという事態ないしそれへと至る遍歴過程を詩形式を用いてシレジアの地から宣べ伝える神の使いであるという自覚を強烈にもっていた、ということになるのである。以下にあげる歌は、そのような意味で『ケルビムの遍歴者』におけるケルビム的道程とセラフィム的道程を的確に言い表している詩といえよう。

「ケルビムは神のみを見る
この地においてほかならぬ神のみに目を向けつづける者こそ、
かの地において神の御座近くに侍るケルビムとならん。」（W. II-184）

「セラフィム的生
愛からいでて立ち、愛を呼吸し、語り、歌うことこそ、

その一生涯をセラフィムの如く送る者にほかならじ。」(W. II-254)

ところで、先にその一部を引用した箇所であるが、ボナヴェントゥーラは『魂の神への遍歴』において、上記のことと関連しながら以下のようなことを述べている。

「……ベルナルドゥスは、エウゲニウスに宛てて次のように語っている。『神は、セラフィムたちにおいては愛として愛し、ケルビムたちにおいては真理として知り、トロノスたちにおいては公正として座し、主天使たちにおいては威厳として君臨し、権天使たちにおいては根源として統治し、能天使たちにおいては救済として守護し、力天使たちにおいては力として働き、大天使たちにおいては光としてあらわれ、天使たちにおいては敬神として助力する』と。これらすべてのことから、精神のうちに神を観想すること自体によって、『神がすべてのものにおいてすべてである』〔Iコリ一五・二八〕ことが見られるのである。神は、溢れんばかりの愛の賜物によって、この精神のうちに住んでいるからである。[22]」

そして、興味深いことであるが、シレシウスにも同じような内容をもつ歌がある。

「神はすべてにおいてすべてをなす
すべてにおいてすべてをなすは神なり。セラフィムにおいて神は愛す、
トロノスにおいて神は支配す、ケルビムにおいて観照するなり。」(W. V-215)

「神に恋する者の願い
われに、三つのものになる願いあり。ケルビムの如くに光を受け、
座天使の如くに安息し、セラフィムの如くに燃え立つことなり。」（W. III-165）

「人間たる者、三重に天使なり
神のなかに安らぐは座天使なり。見神するはケルビムなり。
純粋な愛のゆえに神のなかへと溶けいるはセラフィムなり。
われ、この三者を見いだすは、一個の魂の裡にほかならず。
されば、聖なる人、三重に天使たることを義務とするなり。」（W. IV-108）

最初に引用したシレシウスの詩は、ボナヴェントゥーラと同様、コリント前書一五章二八節を踏まえている。ただし、宇宙万象を統治する神、あるいは万象に内在する神という面よりも、むしろ万象ないし人間の魂に積極的に働きかける神を強調するという聖句の改変がこの詩句には加えられている。しかし、神秘階梯を遍歴する魂たちを天使に見立て、そこに働く神のさまざまな救いの業の相を、すなわちウニオという究極的到達点へとしきりに誘う神の行動の相を詠んでいる点では共通している。この両者の内容的類似は、いうまでもなく偶然のゆえではない。シレシウスは、この詩において明らかにボナヴェントゥーラの著作を下敷きにしながら作詩していると推測してほぼまちがいない。[23] また、トロノス、ケルビム、セラフィムの三天使を一組としているのも、擬ディオニュシオス文書の天使論の伝統を踏まえているのである。もっとも、シレシウスの詩すべてに先人のあとが窺

えるということではない。しかし、その詩の多くに何らかの意味で先行する思想的素材が必ずといってよいほど存在することも否定しがたい事実なのである。これはいったい何を意味しているのであろうか。

一般に、シレシウスは〈神秘思想詩人〉と目されている。[24] 彼の詩の多くが、なによりも神秘思想にかかわる事柄を内容としているからである。しかし、彼を神秘思想詩人と呼ぶことには、いささか躊躇を覚えざるを得ない。私見によれば、〈神秘神学詩人〉とでも規定したほうが、詩人シレシウスの本質をはるかに的確に言い当てているように思われるのである。その理由は、『ケルビムの遍歴者』が、上に見たように、また以下具体的な詩を検討するさいに見るように、神秘神学の伝統と堅く結びついている事実が存在するからというにとどまるだけではない。また、シレシウスの自己確認として、『ケルビムの遍歴者』序末尾で、リュースブルク、タウラー、ハルピウス（Harphius van Erp 一四〇五頃―七七年）、『ドイツ神学』などデヴォチオ・モデルナ運動において神秘神学の形成に寄与した神秘家たちの名や代表的著作ばかりでなく、「その著『神秘神学』および『［神秘神学の扉を開く］鍵』によってこの〈神秘〉神学の友に多大の貢献をなしたイエズス会士マキシミリアン・ザンデーウス［Maximilian Sandäus 一五七八―一六五六年］」（W. EV-22）の名をあげながら、自分のエピグラムの思想的源泉を告白しているからばかりでもない。[25] ギリシャ語の語源からすれば、詩（poiêsis）とは神の創造（poieô）であり、神への服従の謂いである。[26] 詩人（poiêtês）とは、神の霊に襲われて神の創造に参加するよう招かれた者のことといえよう。あるいは、シレシウスのほぼ一世代あとに出てきた同じブレスラウ出身の詩人クールマン（Quirinus Kuhlmann 一六五一―八九年）のように、神の預言者の謂いでもある。シレシウスに、はたしてこのような意味での詩人としての資質が授けられていたか否かを、ここで問題としておく必要がある。この問いは、とりもなおさず、神秘思想と神秘神学とを分かつ精神の傾きの相違とは何か、ということと密接にかかわり合うからである。あるいは、いっそう端的に次のように問うてみてもよい。はたしてシレシウスに神秘体験とでもいうべき決定的な超越体験があったのであろうか、と。

『ケルビムの遍歴者』の序末尾で、シレシウスは、「これらの詩の大部分は、作者が前もって熟考を重ね思考を練り上げてできたというていのものではなく、ひとえに一切の善の源である御方によってごく短期間のうちに書きおろされたのであり、第一書などは四日間で完成を見たのである」（W. EV-22f.）と語っている。すなわち、第一書の詩三〇二篇がわずか四日というきわめて短い時間のうちに書き上げられたというのである。しかし、ここでシレシウスが語っているのは、ことばの厳密な意味での神秘体験ということではまったくない。そうではなくて、詩作のインスピレーションが集中的に持続した至福の創作体験を彼は誇らしげに、かつ慎ましやかに語っているのである。詩神の霊に襲われたという意味において、シレシウスを真正の詩人とすることに異議はない。しかし、彼が痛切な神秘体験を得、その否定しがたい超越体験と格闘しつづけ、それを深く内省した果てに詩としてその内容を言語化したと考えるならば、それは彼の詩の本質を大きく見誤ることになるであろう。彼の詩の素材は、神秘神学として、たとえばザンデーウスの著作に典型的に見られるように、すでに整理されつくされた形ですでに手元に存在していたのである。この素材を、シレシウスは珠玉の詩へと結晶化したのである。彼の天才はこのような意味での作詩の技量の冴えにこそあったと見られるべきであり、真正の神秘家に観察されるような、言語による新しい世界の構築という点にあったのではないと思われる。そして、シレシウスを神秘思想詩人とせず、むしろ神秘神学詩人とする由縁もまた、まさにここに存するのである。

シレシウスに絶対的な神秘体験が存在しなかったことはほぼ確実といえる。それは、詩を含めた彼の著述のなかに自己の神秘体験についての直接的記述はもとよりそれを仄めかす箇所すら見当たらない、という理由だけからではない。ある人物が自己の神秘体験について語ったか語らなかったかということは、その人物を神秘家ないし神秘思想家と見なすか否かを決定する積極的な根拠とはなりえないのである。なぜならば、神秘体験を巧みに虚構することも可能だからである。また、自己の神秘体験をみだりに口外しない神秘家も数多く存在するからである。たとえば、エックハルトは、個人的幻視に惑溺したほぼ同時代の女性神秘家たちとは対照的に、自己の神秘体験それ自体を生のままで個人的に語るということを一切しなかった思想家である。ベーメも、自分の備忘のためだけに書きとめ人の目に触れることを予期していなかった『曙光』のなかでのみ、わずかに自己の神秘体験を述べただけである。とするならば、神秘体験を語る語らないは問題とはなり得ない。むしろ、ある人物が神秘家ないし神秘思想家であるか否かを決める指標は、神秘体験を体験したその人物が、それを自己の問題として実存的にとらえ返し、その個人的体験を普遍的地平に至るまでに言語化しえたか否かという点にこそ求められなければならないといえよう。そして、そのような意味でのことばによる創造行為とは、ことばがことばを破壊しつつ新たなことばを誕生させるというたくましい力動性のことであり、その人物のなかでこそかけがえのないものとして誕生した、これまでにない新しい輝きをたたえたことばによって未曾有の世界がつくられていく、ということなのである。

いささか酷な言いようになるが、シレシウスの詩には、このような意味での新しさが決定的に欠けているように思われる。この事実は、二つのことを言い表している。一つは、彼には生涯を決するような神秘体験が欠如していたということである。また、たとえ神秘体験があったとしても、上に述べたような意味でその神秘体験を自己の内部で成長させることができなかったということである。彼の詩には、神秘体験によって与えられる究極的なヴィジョンがそなえもつ激烈なまでの明るさと底なしの深淵、そしてそのヴィジョンを内面世界のなかで高くかかげつつ歩まざるを得ない者が必然的に直面せざるを得ない言語との真剣な格闘が希薄だからである。それは、たとえばエックハルトのドイツ語説教がもっている言語の躍動と新しさ、そしてそれはエックハルトが神秘体験によって絶対的なものとして与えられた名づけえぬものになんとかして手を延ばすために行った言語上のスリリングな実験と比べれば一目瞭然なのである。(27)

第二は、シレシウスの作詩の姿勢にかかわる。シレシウスは、神秘神学においてすでに体系的に登録されている用語を利用することによって作詩を行っている。彼の最大の関心は、一見、神秘体験というそれを体験した当人にとっては空前の出来事に向かいあっているかのように見える。しかし、シレシウスは、詩神の霊の道具となりつつ、神秘神学を詩によっていわば説明してしまっているのである。彼は、神秘神学的階梯の里程標を詩によって示そうとしたのである。あたかも、ケルビムのお遍路道のかたわらに置かれた道祖神のように。と同時に、彼の関心は、神秘神学のエッセンスを当時の流行であった二行連詩の形式にいかに技巧的に表現するかに徹頭徹尾向けられている。神秘神学の内容は難解である。その難解な内容を、この短詩が要求する厳格な形式、すなわちヤンブス、脚韻、第三強勢のあとに必ず設けられる区切り等の諸々の形式を非の打ちどころなく用いて詠むということに、彼の情熱と天才が発揮されるのである。(28)それだからこそ、たとえば、同様の試みをシレシウスに先行して行ったダニエル・ツェプコ（Daniel Czepko　一六〇五―一六六〇年）の二行連詩と比較して、いかにシレシウスのほうが同じ内容を歌いつつも詩としての洗練度、完成度が高いか、というようなことが今日議論され得るのである。(29)シレシウスが、第一版で『霊にあふれた格言詩・脚韻詩』という題をつけたのはもっともなことといえる。世の人々の耳目をそば立てずにはおられない才気走った「エスプリ」がこの詩集のなによりの眼目だったからである。

さて、以上のことから次のようなことが結論として引き出せるであろう。まず、シレシウスを〈神秘家〉として遇することはきわめて不適切だ、ということである。神秘家にとって当然問題となるべき神秘体験に相当する核心的なものが、彼にはあまりにも希薄だからである。あるいは実存的に自覚されていたといえないからである。また、シレシウスを神秘〈思想家〉として理解することもむずかしい、ということである。彼のことをことばによって思索する人間とはいいきれないからである。それでは、彼は神秘〈神学者〉だったのであろうか。彼には、神学者としての学問的訓練が欠けている。また、概念を一つ一つ積み重ねて神学の一領域をねばり強く構築しようという関心もない。したがって、シレシウスは、神秘神学者でもありえないのである。では、シレシウスとは何者だったのであろうか。彼は、なによりも〈詩人〉だったのである。しかも、単なる宗教詩人であったのではない。また、神秘思想詩人であったのでもない。彼の真骨頂は、まさに〈神秘神学詩人〉にあったといえるのである。『ケルビムの遍歴者』の詩がもつ、第一級の美的にして知的な世界の圧倒的なすばらしさと、それとは裏腹な退屈さは、このようなシレシウスという存在のあり方と密接に絡み合っていたと考えられるのである。

これと関連して、彼の詩がもつ神秘思想上の限界ということについて、少しく述べておきたい。それは、短詩という形式とその内容にかかわることである。制約の多い二行連詩という形式がはたして神秘神学ないし神秘思想を語るにふさわしい器であり得たのかどうか、これは一考に値する問題である。しかも、シレシウスは、論述という形式で神秘神学について語ることをしなかった人物である。あるいは、それをするに充分の学識があったにもかかわらず、自分の詩に解説を加えその内容について蘊蓄を傾けるということをあえて行わなかった人物である。その点、自作の詩にもとづいて自己の神秘思想を存分に語ろうとした十字架のヨハネの『カルメル山登攀』や『愛の生ける炎』、あるいは空海の『即身成仏義』とはまったく異なる姿勢を彼は示している。ある意味で、シレシウスは、自己の詩に対してきわめて禁欲的だったのであり、作品中心主義だったともいえるのである。しかし、このような態度は、場合によっては彼の詩の理解を阻むものとしても立ち現れてくる。シレシウスの詩には、コンテクストが欠落するという事態がかなりしばしば起きているからである。そのために、彼の詩は、曖昧な理解に終わるというおそれに絶えずつきまとわれざるを得ないことになる。また、感興にまかせて歌われたこれらの詩は、神秘神学の魂の階梯にそって配列されているわけではまったくない。この事実は、一方では『ケルビムの遍歴者』という詩集がもつ詩集としてのすぐれた美点であり、神秘神学という学問に対する詩集としての的確な抵抗、および芸術的独立性の保持と高く評価することができるであろう。しかし、それが彼の詩にたえずある種の内容上の致命的な誤解を生むことにもつながっていることも看過することはできない。彼は詩人である。作詩の際に自分の意志と認識を超えた地平で生まれた詩が謎を宿しているのであれば、その謎を謎としてありのままに提示するということがあってもなんら不思議ではない。にもかかわらず、この詩集が運命的に担わされている不幸な限界を見過ごすことはできないのである。

三　無とそのメタファ

さて、『ケルビムの遍歴者』に収められている神秘神学詩のすべてが、擬ディオニュシオス文書やボナヴェントゥーラの著書に主張されているような、ケルビムや時にセラフィムをめぐる主題のみを追求しているわけでは無論ない。すなわち、知性による認識の風景を歌う詩や、知解の超絶した領域で回復され霊的感覚によって体験される、花婿イエスと花嫁である魂との愛の褥という合一への希望をはるかに仰ぎみる詩ばかりではないのである。シレシウスは、知性ばかりか合一の法悦をもはるかに超えた神性の無にまで、歌の触手を伸ばしている。ケルビムの階梯はもとより、セラフィムの階梯をも超脱して、神を神たらしめ人間を人間たらしめる、存在を超えた存在である無の深淵にまで魂が上昇する（あるいは下降する）事態をすらシレシウスはゆうゆうと把握しているのである。ケルビムとセラフィムを超えた領域にこそ魂の究極的な完成があると認識していたことは、次の詩からも明らかである。

「認識の彼方へ至るべし
ケルビムによる認識、そはいずれもわがこころを歓ばせることあたわず。
ケルビムをも超脱し、無の認識される領域にてこそ、われ天翔けたし。」（W. I-284）

「ひとり神のみ歓びを授く
去れよ去れ、汝らセラフィムたちよ。汝ら、わが生命を甦らせることあたわず。
去れよ去れ、汝ら天使たちすべてよ。汝らにたとえいかなる輝きが輝かんとも、
いまぞわれ、汝らに与するこころなし。われのわが身を捨て果つるは
ただ一つ、創造されざる、赤裸の神性の海にほかならじ。」（W. I-3）

「そっくり神となるべし
主よ、汝に天使のごとく仕うるは、かつまた神々［天使たち］の完全さもて

汝の前にて緑なす芽をいだし繁茂するは、わがこころを楽しますことあるなし。
そは、われにはあまりにも悪しきなり、わが霊にとりてあまりにも卑小なり。
正しく汝に仕えんとする者、よろしく神以上たるべし。」（W. I-4）

これらの詩には、マイスター・エックハルトの神秘思想が色濃く刻印されている。とくに三番目にあげた詩には、grünen という動詞が使われていることからも分かるように、エックハルトの中心的な教えである〈魂のなかにおける神の子の誕生〉が間接的に織り込まれているのである。事実、『ケルビムの遍歴者』には、いわばケルビムの認識をも超えた究極の認識を詠む歌が数多く載せられている。すなわち、無、神性、一者、深淵、無名、無像、放下、沈黙、砂漠、闇、底、底なし、海、泉、神の子の誕生、繁茂、開花、何故なしに等、エックハルトの神秘思想を想起させる用語やメタファにあふれているのである。

この事実は、一見すると、ボナヴェントゥーラがいう意味におけるケルビムの知解の神秘神学的理解と矛盾するかのような印象を与えるかもしれない。フランチェスコ会第七代総長にして熾天使博士の称号を得たこのスコラ神学者にとって、ケルビムはセラフィムによって乗りこえられるべき階梯であり、究極的には知性の認識や霊的法悦をも超えた永遠の静寂、安息、眠りにこそ魂は到達すべきであると考えられていたからである。そして、その究極の境地は、いうまでもなく認識の到達し得ない、脱言詮の領域なのである。ところが、シレシウスの詩には、セラフィム的階梯の対象であったイエス・キリストという人格神をも超えた神性ないし無の領域を知性によって可能なかぎり認識しようとする態度がラジカルに表明されている。あたかも、ボナヴェントゥーラのいうケルビム的知解を超えた高次の知解が存在し、それこそがまことのケルビム的知解であるかのような理解の仕方なのである。

シレシウスのこのような理解には、それなりの理由がある。一つは、エックハルト的思想を語る詩の背景には、フランチェスコ会とは異なるドミニコ会の神秘思想理解が存在するからである。前者の神秘思想においては、伝統的に意志ないし愛が知性よりも高位の能力としてかかげられている。ボナヴェントゥーラの神秘神学に見られるとおりである。一方、ドミニコ会系の神秘思想は、知性の限界を認識しつつ、魂の能力として知性を意志や愛よりも高く評価する。エックハルトが、ボナヴェントゥーラ的なケルビムの認識や、花嫁神秘主義（Brautmystik）と一般に呼称されている魂とイエスの愛の交歓のドラマに満足することなく、情意と知性の限界を痛切に踏まえつつことばの認識力に依拠して無の領域についてともかくも語り得たのは、このような魂観が大きくあずかっていたと思われる。シレシウスがエックハルト的な神秘神学詩を詠むにあたっては、彼はこのような思想的枠組みに身を委ねていたのである。そして、シレシウスが依拠した神秘神学とは古今のあらゆる神秘思想の集大成という性格を必然的に帯びるものであったのであり、したがって神秘神学における思想的シンクレティズムは避け得ない必然だったのである。これが、理由の第二である。ただし、このようなシンクレティズム的事態を一方的に否定的意味合いをもってのみ語る必要がないことは、歴史が証明している。確かに、シレシウスの場合にあっては、その生涯を閲すれば明らかなように、神秘神学によって超宗派的視点を獲得し得なかったという事実は厳然として残ってはいる。しかし、その次の世代であるポワレやアルノルトにあっては、カトリック教会、プロテスタント教会、東方ギリシャ正教会、イギリス国教会、あるいはまたフレンド会や再洗礼派等のセパラティズム的な諸宗派などというように分裂に分裂を重ねてきたキリスト教界を再統合するエキュメニカルな視点が、シンクレティズム的だと非難されがちであった神秘神学を梃子にして、時代に先駆ける形で提出された事実を看過するわけにはいかないのである。

さて、以下において、エックハルト的な用語が用いられているシレシウスの詩をいくつか見ておきたい[30]。

エックハルトにとって、神は単なる存在ではなく、存在の存在と理解されている。しかし、それは人間理性の認識能力を超えた名づけえないなにものかであることから、人格神としての神を超越した「神性」（Gottheit）、あるいは存在の対極にある「無」（Nichts）などと呼ばれる。したがって、それは被造物性とは一切無縁な地平においてはじめて自己を顕してくるなにものかにほかならない。そして、存在の真実なあり方であると直観されるこの無と出会うために、人間はすべての人間的な思い計らいや観念を離脱しなければならない。一方、神自身もまた、自己にまとわりつく一切の属性や名を捨て去って裸の神にならなければならない、とされるのである。

「被造物の外にある神
行け、汝の行き果てぬ場所へ。視よ、汝が目のとどかぬ場所を。
聴け、無の鳴り響く場所にて。その時にこそ、汝、神のことばする場にあり。」（W. I-199）

「無こそ最善の慰め
無こそ最善の慰めなり。神、その光の着衣を脱ぎ捨てるとき、
かの赤裸の無、悲嘆のなかにありて汝の慰めとならざるを得じ。」（W. II-6）

「神は捕捉することあたわず

神は純粋な無。いまもここも（時も場所も）神に触るることなし。
神を捉えんとせば、神、いよいよ汝より逃れゆくべし。」（W. I–25）

無なる神は、認識も言語も到達しえない領域に存在する。したがって、この語りえぬものを語るために、否定を重ねる手法がとられる。「神はAである」という肯定的な言説はまことの神を表現し得ない言説として捨て去られ、それに代わって「神はAではない」という表現が選びとられる。さらに、この否定表現は、「神はAでありかつAではない」といういっそう高次な否定の論理へとエスカレートしていく。否定神学の伝統である。否定が否定を繰り返すことによって、無が論理を超えた存在であることが強調される。さらには、無の別名であった神性すらも超越されるべきものとして認識され、無が言表を超えた無名なるものであることが繰り返し明示される。沈黙が、無を語るに最も雄弁な手段となるのである。

「認識されざる神

神とは何か、知る者ぞなし。神は、光にあらず、霊にあらず、
法悦にあらず、一者にあらず、神性と名づけられるものにあらず、
知にあらず、理にあらず、愛にあらず、意志にあらず、善にあらず、
物にあらず、非物にもあらず、本体にあらず、ゲミュートにあらざればなり。
われら、神たるものになりきらずば、神、われの、汝の、被造物の
経験にいまだかつて触れざりしものにとどまりつづけん。」（W. IV–21）

「神なる存在

神なる存在とは何ぞ。汝、［神なる］わが限界を問わんとするか。
知れよかし、神なる存在、存在の存在を超脱せることを。」（W. II-145）

「神性を超ゆ

神につきての言説、われを満足させたることいまだなし。
超神性こそ、わが生命、わが光にほかならじ。」（W. I-15）

「神性は無なり

玄妙なる神性は無、無を超脱せる無なり。

一切に無を観ずる者こそ、かのものを見いださん。ゆめ疑うことなかれ。」（W. I-111）

「神は無にして全なり

神は、霊なり、火なり、存在なり、光なり。
されど、されど、かかる一切のものにもあらざるなり。」（W. IV-38）

「語り得ぬもの

汝、神の御名を語るに時のなかにて行わんとするや。

かの御名を言い表すは、永遠においてすら不可なり。」(W. II-51)

「神にあらゆる御名ありて、いかなる御名もなし
至高なる神を呼ぶにあらゆる御名をもて行うを得る。
されど、神にいかなる御名をも認むることあたわず。」(W. V-196)

「沈黙によりて語る
人間よ、汝、永遠の存在を言い表さんとせば、
その前に、汝、一切の言表を避くるべし。」(W. II-68)

「神の賛美は静寂のうちにこそ
おお、哀れなる人間よ、汝、なが口の叫び声を
静寂なる神性へのまことの賛歌と思いあやまりしや。」(W. I-239)

人間の言語によっては本来的に語り得ない無を語るには、以上のような否定による表現のほかにもう一つの方途が神秘思想の歴史においてとられてきた。メタファによる言表である。砂漠、闇、深淵、底なし、海など、擬ディオニュシオス文書以来キリスト教神秘思想のなかで古くから育まれてきた数々のメタファは、エックハルトやタウラーの神秘思想においてもそのアルカイックな姿を回帰させているが、シレシウスの詩のなかにおいても

それらのメタファが多く用いられている。

「神をも超えるべし

何処なりや、われのとどまるは。われと汝［神］の立たぬところにこそ。
何処なりや、われが目指す究極の目的地は。
なにものも見いだしえぬところにこそ。何処へ、われの行くべきや。
われ、神をも踏み越えて、砂漠へ赴くよりほかになし。」（W. I-7）

「霊は砂漠を目指す

汝、なが救い主にありて霊の翼を駆って飛翔することを得れば、
霊、付き添いて汝を霊の砂漠へと連れ行かん。」（W. II-175）

「観想

潔くあれ、口を閉ざし離脱せよ、山を登りて闇のなかへ参入せよ。
されば、汝、すべてを踏み越えて神の観照へと至らん。」（W. IV-36）

「神を観想す

光を超脱せる光をこの世の生にありて観るに、

闇のなかへ参入するより、よき道はなし。」(W. IV-23)

「神は闇にして光なり
神は、純粋な光輝にして、昏き無なり。
この無を、いかなる被造物も自らの光にて見ることなし。」(W. II-146)

「山の頂きに深淵を見るべし
底なしなり、神は。されど、神の示顕にあずかりたき者、
山頂に至るまで永遠の山を登攀すべし。」(W. V-29)

「深淵は深淵を呼ぶ
わが霊の深淵、つねに声をあげて
神の深淵に向かいて呼ばわる、いずれの深淵、深かりしやと。」(W. I-68)[31]

「神性の根底を極むる被造物なし
神性のいかに深きか、極め尽くし得る被造物あるなし。
神性の深淵の裡にては、キリストの魂すら消失せざるを得ず。」(W. V-339)

「海にありては一滴の雫も海なり
海中にありては、最も小さき雫たりとも、ことごとく海なり。
言えよかし、いかなる聖魂、神のなかにありて神ならざるや。」(W. VI-173)

「海にありては多は一なり
多くの穀粒にてパンなれり。多くの雫集まりて海なれり。
されば、われら多くの者、神のなかにては一の一なり。」(W. VI-174)

エックハルト的な用語を織り込みながらそれをこれらの詩へと手際よく結晶化させたその手腕には、読者をして目を瞠らせるものがある。とくに神秘思想に造詣の深い者や関心を寄せる者にとっては、これらの神秘神学詩は見晴らしのよく利いた小気味よい知的な喜びと瞑想を誘い出すものとして、あるいは神秘思想という迷宮の園のよき道標として受け入れられたであろうことは想像に難くない。しかし、神秘思想のマニュアル化、平板化という根本的な欠点も、これらの詩に否定しがたく看取されることも確かである。そして何よりも読者を困惑させるのは、シレシウスが言語遊戯と芸術的技巧に酔うあまり神秘思想のどのような事態を個々の詩において語ろうとしているのかが往々にして見通しがたくなっていることなのである。その典型的な一例を、次に検討することにしたい。

四　霊の貧しさと神の子の誕生

シレシウスの詩に、次のような一篇がある。人口に膾炙した詩の一つである。

「神、われなくば生きず
われは知る、われなくば、神、一瞬たりとも生くることあたわず。
われ死せば、神、必ずや息を引き取らざるを得ず。」（W. I-8）

(GOtt lebt nicht ohne mich
Jch weiß daß ohne mich GOtt nicht ein Nun kan leben /
Werd' ich zu nicht Er muß von Noth den Geist auffgeben.)

この詩はいったいどのような事態を語ろうとしている詩なのであろうか。

一読して、神を因とし人間を果とする、神と人間との常識的な関係が転倒されていることに読者はまず驚かされる。神があるから人間があるのではない。人間が存在しているからこそ神が存在しうるのであり、人間が死ねば神もその生命を喪失せざるをえない、というのである。神を第一原因とし人間をその被造物と見なすユダヤ・キリスト教の伝統において、この詩は根本的な価値の見直しを読者に迫っている。しかし、なぜ神にではなく人間に存在と生死というのっぴきならない主導権が与えられているのか、それについての説明はこの二行詩のなかではなんら加えられてはいない。また、その説明を前後の詩に求めようとしても分明とはいいがたい。しかし、これは一篇の完成した詩である。そのような説明を詩自体に求めるのは行き過ぎともいえよう。究極の認識を一つの詩に凝縮させ、それを一つの真理として読者におもねることなくただ提示するというところにこの詩がもつ優れた資質があるともいえるからである。また、神と人間の関係が第三者的なそれとしてではなく、神と生身の自分とのあいだのただならぬ事件として表現されていることは、すなわち神と一般的人間ではなく神とわれの問題として表現されていることは、シレシウスの詩がたたえている実存的喚起力として注目すべき視点と思われる。

しかし、それにもかかわらずこの詩が読み解きがたい詩でありつづけていることに変わりはない。読者は、この詩がもつ論理の奇抜さと韻律の美しさに感動すればそれで事足れりとすべきなのであろうか。たとえば、バーダーは、人間に内在する神の生命というよりは、被造物である人間と共生・共死する神の生命にこそこの詩の主題があることを述べ、その根底に神の愛を洞察しようとしている(32)。また、ショーペンハウアーは、生への盲目的な意志の表象こそが世界であるという自己の哲学の真髄をこの二行詩に認めようとしている。すなわち、この詩は、たとえごくつまらない一個の存在であってもそれが消滅するときには表象としての全世界もまたそれと同時に消滅せざるを得ないという認識を明らかにしたものであるというのである(33)。いずれも傾聴に値するかにみえる近代的解釈といえる。しかし、シレシウスの時代における神秘思想ないし神秘神学の伝統においては、この詩はどう理解し得る可能性を秘めていたのであろうか。以下、これについて考えてみたい。

まず、この詩の二行目に注目してみよう。この詩句のみを独立して取り出すならば、ルターの思想に沿って読みとることも不可能とはいえないことをまず指摘しておきたい。すなわち、zu nicht werden を「死ぬ」とか「滅びる」という意味を踏まえた上で利己的な自我において「打ち砕かれる」の意に解し、一方「息を引き取る」(den Geist aufgeben) の語句をイエス・キリストが神の子として十字架上の業を成就した「霊を渡す」瞬間(ヨハネ十九・三〇、マタイ二七・五〇、マルコ十五・三九)と重ね合わせて考えるのである。ルターは、詩篇注解の一つのなかで、詩篇六篇三節に関連して次のように述べている。「さて、人間が、自分のもつ力、業、本質すべてにおいて零落し打ち砕かれ(zu nichte wird)、もはや一個の呪われ見捨てられた哀れな罪人以外の何者でもなくなったとき、そのときにこそ神の救いと強さが到来するのである。つまり、ヨブ記十一章[十七節]に記されているように、[悪魔に]喰い尽くされたと気づいたその瞬間にはじめて、汝は明けの明星の如き光が輝き出るのを経験することになるのである」[34]、と。つまり、人間が自己の罪を徹底的に自覚し自力的救済を一切放棄せざるを得なくなったその瞬間に、キリストの十字架の業、すなわち救いの業が完成し、人間は神の恵みによって救われる、という信仰の立場である。

しかし、シレシウスは、この詩句の二行目で以上のようなルター的解釈を許容しているわけでは決してない。むしろ、彼の意図は、それとは別のところにおかれていたと考えるほうが当をえている。この詩行の中心部に、muß という単語が、そして von Noth という単語が打ち据えられているからである。神が人間に「強いられて」息を引き取ら「ざるを得ない」とはどういうことなのか、救いの主導権は神にではなく人間のほうにこそあるとでもいうのであろうか、とルターの信仰観に親しんでいる読者は混乱させられることになるのである[35]。

ところで、興味深いことに、シレシウスは序のなかで他の三篇と併せてこの詩に言及している。短いものとはいえ、自詩自解は彼にとってきわめて異例のことといえる。それによれば、この詩に歌われている神は父なる神ではなく、イエス・キリストのことだとされている。そして、この詩の主題は、「まことの神であるキリスト……その彼の比類なき愛の業をわれわれに理解せしめる」ことにあり、その業とはキリストとの愛にあふれた

「合一」（W. EV-21）であり、われわれが「キリストにおいてその完全な子ないし息子へと到達すること」（W. EV-20）だと述べている。そのように解釈することによって、「神、われなくば生きず」という逆説的な題が、人間あってこそのキリストの受肉であり受難であることを逆の方面から表現しているのだ、と説明しようとするのである。すなわち、キリストの受肉と十字架は、キリストが「われわれを再び自分のもとに招き寄せ、ほかならぬわれわれと永遠に喜び楽しむことができる［箴八・三一］ため」（W. EV-21）だというのである。ちなみに、序において併せて指摘されている他の三篇とは以下の詩である。

「神に等しく豊かなるはキリスト者なり
神に等しく豊かなるは、われなり。神と共有せざりしもの、
（人間よ、わがことばを信ぜよ）塵一つあることなし。」（W. I-14）

「純粋さ
われの、純粋なる存在になり変われるは神によりてにありしかば、
われ、神を見いださんとするに、神以外の何処にも顔を向けることなし。」（W. I-95）

「神、われなくば何事もなしえず
神、われなくば、虫けら一匹たりともつくるを得ず。
われ、虫けらを養うに神と共にせずば、虫けら、たちまちぷちりと裂け散らん。」（W. I-96）

確かに、シレシウスの指示にそって第一書八の詩を理解することは不可能ではない。そのように読みこもうとするならばそう読めないことはないのである。第一書一四に指摘されているように、魂は、イエスとの合一によって神と等しい財産と豊かな能力をすべて自分のものとすることができる。魂は、ここにおいてお互いに心から尊敬し得る、神と同等の存在へと高められている。一方、神は、愛しい魂に屈服し、底知れぬ無限の愛のゆえにかえって魂に心から奉仕する存在へとへりくだるというのである。そして、相思相愛の恋人同士である神と人間の関係は、神の側からいえば、意中の恋人である魂を万一失うようなことがあれば、神自身恋に焦がれて息絶えなんとせざるを得ないほどである、というのである。シレシウスの解釈は、それはそれで見事なものといわざるを得ない。

しかし、である。この詩に関してはなお納得できない部分が残る。神ではなく人間に一切の主権があるかのように述べる二行目は、シレシウスの説明によって本当に読みきれているのであろうか。バーダーは、先に指摘したのとは別の著作において、この詩について次のようにも語っている。すなわち、この詩においてシレシウスが意図しているのは、神に等しくなった人間と神自身を本質性という点で取り違えてはならないということであり、神化した人間が神の不壊性、永遠性に参与したときに認識される人間と神の関係なのだ、というのである。(36)また、別の箇所では、バーダーはこのように語っている。すなわち、この詩が述べているのは、神が生命を与えたその生命を神が滅ぼそうとするとき、神は自己自身を捧げるであろうということである、と。(37)

『ケルビムの遍歴者』の序は、面白いことに、同詩集がケルビム的階梯の詩集であるということを冒頭に述べているにもかかわらず、セラフィム的解釈において神秘神学が語られているという一種のねじれ現象を起こしている論である。シレシウスの神秘神学理解が、フランチェスコ会系のそれを強く継承していたことは、その序から明らかである。というより、近世における神秘神学とは本来的にそのような傾向をもっていたということである。当然のことながら、バーダーもこの序を読んでいたと推測される。彼もまた、その線にそってこの詩を理解しているのである。しかし、ヘーゲルにエックハルトとベーメの存在を教え、一九世紀における神秘思想復活に対し決定的ともいうべき寄与をなしたバーダーのことである。上にみた彼の解釈からは、セラフィム的視点を超える口吻がわずかに聞き取れるのである。エックハルトによれば、人間ばかりではなく、神もまた神という自己に対する観念性を打ち破らなければならない。神と人間の因果関係が打破されたところに、神ならざるまことの神、人間ならざるまことの人間が、存在の存在として輝き得るのである。不壊の神と神人へと変容した人間の同等性に関するバーダーのことばには、セラフィム的理解とは異なるエックハルト神秘思想の視点が挿入されているのである。

とするならば、この詩をエックハルト的に理解することは、そしてエックハルト的という意味においてケルビム的に理解することは、はたして可能なのであろうか。その手がかりは一行目の Nun ということばにある。「瞬間」と訳したこの単語は、本来は「いま」の謂いである。そして、この「いま」は、エックハルトの思想において「永遠のいま」に通じる重要な役割を担わされている概念なのである。すなわち、神を神たらしめ、人間を人間たらしめ、花を花たらしめ、石を石たらしめる、かの名づけえないもの、かの存在の秘義が拓かれ啓示された存在者にとって、現在という「とき」は、終末論的な神の国につうじる「永遠のいま」として立ち現れてくるのである。したがって、この詩の一行目は、

「われは知る、われなくば、神、永遠のいまにおいては生くることあたわず」

と理解することもできるのである。

しかし、「われなくば」という条件は、いったい何を意味しているのであろうか。また、二行目においてやはり同様に繰り返される「われ死せば」という条件は、いったいどのような思想から発せられているのであろうか。神をも動かす「われ」のこのような主権性の考えは、私見によれば明らかに同じくエックハルトの神秘思想に由来するものと思われる。彼のドイツ語説教『三つの内なる貧しさについて』は、山上の垂訓における第一福「霊に貧しい者たちは幸いである、天国はかれらのものである」(マタイ五・三)にもとづき、魂を至福へと導く〈霊における貧しさ〉とはどういう事態を指すのかをめぐって議論が展開されている。それによれば、霊の貧しさは、意志、知識、所有からの徹底的離脱として理解されている。すなわち、無意志、無知、無所有こそが、人間の魂にとっての、至高の貧、至純の貧、極限の貧であると説かれている。そして、意志や情意を捨て、知識や認識を捨て、さらには所有をも捨てはてた地平において、イエスと魂の愛の合一をも超える究極の神体験が引き起こされるというのである。エックハルトのこの教説がシレシウスの詩理解の重要な思想的背景を形成していると思われるので、以下霊の貧しさについて概観しておきたい。

貧しさの極北として提示された無所有に関するエックハルトの教説には、常識的理解を覆さずにはおかないラジカルな思想の躍動性が卓越した形で表明されている。ここにいう無所有とは、地上の物質的事物を所有することに対する戒めとしてのそれではない。所有についてのそのような観点は、エックハルトにいわせれば、真実を含んでいるには相違ないが、「外なる貧しさ」にかかわるにすぎないものなのである。ここで問題にされているのは、「霊の貧しさ」、つまり「内なる貧しさ」である。そして、エックハルトのいう無意志とは、神の意志をすら満たそうと意志しない、自己の意志からも神の意志からも自由な意志のあり方を指していたように、また無知とは、自分のなかにおける神の働きに対してなんら知ることのないほどに知識や認識から自由なあり様を意味していたように、極限の貧しさである無所有とは、自己のなかに神が働く神固有の場とでもいうべきものをも一切もたない精神のあり方をいうのである。

それでは、このような霊の貧しさの段階にまで到達した魂は、どのような未曾有の事態に遭遇することになるというのであろうか。このことについて、エックハルトは、この説教の最後の部分で次のように述べている。いささか長くなるが、重要な箇所なので該当箇所を次に全文引用しておきたい。

「このように、人間が、神の働きうるいかなる場所でもなく、またいかなる場所をも所有しないほどまでに貧しくなければならない、とわたしたちは説くのである。人間に［そのような］場所が保持されているかぎり、人間には［神との］差別が残ることになる。それゆえにこそ、わたしは神に請い願うのである、われを『神』から自由にし給え、と。というのも、わたしたちが神を被造物の始まり［起源］と理解するかぎり、わたしの本質的存在［存在の存在］は『神』を超えたところに存在するからである。なぜならば、神のかの存在のうちにこそ、すなわち存在を超え差別を超脱して神が存在するところにこそ、わたし自身が存在していたからであり、［『わたし』という地上の］この人間を創造するために、そこにおいてこそわたしはわたし自身を意志し、わたし自身を認識したからである。だからこそ、永遠なるわが存在からすれば、わたしはわたし自身の原因となっているのであり、時間的であるわが生成からいえばそうではないのである。そして、それゆえにこそ、わたしは誕生していないのであって、かつ生まれていないというわたしのあり方からいえば、わたしが死ぬということは決してありえないのである。生まれていないというわたしのあり方からいえば、わたしは、永遠の昔から存在していたし、いま（nû）も存在しているし、永遠に存在しつづけるであろう。［一方、被造物としての］誕生に従って『わたし』であるものは、死なければならず、滅び（ze nihte werden）なければならないのである。なぜならば、それは、死すべきものだからである。したがって、それは、時間とともに朽ちざるを得ないのである。わが［永遠なる］誕生において、万物は誕生したのであり、［その誕生において］わたしはわたし自身と万物の原因だったのである。そして、もしもわたしがそう欲したならば、『わたし』も存在しなかったであろうし、万象も存在しなかったであろう。さらに、わたしが存在しなかったならば、『神』も存在しなかったであろう。神が『神』であるのは、わたしが原因なのである。もしもわたしが存在しなかったならば、神は『神』でなかったであろう。［もっとも］このようなことを知ることは、どうしても必要というわけではない。」

「ある偉大な師が、［神の根底をも突き破る］突破（durchbrechen）は流出（ûzvliezen）よりも高貴であると語っているが、これは真実である。『わたし』が神から流出したとき、万物は、神あり、と語った。しかし、このことは、わたしに幸いを与えることはできない。この場合、わたしは、わたし自身を被造物として認識するからである。それよりも、突破においては、つまりわたしがわたし自身の意志や神の意志、あらゆる神の業、神自身から自由であるところにおいては、わたしは、すべての被造物を超えて存在するのであり、『神』でもなく、被造物でもなく、さらにいえば、わたしはわたしがかつてあったところのもの、そしていまも、またこれからもずっとありつづけるところのものなのである。そこ［突破］において、わたしは、一切の天使を超えてわたしを引き上げゆく跳躍（îndruk）を受け取る。この跳躍によって、わたしは、神が『神』である一切をもってしても、また神の『神』としての業一切をもってしてもわたしを満足させることができないほど豊かな富を受け取るのである。この突破によって、わたしと神が一であることがわたしに与えられるからである。そこにおいては、わたしはわたしがあったところのものであり、そこにおいては、わたしは減少もしなければ増大もしないのである。なぜならば、そこにおいては、わたしは万象を動かす不動の原因だからである。ここに至って、神は人間のうちにいかなる場所も見いだささない。というのも、人間は、この貧しさによって、自分が永遠の昔からあったところのものを、そしてこれからずっとありつづけるところのものを獲得するからである。ここに至って、神は霊と一つとなり、そしてこれこそが、人に見いだされうる極限の貧しさなのである。」

「この説教を理解しない者がいても、このことでこころを悩まさないでいただきたい。なぜなら、この真理に等しくならないかぎり、この説教は理解できないからである。まことに、これは、神のこころから直接ほとばしりでた、ヴェールを取られた真理にほかならないからである。(38)」

ここには、古代中世の神秘思想と近世のそれとを分かつ決定的な体験と思想が語られている。エックハルトは、被造物との関係にある神を、括弧つきの神と理解する。あるいは、存在の根拠としての神、第一原因としての神を、被造物に対してその存在を被いた低次の神と把握するのである。それは、エックハルトの理解によれば、究極的な神ではありえない。究極の神とは、一切の被造物ないし被造物性から完全に離脱した神でなければならない。それは、あらゆる意味における絶対他者としての神である。一方、人間存在に関しても、エックハルトは同様の考えを述べる。人間が被造物であるかぎり、それはまことの人間とはいいがたい。それは、括弧つきの神と同様、括弧つきの人間なのである。人間の魂の最内奥には、創造・被造の関係とは一切無縁である「神の火花」

が秘められている。人間存在の高貴さは、まさにこの非創造性にこそ求められるべきなのである。しかし、どのようにして人間は、キリスト教的人間観において本質と見なされる自己存在の被造性を脱却して非被造性を獲得できるというのであろうか。ここに至って、エックハルトは、霊における貧しさという教説を述べはじめるのである。

エックハルトの貧の思想は、人間存在の自由の問題と不可分にかかわっている。霊的貧困とは、自己中心性および一切の関係性からの脱却を意味している。自由とは、エックハルトの理解によれば、自己を束縛するもの一切からの解放ないし脱却の謂いである。そして、脱却すべき対象とは、なによりも自分は自分だと語ってはばからない自己自身であり、さらにはまたその自己自身を創造と被造という関係性へとたえず搦めとろうとする、かの括弧つきの神にほかならないのである。したがって、ここには、たとえばマルティン・ブーバーが語った、我と汝の関係においてあるいはこれにもとづいて形成される共同体において自己を顕す神という神理解、人間理解とは対極に位置するともいえる思想が展開されているのである。

究極の貧は、神の宮というキリスト教神秘思想において愛好されてきた神観・人間観をも乗り越えていく。霊的貧しさが赴くところとは、一切の因果律と被造性の網の目から自由な場所とならざるをえない。闇、深淵、砂漠などのメタファによって言い表される無の領域である。すべての衣を脱ぎ去り一糸まとわぬ赤裸の魂が存在するのに最もふさわしい場所とは、いうまでもなく否定の領域なのである。しかし、エックハルトの思想がこの地点で終わってしまっているのであれば、彼はヨーロッパにおける偉大な神秘思想家とはなりえなかったであろう。彼の神秘思想は、この地点で魂が遭遇した空前の事件を記録する。すなわち、括弧つきの神の姿が消えた魂の、砂漠化し一切の生命をもとどめない死の地平に、神の子であるイエス・キリストが一切の人間的思惑を越えて突如誕生するというのである。ここにおいて、人間はまったく異なった意味における神の宮として理解され直されることになるのである。

〈魂のなかにおける神の子の誕生〉という魂の事件は、近世ヨーロッパに新しい人間観をもたらすことになった。それまでの神秘思想においては、人間は、神ないし神の霊にとりつかれることによって、あるいは神が存在する超越界へと脱魂することによって、神との合一を体験するという構図を主にとってきた。その際、いうまでもなく、そこにおいて主導権を握るのはあくまでも神にかぎられていたのである。一方、エックハルトにおいては、奇妙な、しかし実に画期的な主導権の転換が起こっている。エックハルトによれば、無の砂漠、神性の砂漠において霊的貧しさを要求されるのは、人間の魂ばかりではない。神自身も例外ではないと認識されるのである。すなわち、括弧つきの神もまた、人間となんら変わることなく、一切の観念、一切の関係から脱却して自己から自由にならなければならないとされる。さもなければ、まことの神とは無縁の、括弧つきの神存在に堕してしまうからである。神は神の子を生みつづけることによってまことの神となる、という考えがその背景にはある。しかも、この神の子の誕生は、神だけの問題として認識されているのではない。同じかの神の子が、完全な自由と表裏をなす極限の貧しさに等しい人間の魂のなかに誕生するのである。しかも、その時、人間の魂は、まことの神一般に自己を拡散させられるわけなのではない。あるいは、神という大海のなかに一滴の雫となって自己を融解させ解消させられるのではない。つまり、神の子の誕生によって、魂が自己を喪失するというのではないのである。エックハルトが体験した事態は、まったく逆の事実を示している。魂は、神の子を宿すことによって、一切の因果性ないし関係性とは無縁の地平で自己の自由を満喫し、自己の輝かしい生命を一個の自由な人間としてたのしむのである。ここにおいて、魂は、はじめて充実したまことの神の魂となる。しかし、主権は、神にではなく、あくまでも人間の側に握られている、とエックハルトは語る。なぜであろうか。

人間の魂にとって、神は絶対的な他者としてある。しかし、その他者としての神は、人間の魂のなかに神の子が誕生することによって、その人間の新たな、まことの生命として自己を顕すことになる。あるいは、次のようにいうこともできよう。神の子が魂のなかに誕生するという霊の事件は、隠れたる神が神の子によって啓示されること、しかも怒りの神としてではなく、あるいは人間に把握できないXの神としてでもなく、愛の神として啓示されることである、と。これが物語っている事態は、明瞭である。エックハルトは、一個の人間は一個の人間でありつづけながら、神の子の誕生という再誕体験により、自己ならざる新しい自己、つまり神の自己を生きる人間に変容するのである、と考える。これを逆にいえば、この再誕体験によってはじめてその人間によって神が自己のまことの存在を獲得するということでもある。そして、その時、貧に徹したその人間は、括弧つきの神をしても足元にも及ばない豊かさに恵まれる、という逆説的な富を獲得するというのである。

したがって、エックハルトは、流出説を唱えたプロティノスに典型的に見られるような超自我について、つまり自己を超えた抽象的自我ないし神我について語っているわけではないのである。彼が倦むことなく語ったのは、新プラトン主義がいう一者というような抽象的原理としてのそれと一体となった、わたしを超えたわたしではなく、人格としてのわたし、他者なる神の子を抱きつつまことのわたしへと変容した、人格としてのこのわたしの神秘体験なのである。そして、さらにエックハルトは、この神の子の誕生という事態を、思弁的に論究しつつ、〈突破〉ということばでこれを再度言い表すのである。「突破は流出よりも高貴だ」というエックハルトのことばは、このようなことを言い当てている。そして、この突破によって、「わたしはわたしがあったところのもの」、つまり魂のなかに秘められている非創造のわたしへと、すなわちわたしにとり他者として現れるまことのわたしへと全面的に変容する、と考えられている。そこにおいて、わたしは、括弧つきの神からすら完全に自由であり、「万象を動かす不動の原因」として存在し活動しうる存在となるのである。アリストテレスが語った不動の動者としての神理解は、エックハルトにおいては以上のような眼差しのもとに人間中心的な理解へと変換されている。括弧つきの神であれ、まことの神であれ、森羅万象であれ、人間であれ、ほかならぬこのわたしが生まれなければ何も始まらないのである。[39] あるいは、わたしが存在しなければ、神も存在し得ないと断言できるのである。シレシウスの詩は、まさにこのような思想的コンテクストにおいて読まれ得る可能性を秘めた詩といえよう。つまり、存在の根拠、あるいはそれをも超えた次元において語り得るわたしとは、その意味においてわたしをわたしたらしめるばかりでなく、神を神たらしめる根拠、ないし根拠を超絶した根拠といえるのであり、そのわたしが現れないところでは、当然神も存在し得ないのである。とするならば、第一書八の詩の二行目においていわれている「必ずや……せざるをえず」という必然も理解できるのである。

ところで、シレシウスには、三つの貧しさと関連すると見られる次のような詩がある。

「能力ある無能力
何も欲せず、何も所有せず、何も知らず、何も愛さず、何も意志しない者、
この者こそ、いまも変わらず多くを所有し、知り、欲し、愛しつづける者なり。」（W. I-45）

「神の属性

神の属性とは何ぞや。被造物のなかに自らを注入すること、
つねに不変なる者たること、何も所有せず、意志せず、知らぬこと。」(W. II-132)

ただし、後者の詩には初版の時点から注が付されており、「アクシデンス、つまり偶有として理解されたい。神が意志し知るものとは、神が本質において意志し知るものだからである。したがって、神は、(属性とは)何の関わりももたない」と記されている。これらの二つの詩およびこの注を読むかぎり、ここにいわれている詩をエックハルト的に理解することにはいささか無理があるといえる。むしろ、ここで意図されているのは、パラドックスの修辞を楽しむことであり、あるいは広い意味での修道的な清貧、つまり完徳へと人間の魂を導く清貧の理念のほうである、といえよう。

しかし、霊における貧しさに関する以下のような詩には、エックハルト的響きが色濃く観察される。

「霊における貧しさ
人、真にして貧なれば、いかなるものにも目を向けることなし。
たとい神この者に自己を与えんとも、彼、神を受くることなきをわれ知れり。」(W. II-148)

「霊の貧しさとは何か
われわれの霊の貧しさが内面に宿るは、
すべてのものと自己自身を捨て去りしときにこそ。」(W. IV-210)

「最も貧しき者は最も自由なる者
貧の財産とは最大の自由なり、
ゆえに、霊においてまことに貧しき者ほど自由なる人なし。」（W. Ⅳ-211）

「最も高貴な人間
考えうる最も高貴な人間とは、
完全にすべてを捨て去ったまことの貧しき人なり。」（W. Ⅳ-213）

「神秘的貧
貧しき人間とはいかなる者か。助けも助言もなく
被造物も、神も、身体も、魂ももたぬ者なり。」（W. Ⅱ-15）

また、以上のような人間の側における貧しさに関する詩ばかりではなく、神の根拠（根底）や神の自己否定について歌った次のような詩も見られる。

「神はいかにして自らの底を究むるか
神、自らの底を究めて底なしと知り、自らを測量して限りなしと知る。
汝、神と一つ霊となることあらば、人間よ、汝これをかく了悟するなり。」（W. Ⅰ-42）

「神もまた自己否定をなす
さても汝われに至れるかな、と神、聖なる者にむかいて語るは、
聖なる者と同様、神、まことに［自己］否定を行うがゆえにあらずや。」（W. II-199）

魂のなかにおける神の子の誕生に関しては、主にイエス・キリストの母であるマリアに擬した次のような詩が詠まれている。

「霊による誕生
神の霊、その本体性によりて汝に触るるとき、
汝のなかに、かの永遠の子、生まれ出ん。」（W. II-103）

「霊による受胎
汝が魂、はした女となりてマリアの如く清らかとなりせば、
魂、瞬時のうちに神の子を受胎せざるをえず。」（W. II-104）

「神、汝のうちにこそ生まるべし
たといキリスト、幾千度もベツレヘムに生まるとも、
汝のなかに生まれずば、汝、永遠に救いにあずかることなし。」（W. IV-61）

括弧が取り払われた自己、つまり創造以前の自己、非創造の自己については、次のような詩が見られる。

「人間は神の生命なりき
われ、有になる以前、われ、神の生命なりき。
それゆえにこそ、神、われに自己をことごとく与え給えり。」(W. IV-73)

さて、以上のような詩を通覧するならば、シレシウスがエックハルトの神秘思想についても造詣が深かったことが知られる。ただし、『ケルビムの遍歴者』の序には、彼が敬愛する神秘家や幻視家、神秘神学者としては、クレルヴォーのベルナルドゥス、ボナヴェントゥーラ、リュースブルク、タウラー、カルトゥジオ会のディオニューシウス(Dionysius Carthusianus 一四〇二—七一年)、ハルピウス、ルイ・ド・ブロワ(Louis de Blois 一五〇六—六六年)、『ドイツ神学』の著者、イエスのトーマス(Thomas à Jesu 一五二九—九二年)、マリーナ・ド・エスコバル(Marina de Escobar 一五五四—一六三三年)、ザンデーウス、イエスのニコラウス(Nicolaus à Jesu 一五九〇頃—一六六〇年)があげられているが、エックハルトの名は見られない。その理由は、ある意味できわめて明瞭と思われる。すなわち、一三二九年に教皇ヨハネス二二世によって異端宣告を受けたエックハルトの思想は、その後彼の第一の弟子であったタウラーの名のもとに広まることになったからである。先にみた『三つの内なる貧しさについて』の説教も、当時大いに流布したバーゼル版タウラー説教集末尾にエックハルトの名を伏せる形で収録されているのである。(40)

しかし、はたしてシレシウスがエックハルトの思想をそれ自体としてどれほどまで的確に自覚し認識していたのかは、また別の問題である。たとえば、先にあげた第二書一九九の詩には、「マタイ伝二五章。神が、そのための恵みと力を［聖なる者である］その者に与えたからこそである。すなわち、神の霊を介して、その者、つまり人間のなかでそれらが与えられたからこそである」という注がシレシウスの手によって付されている。また、同じく第一書七三の詩の一行目に対しては、「ヨハネ伝一章［三、四節］。造られしもののなかに生命があった」との小注が付記されている。いずれの注も、これら二編の詩をエックハルトの神秘思想として読ませないがためのものといわざるを得ない。それは、カトリック教会から異端宣告された思想を表面上隠蔽するための一方策だったのであろうか。あるいは、カトリック教会当局からの異端嫌疑を避けるための予防線としておかれた、一種の自己韜晦としての注だったのであろうか。それとも、シレシウス自身、エックハルトの思想を聖書の伝統的＝教会的な読みへと積極的に改変しようともくろんだその結果だったのであろうか。シレシウスは、それを判断する決定的な材料を読者に提供することを拒んでいるように見えるのである。

というよりは、このような詮索は、およそ『ケルビムの遍歴者』という詩集にはふさわしくない、思想の側からの異議申し立てにすぎないのであろう。すでに述べておいたように、同詩集に収められた数々の珠玉の詩は、読者各自の関心の赴くままにその時々の感興に委ねればよしとすべきなのかもしれない。本節のはじめにあげた第一書八の詩「神、われなくば生きず」も、解釈のあいまいさを残しつつ、その多様な読みを楽しむことが、作者への礼儀ともいえるのである。あるいはまた、『ケルビムの遍歴者』に表現されている作者の宗教思想全般を問うのではなく、むしろたとえ彼の詩句の一片であろうともそれに触発されて各自がそれぞれ詩作の道を、あるいは思索の道を踏みしめて行くことが、いまとなってはシレシウスの最も望むところであったのかもしれないのである。

おわりに

シレシウスについては、論究されなければならないなお多くの問題が残されている。たとえば、詩集『ケルビムの遍歴者』に限定するにしても、神秘神学の中心的な主題である魂の「神化」（deificatio）のプロセスがこの詩集においてどのような形で反映しているのか、またケルビムとセラフィムという二つの道程のほかに伝統的に第三の道として考えられてきたヘルメス学的＝錬金術的道程がどのように詩作品になかで具体化しているのか、ザンデーウスの神秘神学的著作の直接的影響とはどのようなものであったのか等である。また、シレジアのキリスト教界に大センセーションを引き起こした、ルター教会からカトリック教会への改宗というシレシウスの決断は彼なりの神秘思想理解ないし神秘神学理解とどのようなかかわりをもっていたのか、その際シレシウスに及ぼされたと推測されるアブラハム・フォン・フランケンベルクの思想的影響の性格とはどのようなものであったのか、また、詩集と改宗後矢継ぎ早に執筆された党派的な反宗教改革文書との関係はシレシウスの理解ではどのように位置づけられていたのか等の問題も、それぞれ検討してゆかなければならない課題といえよう。これらについては，後日を期したい。

（1） Franz Xaver von Baader: Vorlesungen über speculative Dogmatik. In: Sämtliche Werke. Hrsg. von Franz Hoffmann, Julius Hamberger u. a., Allen 1963 (Neudruck der Ausgabe Leipzig 1851–60), Bd. 8, S. 317.
（2） Friedrich Schlegel: Anfangspunkte des christlichen Nachdenkens [1820]. In: Kritische Friedrich-Schlegel-Ausgabe. Hrsg.

von Ernst Behler unter Mitwirkung von Jean-Jacques Anstett und Hans Eichner, Bd. 8, München, Paderborn, Wien, Zürich 1975, S. 547.

（3）『ケルビムの遍歴者』に見られる魂の進化の思想とそのヘルメス学的モチーフに関しては、以下の学会発表要旨に概略を述べておいたので参照されたい。『シレシウスの神秘思想詩』（日本宗教学会編『宗教研究』六六（一九九三年）所載）一四四頁以下。

（4）『ケルビムの遍歴者』については、以下の校訂版を用いた。本詩集からの引用にあたっては、たとえば第一書二〇の詩は、（W. I-20）と表示する。ただし、題辞のみの引用はそのあとに T を付加し、序に関しては EV の表示の次に頁数を示した。たとえば、序一五頁は、（W. EV-15）である。引用文のなかで用いた［　］は、筆者（岡部）が補足的に付加した部分である。Angelus Silesius (Johannes Scheffler): Cherubinischer Wandersmann. Kritische Ausgabe. Hrsg. von Louise Gnädinger, Stuttgart 1984. なお、本詩集の書名に関しては同校訂版二八九頁を、第一版と第二版における詩の異同に関しては三〇一頁から三〇六頁を参照のこと。邦訳としては、序は省略されているものの詩を全訳した次のものがあり、適宜参照させていただいた。植田重雄・加藤智見訳『シレジウス瞑想詩集』（上下巻）岩波書店、一九九二年。ただし、神秘思想ないし神秘神学に関して両訳者と筆者の理解には大きな隔たりがあるため、引用したシレシウスの訳はすべて拙訳によった。

（5）Vgl. Held, Hans Ludwig: Das Leben des Angelus Silesius. In: Angelus Silesius: Sämtliche Poetische Werke. 3. erweiterte Auflage. Bd. 1, München 1952, S. 38.

（6）『ケルビムの遍歴者』に見られるエピグラムの性格一般については、注（4）の校訂版に付された次の論文を参照のこと。Gnädinger, Louise: Nachwort. Die mystische Epigrammsammlung des Angelus Silesius. S. 382ff.

（7）Vgl. Wiese, Benno von: Die Antithetik in den Alexandrinern des Angelus Silesius. In: Deutsche Barockforschung. Dokumentation einer Epoche. Hrsg. von Richard Alewyn, Köln/Berlin 1965, S. 263ff.; Spörri, Elisabeth: Der Cherubinische Wandersmann als Kunstwerk. Zürich 1947, S. 32.

（8）Vgl. Schlosser, Marianne: Einleitung. In: Bonaventura: De Triplici Via. Über den Dreifachen Weg. Übersetzt und eingeleitet von Marianne Schlosser. Freiburg, Basel, Wien, Barcelona, Rom, New York 1993, S. 23ff.

（9）Vgl. Schlosser, a. a. O. S. 14f. u. 30ff.

（10） ケルビムとセラフィムに関しては、以下の事典の該当項目を参照。RGG^{3}（Tübingen 1956ff.）、マンフレート・ルルカー（池田紘一訳）『聖書象徴事典』人文書院 一九八八年（Lurker, Manfred: Wörterbuch biblischer Bilder und Symbole. 2. Aufl. München 1978）。

（11） Denys L'Aréopagite: La Hiérarchie Céleste. Introduction par René Roques, étude et texte critiques par Gunther Heil, traduction et notes par Maurice de Gandillac, 2e édition. Paris 1970, S. 106 (cap. VII, §1). なお、次の邦訳も参照した。ディオニュシオス・アレオパギテス（今義博訳）『天上位階論』（上智大学中世思想研究所編訳・監修『中世思想原典集成三 後期ギリシャ教父・ビザンティン思想』平凡社、一九九四年）三七六頁。また、擬ディオニュシオス・アレオパギテス文書の神秘神学上の意義については、次の文献を参照。A・ラウス（水落健治訳）『キリスト教神秘思想の源流』教文館、一九八八年（Louth, Andrew: The Origin of the Christian Mystical Tradition. Oxford 1981）二六六頁以下。Rorem, Paul: Pseudo-Dionysius. A Commentary on the Texts and an Introduction to Their Influence. Oxford 1993, S. 91ff.

（12） Denys L'Aréopagite, a. a. O. S. 107 (cap. VII, §1).

（13） 『天上の位階について』七章から九章の記述によれば、天使の第一位階はセラフィム、ケルビム、トロノスの三天使によって構成され、第二位階は主天使、能天使、力天使の三天使によって、最下位の第三位階は権天使、大天使、天使の三天使によって構成されている。

（14） Denys L'Aréopagite, a. a. O. S. 87f (cap. III, §1 & 2).

（15） Saint Bonaventure's Itinerarium Mentis in Deum, With an Introduction, Translation and Commentary by Philotheus Boehner. Saint Bonaventure, N. Y. 1956 (Works of Saint Bonaventure Vol. II), S. 80f. (cap. V, §1). なお、次の邦訳も参照した。ボナヴェントゥラ（長倉久子訳注）『魂の神への道程 註解』創文社、一九九三年。

（16） a. a. O. S. 92f. (cap. VI, §5).

（17） a. a. O. S. 92f. (cap. VI, §6).

（18） Vgl. a. a. 0. S. 74f. (cap. IV, §3).

（19） a. a. O. S. 76f. (cap. IV, §4). なお、この箇所は、注（22）で再びとりあげるように、エウゲニウス四世宛のベルナルドゥス書簡としてボナヴェントゥーラが引用しているものである。

（20） Vgl. Orcibal, Jean: Les sources étrangères du «Cherubinischer Wandersmann» (1657) d'après la bibliothèque d'Angelus Silesius. In: Revue de littérature comparée 18 (1938), S. 500.

（21） ボナヴェントゥーラの『聖土曜日のための説教二』においては、観想的魂（anima contemplativa）は七段階に区分されている。すなわち、神愛に対する燃えるような憧憬としての「火照り」、聖霊による「塗油」、感覚的知覚と外界からの離脱である「エクスタシス」、永遠の光を見る「観想」、この神の光を見ることによって得られる神の慰めの「味わい」、神との「抱擁」、神的眠りに比される「安息」の七つである。この図式はいわばセラフィム的視点からのものといえるが、すでに一二世紀には、魂の階梯ないし登攀は七段階として記述されるのが一般的であった。Vgl. Bonaventura: Sermo de Sabbato Sancto I. Predigt zum Karsamstag I. In: Bonaventura, a. a. O. S. 203f.

（22） Bonaventure: Itinerarium Mentis in Deum, S. 76f. (cap. IV, §4).

（23） Vgl. Gorceix, Bernard: Flambée et Agonie. Sisteron 1977, S. 246.

（24） ちなみに、スタンダードなドイツ文学史の一つは、シレシウスを「神秘主義的論理思考者」（Mystischer Logiker）と紹介している。Martini, Fritz: Deutsche Literaturgeschichte. Von den Anfängen bis zur Gegenwart. 16. Aufl., Stuttgart 1972, S. 148.

（25） シレシウスは、この序において「神秘神学」のドイツ語として、geheime GOttes Wißheit、geheime GOttes-Kunst、dise Göttliche kunst などを用いている。

（26） Vgl. "poieō" von H. Braun. In: Theologisches Wörterbuch zum Neuen Testament, Bd. 6, S. 469.

（27） カトリック改宗直後から開始されるシレシウスの露骨なまでの反宗教改革運動の実際も彼の神秘体験の不在を逆に証明していると考えられるが、これに関しては本稿では取り扱わない。彼の理解した神秘神学の内実が宗教的対立の激しい時代を反映して結局はカトリック教会に与する党派的理解に終わったことを、ここに指摘しておくにとどめたい。

（28） Vgl. Althaus, Horst: Johann Schefflers "Cherubinischer Wandersmann": Mystik und Dichtung. Gießen 1956, S. 54f.

（29） Vgl. Sprörri, a. a. O. S. 8ff.

（30） シレシウスの詩における厳密な意味でのエックハルト的用語とメタファに関する突き合わせに関しては研究すべきことは多いが、本稿では割愛する。なお、グノーシス文書や擬ディオニュシオス文書以来のヨーロッパ神秘思想におけるメタファの歴史的系譜を含めた研究としては、次の文献を参照のこと。Nambara, Minoru: Die Idee des absoluten Nichts in der deutschen

Mystik und seine Entsprechungen im Buddhismus. In: Archiv für Begriffsgeschichte 6 (1960), S. 143ff.

（31） この詩の表題「深淵は深淵を呼ぶ」は、聖書的には『詩篇』四二篇八節に由来するが、神秘思想の伝統においてはタウラーの説教において重要な役割を担う、無の系に属するメタファの一つである。Vgl. Die Predigten Taulers. Hrsg. von Ferdinand Vetter. Dublin, Zürich 1968, S. 177, 201 u. 331.

（32） Vgl. Baader, Franz Xaver von: Fermenta Cognitionis. In: Sämtliche Werke, Bd. 2, S. 228.

（33） Schopenhauer, Arthur: Die Welt als Wille und Vorstellung. In: Sämtliche Werke, . Hrsg. von Arthur Hübscher, Bd. 2, Wiesbaden 1949, S. 153.

（34） Luther, Martin: Die sieben Bußpsalmen. Zweite Bearbeitung 1525. In: D. Martin Luthers Werke. Kritische Gesamtausgabe (Weimarer Ausgabe) Bd. 18, Weimar 1908, S. 480f. Vgl. "zunichte" im Deutschen Wörterbuch von Jacob und Wilhelm Grimm.

（35） この詩句をもって、カトリック教会へ改宗したシレシウスがかつては神秘思想に親近性を見せた若きルターを忘却したルター教会に対し神秘神学の立場から根源的批判を表明したと見なすことは必ずしも不当ではないのかもしれない。『ケルビムの遍歴者』が単なる詩作品という位置を越えて反宗教改革文書としての性格を著者によって色濃くもたされていたことを考えあわすならば、同詩集の中に反ルター教会的立場を検証することは意義ある作業となりうるであろう。

（36） Vgl. Baader, Franz Xaver von: Fortsetzung der Vorlesungen über speculative Dogmatik. In: Sämtliche Werke, Bd. 9, S. 50.

（37） Vgl. Baader, Franz Xaver von: L'Homme de Desir. In: Sämtliche Werke, Bd. 12, S. 227.

（38） Eckhart, Meister: Die deutschen und lateinischen Werke. Hrsg. im Auftrage der Deutschen Forschungsgemeinschaft. Die deutschen Werke, hrsg. von Josef Quint, Bd. 2 (Predigten), Stuttgart, Berlin, Köln, Mainz 1971, S. 502ff. なお、次の邦訳を参照した。田島照久編訳『エックハルト説教集』岩波書店、一九九〇年、一七二頁以下、植田兼義訳『ドイツ語説教集』（『キリスト教神秘主義著作集　第六巻　エックハルト　I』教文館、一九八九年）一六四頁以下。拙訳のなかで用いた［　］は、筆者による付加である。

（39） したがって、次の文献が主張するような、エックハルトのこの説教にみられる「わたし」と神ないし万物の関係を唯我論的に解釈する立場を筆者は取らない。Meister Eckhart. Alles lassen - einswerden. Mystische Texte-Redender Unterscheidung und Predigten. Hrsg, übersetzt und kommentiert von Günter Stachel, München 1992, S. 168ff.

（40） Vgl. Johannes Tauler: Predigten. Basel 1522 (Unveränderter Nachdruck, Frankfurt/Main 1966), S. CCCVIIff. タウラーの説教集『霊的講話』（ケルン、一五四三年刊）やいわゆるスリウス版（ケルン、一五四八年刊）と呼称されるラテン語のタウラー説教集には、エックハルトを含む偽タウラー文書が入っていた。シレシウスが、この種のタウラー説教集を所持していたことは疑いない。なお、シレシウスは、ベーメの伝記作者であり自分の霊的導師ともいうべきアブラハム・フォン・フランケンベルク（Abraham von Frankenberg 一五九三―一六五二年）から、一六五二年三月にハッケボルンのメヒトヒルト（Mechthild von Hakeborn 一二四一／二―九九年）とヘルフタの大ゲルトルート（Gertrud die Große von Helfta 一二五六―一三〇一／二年）の幻視書とタウラーの説教集を合本にした蔵書その他を生前遺贈されている。Vgl. Orcibal. a. a. O. S. 498ff.

V　近代日本とキリスト教

立志と神――富太郎・敬宇・鑑三

一

植物学者として名をなした牧野富太郎（一八六二―一九五七年）に「赭鞭一撻」という一文がある。[1]「赭鞭一撻」とは朱塗りの鞭を一振りするという謂であるが、これは古代中国の伝説的な三皇帝の一人である人身牛首の神農が「赭鞭ヲ以テ草木ヲ鞭チ、始メテ百草ヲ嘗メテ」医薬を発見した故事に由来する。[2]富太郎の前書きによれば、「頃日偶然筐底カラ……見出シタ」この小文は「多分明治一四五年頃ニ書イタモノ」とされており、したがって十八歳から二〇歳頃に書き記されたと推測される。

この一文のなかで、富太郎は植物学を研究するにあたっての心得を十五項目にわたって書き記している。その項目のみを列挙するならば、「忍耐ヲ要ス」、「精密ヲ要ス」、「草木ノ博覽ヲ要ス」、「書籍ノ博覽ヲ要ス」、「植學ニ關係スル學科ハ皆學ブヲ要ス」、「洋書ヲ講ズルヲ要ス」、「當ニ畫圖ヲ引クヲ學ブベシ」、「宜シク師ヲ要スベシ」、「吝財者ハ植學者タルヲ得ズ」、「跋渉ヲ厭フ勿レ」、「植物園ヲ有スルヲ要ス」、「博ク交ヲ同志ニ結ブベシ」、「邇言ヲ察スルヲ要ス」、「書ヲ家トセズシテ友トスベシ」、「造物主アルヲ信ズル毋レ」である。「赭鞭一撻」は、植物学を志した富太郎がそれをどのように企画し結実させていけばよいのか、その心構えを具体的に書き記した記念すべき「立志」の記録といえる。事実、こののち富太郎は、『植物學雜誌』（一八八七年創刊）、『日本植物志圖篇』十一冊（一八八八—九一年）、『新選日本植物圖説』（一八九九年）、『大日本植物志』三冊（一九〇〇—一九一一年）、『日本禾本莎草植物圖譜』七冊（一九〇一—〇三年）、『日本羊歯植物圖譜』十冊（一九〇一—二年）、『増訂草木圖説』（一九〇七年）、『植物研究雜誌』（一九一六年創刊）、『日本植物圖鑑』（一九二五年刊）、『植物學名辞典』（一九三五年刊）等に見られる入念な実地調査と準備的考察を踏まえて、ついに一九四〇年七八歳のときに日本に生育する、菌類をも含む植物を網羅した『牧野日本植物圖鑑』を刊行し、ほぼ六〇年をかけて「赭鞭一撻」に述べた初志を貫徹したのである。

富太郎の業績を一言で述べるならば、リンネ（Carl von Linné 一七〇七—七八年）によって創始された植物人為分類体系を日本という地理的領域に適用させ、それを完成させたことにある。三二〇六図を収録する『牧野日本植物圖鑑』は、実物を一つひとつ検証しながら各植物の和名、漢名、ラテン語学名を確定し、その形態を詳述し、時にたとえばその名称の由来等にまで説き及んでいる。字数の厳しい制約もあってか、その記述は、他の富太郎の筆にはあまり見られない、簡にして要を得たさくさくとした文体の輝きを備え、単なる自然科学的記述法をも越えた、当時にあって一頭地を抜く名文の一つに数えられるものとなっている。

ところで、富太郎の業績の特徴的な点は、帝国大学理科大学助手（一八九三年）を振り出しにして東京帝国大学理学部講師の職（一九一二—三九年）に長くあったとはいえ、植物学を日本に根付かせるという大事業を、欧米の学問的技術的レベルに追いつき追いこせという近代日本国家の外づけの大計に寄りかかることなく、むしろいわば独力によって達成したところにあったといえる。(3)『論語』（雍也）に「之レヲ知ル者ハ之レヲ好ム者ニ如カズ。之レヲ好ム者ハ之レヲ樂シム者ニ如カズ」という条があるが、(4)富太郎は幼くして植物の魅力に取りつかれ、内発的な形をとって植物を心底から味わい楽しみつつその研究を力強くかつ地道に進めていったのであり、そこには天真爛漫な光彩を帯びた聖なる狂気すらが看取されるのである。

富太郎の専門上の業績の偉大さ、人間的な魅力等々はいくら評価しても評価しすぎることはない。また、彼が生きた時代の諸制約ということも考慮に入れなければならないであろう。しかし、これらを踏まえた上で、敢えてその限界を指摘するとすればどのようなことが言いうるであろうか。それを、以下四点に絞って提示してみたい。(一) 富太郎の関心が植物に集中していたことは明らかであるが、しかし植物界をたとえば自然界全体のなかに位置づけるというような志向性は希薄であった。すなわち、植物分類学という一学問領域を、自然ないし宇宙全体を認識するよすがとする視点に立って位置づけなおそうという姿勢があったとは言いがたいのである。(二) 富太郎は植物分類学を日本というフィールドに移して実行に移したわけであるが、そこには欧米のサイエンスの適用というある種の応用的側面が強く観察される。その結果日本の植物相の全体像が提示され、その限りにおいてそれまで知られなかった日本の一側面が明らかにされたのであるが、しかし植物分類学の理論的な面に対する根源的な批判がなされたわけではない。(三) 上記二点に関連することであるが、植物という存在全体を解明し、ある種の思考を介して新しい日本の思想上の可能性を切り拓くことに関して、富太郎はおよそ無関心であったと思われる。(四) それはまた、欧米の文化や思想、宗教等への関心が富太郎において極めて低かった事実と連動しており、欧米の学問やサイエンスの根底にある文化や宗教に対する無関心は顕著といえる。このような姿勢は、富太郎の中国等に対する異文化理解についても同様にあてはまる。

さて、以上の諸点を見るならば、富太郎の業績がある一分野における部分的なもの、各論的なものにとどまり、しかも全体性を志向するものとは言いがたく、したがって欧米や中国の文化や学問に正面から取り組もうとするのとは別種の情熱がそこにあったと言うことができるであろう。それは、たとえば粘菌の研究という小天地から宇宙の神秘に思いを馳せた、富太郎よりやや若い南方熊楠（一八六七―一九四一年）と対比するならば、富太郎の偏りが一層明らかになると思われる。あるいはまた、学問とは「有機體なり、生物なり」と洞察し、「西洋人の西洋の雰圍氣中に於いて養ひ得たる所を」摂取し、「已を虚しくして教を聞き、久しきを經て纔に定見を得」ることを信条とした森鷗外（一八六二―一九二二年）の精神ともかけ離れたものがそこにあったことは否定しがたい事実と言わなければならない。[5] しかしまた、このような富太郎評が後世の人間の偏頗な見方であることは疑いようもなく、近代日本という場で彼が完遂した仕事の価値がこれで貶められるようなことは一向にないのである。

二

ところで、「緒鞭一撻」の最後に「造物主アルヲ信ズル毋レ」の一項目が置かれていることは、日本の啓蒙運動ないし近代化の問題を考える上できわめて重要な意味がある。富太郎は、ここにおいて学問ないし科学の領域に神の問題を持ち込むことを厳しく戒めている。それは、「我ノ理ニ通ゼザル處アレバ皆之ヲ神明ノ秘蘊ニ托シテ我ノ不明不通ヲ覆掩修飾」する愚を犯すことであり、「我植物學ノ域内ニ在テ大イニ耻ベキ」仕業にほかならず、「理」によって成り立つ科学の否定につながることと考えられたからである。[6] このような言葉が書きとめられたのは無知蒙昧な迷信を排すという当時の啓蒙的気風をよく表現しているといえるが、しかし決してそれだけにとどまるものではない。それは過去の日本との対決とその克服を目指すというよりは、それへの棄却的な決別であり、この切り捨てによって過去の蒙昧さから解放されたいといういわば盲目的な衝動と深く結びついている。しかも、自然科学をも含めた欧米の諸学問は神の問題を切り離したばかりか、神の存在を等閑に付すべきだとしていると富太郎が主張しているとするならば、それは大変興味深い意見と言わなければならない。

富太郎の言に、自然科学としての一面の真理があることは否定できない。たとえば、近代自然科学の祖の一人であるデカルト（René Descartes 一五九六―一六五〇年）は、なるほど神の存在を括弧に括ったうえで科学的な自然研究の可能性を切り拓いた。しかし、彼が自然万象を創造した神の存在を自己の哲学ないし自然研究の大前提としていたことは論を俟たない。富太郎には、この後者の視点がすっぽりと欠落している。それは、一つにはすでに当時の欧米の自然科学の趨勢が神学問題に関わらないという立場を顕著に示していたという事実の反映と考えられる。しかし、他方では、聖なるもの、超越的なるものが人間存在に対して決定的な意義をもつとする欧米の理解が当時の日本において看過されがちであったことをも示しているのである。科学や技術は人間の知のあり様の単なる一つの可能性にすぎないという事実が見過ごされるとき、そこに近代の悲劇的な歪みがはじまるといえるのである。

生涯にわたって儒教を生理的に嫌い、何であれ宗教的信仰とは無縁であった福沢諭吉（一八三四―一九〇一年）は、封建的なものからの解放と個人の自主独立を唱え、西洋の学芸と技術を積極的に取り入れ、「虚學」を排し「実學」を尊重し、このような形で日本の過去を清算しつつ新日本の建設に邁進しようとした。しかし、啓蒙家と呼ばれる人々や政府の要人のすべてが、宗教的なものに無関心であったわけではない。むしろ事実は反対であって、彼らの多くは、諭吉も含めて、神仏儒その他を問わず宗教を立てることの重要性を政治上ばかりか文化的にも充分心得ていたのであり、また欧米文化を根底から支えたキリスト教のもつ倫理的社会的重要性に、たとえさまざまな温度差はあったにせよ、いち早く気づいていたのである。しかし、近代日本においてキリスト教の中心的な教えを理解することがいかに困難であったかは、たとえば、諭吉の『學問ノス、メ』（一八七二年）と並んで大ベストセラーとなり、共に近代的自我の確立と社会性の重要さを世に広めるのに資したスマイルズ（Samuel Smiles 一八一二—一九〇四年）の『自助論』（*Self-Help* 一八五八年）を『西國立志編』の名のもとに一八七一年に翻訳刊行した中村敬宇（一八三二—九一年）の例に徴しても明らかと思われるのである。

敬宇は、出藍の誉れの高い儒学者であった。その神童ぶりは、弱冠一〇歳のときに幕府の学問所である昌平黌（湯島聖堂）の素読吟味を受け、その抜群の能力に対する褒賞として白銀三枚を与えられたことからも窺える。その後、二四歳で学問所教授、二六歳で甲府徽典館学頭を拝命、三一歳で聖堂御儒者に大抜擢され、儒学の頂点の一つに立つのである。

敬宇もまた、昌平黌在寮中の二二歳のときに「誓詞」を認め、一〇箇条にわたって立志を述べている。(7) 内容としては、忠、孝、礼、誠という儒教の徳目を中心におき、偽行偽言、淫欲、怠惰、妄念を堅く戒め、農を根本においた経世済民を目標にしつつ勉学と修徳に刻苦する旨が簡潔に記されている。ところで、そこには儒学者として特に注目すべき青雲の志が二つ述べられている。一つは、儒学の単なる専門家にとどまることを打ち破って「百事ニ勉強」することを誓っている点である。しかも、これは、単に百科的な博覧強記を目指すというものではなく、それらを綜合し統一する根底を探求することへと深められる方向性を秘めていた。第二の注目すべき点は、百事に通ずるための具体的方策として「蘭書ノ業、半途ニシテ廃スベカラザル事」が挙げられていることである。敬宇は、聖堂で学び始める以前の一六歳頃から蘭学の手ほどきを受けている。儒教の総本山にあっても密かに蘭書を繙いていたという事実は彼の進取の気性を物語るものであるが、さらに彼は世界の趨勢を顧みて二四歳頃から英語習得へと進んでいる。このように外国語を重視したのは、日本が内外共に危機的状況に立たされているという鋭い現状認識があったからである。儒教は生涯にわたって敬宇の思想の骨格でありつづけたが、しかしこれまでの保守固陋な漢学者と袂を分かつべきことを彼は痛感していたのである。開国を主張し、欧米の技芸を学ぶ必要を訴え、そのために暗殺の虞にすら脅かされた敬宇であったが、その開明的な姿勢を買われて三四歳のときに幕府派遣留学生に識抜され、一八六六年秋ロンドンへ向かうのである。聖堂御儒者の洋行という前代未聞の快挙である。

この英国滞在は幕府瓦解のため一年三か月ほどで終止符を打たれることになるが、寸暇を惜しんで研鑽に励んだこの時期の経験は敬宇の思想形成にとって深い意義をもつことになった。しかも、敬宇は、この留学がみずからに何をもたらすかについて前もってある卓抜な見通しをもっていたのである。彼が幕府に提出した「留學奉願候存寄書付」には、留学を志願する理由が三つ述べられている。(8) 第一に儒者が西欧の諸学芸にも通じなければならないことは時代の要請であること、第二に外国の知識を摂取するに際しては翻訳という作業が今後ますます重要な役割を演ずることになるが、その際当該の外国語ばかりか和漢の充分な知識がなければ精確な翻訳は期しがたく、そこに漢学者が洋行する意義がある旨が述べられている。いずれも卓見であるが、さらに第三の理由には東洋は道徳的に優れているので日本に欠けている学芸や技術だけを西洋に学べばよいとする採長補短の洋学観を打ち破る立場が提示されている。敬宇は、西洋の学問には大きく分けて精神科学の「性靈の學」と自然科学の「物質の學」の二分野があると説き、自分は科学技術を扱う「形而下の學」ではなく、むしろ文化や倫理を対象とする「形而上の學」の研究に励み、儒教の立場から西欧の道徳観、真理観を批判的に摂取し、ひいては自国の近代化に資したい、という希望を述べるのである。

ロンドンにおいて敬宇の目を瞠らせたのは、興隆を極めたヴィクトリア朝期（一八三七—一九〇一年）の活気や物質的豊かさばかりではなかった。彼は、この国の社会的礎石が国民一人ひとりの人格的資質にあり、民主的な自主独立の精神、道徳心の堅固さ、忍耐強さ、勤勉さ、天職としての職業観、相互扶助等が重要であることを痛感し、日本の近代化は英国社会を手本とすべきことを確信するに至るのである。しかも、これらを成り立たせる根底には「真神ヲ虔奉」するキリスト教という宗教があることをいち早く見抜き[9]、「一人ノ命ハ全地球ヨリ重シ」という思想に深く共鳴するのである[10]。

帰国後、敬宇は旧幕臣として静岡に移り住むが、その後大蔵省翻訳御用を拝命して一八七二年に上京、慶應義塾などと並び称せられる私塾の同人社を一八七三年に創立、西周（一八二九—九七年）、諭吉、森有礼（一八四七—八九年）らと共に明六社を結成（同年）、一八七五年には訓盲院を設立、東京女子師範学校摂理（学長）を引き受け、一八七七年には東京大学文学科嘱託、一八八一年同古典講習科（漢学）教授に就き、啓蒙活動や幼児、女子、盲唖、高等教育等に指導的役割を担い、儒教とキリスト教に基づいて「半開ノ國」の近代化に目覚しい貢献を果たしたのである[11]。

敬宇の思想の基本は、真理の探究を「學術」と「教法」に分けることから出発する。学問的真理と宗教的真理とは別個のものである、しかしこの二者が相携えて並び行われること、「歐米ノ富強ハ源ヲ此ニ發」することを敬宇は洞察するのである[12]。宗教を経世の道具とのみ見なし、法学や経済、科学技術等の「実學」を第一とする諭吉の楽天的な啓蒙思想と立身出世主義を正面から撃つ思想である[13]。ところで、敬宇は、学術と教法を車の両輪にすべき理由を主に二つの方面から説明している。（一）文化を成り立たせるのは人間の競争心と向上心であり、利己的な欲望である。しかし、人間の欲望はとどまることを知らず、際限がない。しかも、現今の科学技術をもってすれば弱肉強食の世界しか成立しない可能性が高く、事実世界の現状はその方向へと突き進んでいる。このやっかいな人欲に歯止めをかけることができるのは、道徳ないし宗教しかない。「克己愼獨ノ工夫ハ血氣情欲ヲ服従シ良心ヲ崇殖スル所以ニシテ東西古今ニ亘リテ動カスベカラザルノ眞理」である[14]。そして、敬宇によれば、その道徳ないし宗教を成り立たしめているのは「人ノ上ニ神アル」からこそである[15]。（二）実証的な学術は、それ自体研究の倫理的価値基準を内在的にもちえない。それは自己目的的に増殖するのであり、その意味では限りを知らない人欲に似ている。一方、啓蒙思想においてしばしば「妄想」と見なされる宗教的真理は、「道心」ないし「良心」、「是非之心」、「自知之心」を中心とした人格を形成し、学術的専横を正し、そこに人間存在の面から価値基準を与えるのである[16]。「格物學ヲ以テ國家ヲ治メ生人ヲ統理スルコトハ能ハザルベシ。故ニ人民ハ必ズ一ノ敎法ノ信ズベキモノヲ有タザルベカラズ。今日ト雖モ、格物學ノミヲ以テ、邦國ヲ變化シテ上進セシムルコトハ、決シテ能ハザルベシ」なのである[17]。

このような論において、敬宇は興味深い意見を二つ挙げている。第一は、ベーコン（Francis Bacon 一五六一―一六二六年）を引きながら「淺小ナル理學ハ人心ヲシテ上帝ヲ信ゼザラシメ深奥ナル理學ハ人心ヲシテ天道ニ歸セシム」としていることである。敬宇は、学問的真理と宗教的真理が相互に補完しあう関係に希望を託したのである。第二には、ワシントン（George Washington 一七三七―九九年）を引きながら、「凡ソ國家ヲ福祥ニ導ク所以」のものは「宗敎ト道徳學トノ二者ヲ以テ、欠クベカラザルノ要點ト」なし、しかも「宗敎ニ原ヅカザル道徳學」を退け、宗教に一層の重要性を置いていることである[18]。

漢学者であった敬宇は、日本伝来の神道と仏教の凋落ぶりを指摘して「ソノ信ズル敎法トテハ、一モコレナシ」と断じ[19]、神道を中心とした新しい宗教を人為的に作ることに激しく抗議し[20]、英国体験を踏まえて「耶蘇敎」

こそが日本の近代化にふさわしい宗教であるという立場を取ったのである。そして、帰国後クラーク（Edward W. Clark 一八四九―一九二二年）やコクラン（カックラン）（Geroge L. Cochran 一八三四―一九〇一年）等の宣教師の教えを熱心に受け、バイブルクラスを組織して英訳聖書に親しみ、一八七五年のクリスマスに受洗するに至るのである。

山路愛山（一八六四―一九一七年）は、敬宇のキリスト教理解について「基督教化せられたる儒教主義」、あるいは「儒教を以て説明したる基督教」であったと評したが(21)、その具体的な様相については言及しなかった。確かに、敬宇は、帰国後最初に執筆した「敬天愛人説」において、それまで儒教において別個に論じられてきた「敬天」と「愛人」という伝統的な思想を、キリスト教の中心的な教えである神愛と隣人愛という愛の福音に基づいて結合させ、「敬ト愛トハ相離ル可カラズ。天ハ人ヨリモ尊シ。故ニ敬ハ主トナリテ、而シテ愛ハ其ノ中ニ在リ。人ハ我ト同等ナリ。故ニ愛ハ主ト爲リテ、而シテ敬ハ其ノ中ニ在リ」と結論づけた(22)。これは、西周が汝の敵を愛すべしという教えに触発されて「愛敵論」を道徳の要訣とした論と同じ方向をもつものといえる(23)。しかし、敬宇のキリスト教理解はこれにとどまらなかった。神を儒教的な天や天帝と同一視して理解しようとした敬宇ではあったが、さらにキリスト教の根幹をなす神観、すなわち唯一神、創造神、超越神、人格神、遍在し裁く神という神観を受け入れ、日本で崇拝されてきた「山川社穀等ノ神」や「祖先ノ鬼」などの無力なことを明言している(24)。しかも、キリシタン禁制下の一八七二年に新聞紙上で天皇に対してキリスト教解禁を求めたばかりか、「陛下モシ果シテ西敎ヲ立テント欲セバ、則チ宜シク先ズ自ラ洗禮ヲ受ケ、自ラ敎會之主ト爲テ、而シテ億兆唱率スベシ」という無謀ともとれる上奏を行っているのである(25)。このような事実は、この時期の彼が世の排撃を恐れずにキリスト教によって国づくりを構想していたことをはっきりと示している。

とはいえ、愛山の上記敬宇評には首肯される点が数多くある。それでは、敬宇のキリスト教理解のどこに思想的宗教的限界があったのであろうか。それを、以下に幾つか考えておきたい。（一）敬宇の場合、神への愛と神からの愛は、しばしば「敬」と「恩」ということばで表現される。上帝は、母なる大地（坤）と対をなす父なる天（乾）であり、人間はその子供たちとされており、家父長的な位置を自ずから占めている。神と人の間には契約の考えは見られず、また神ないし人間の意志が問題にされることもない。したがって、血縁、地縁に対する根本的な批判がそこから生じることは事実上困難であった。（二）形而上的な存在である「無形」の神は、人間の五感によってはとらえられないが、しかし「道理ノ眼」あるいは心中に具わる「才智」によって「推考」されるべき存在とされる。[26]また、自然万象に観察される「神奇巧妙」な造作から「主宰之神」の「妙用」を推し量る自然神学的な神の存在証明が語られる。朱熹（一一三〇—一二〇〇年）が説いた格物到知は、「物ニ格リテ以テ其ノ源ヲ探ル」と再理解される。[27]その背景には「天即理」という朱子学に由来する一種合理的な考え方が強く見られるのであって、聖書のことばとの決定的な出会い、あるいは神との神秘的な直接的出会いという局面がキリスト教の根幹にあることを、敬宇は慮外に置くのである。（三）儒教の伝統に従って人間は「萬物之靈」（『書経』泰誓）とされるが、[28]「神の似姿」という人間把握は敬宇には見られない。また、人間をギリシャ的な霊肉二元でとらえるために霊魂不滅論へと議論が流れ、霊、魂、身体という三元的な人間理解をもつキリスト教の、身体をともなう全人格的復活という考えは打ち捨てられたままにおわった。また、神の似姿という人間規定に必然的にそなわる自由意志の問題を取り逃がす結果にも陥っている。（四）アダムの転落物語や原罪の問題、あるいは堕落史観に関する知識を敬宇はもっていたが、結局『孟子』に見られる性善説にとどまったために、人間は罪人であるという人間観を受け入れることができず、また悪の問題を看過することにもなった。キリスト教においてリアルな存在とされる悪ないし悪魔に関する積極的な言及は敬宇には見られず、悪と戦いつつ義を貫徹するという考えはきわめて弱いといえる。そのために、キリストの贖罪の業や人間の悔い改めに関する言及もほとんどない。(29)（五）敬宇は「太極」についてたびたび言及するが、周濂渓（一〇一七—七三年）が「太極図説」で唱えた、太極に比べてさらに超越的な「無極」に無形無質の神をあてはめることに想倒することはなかった。これは、神の超越性に対する認識の不徹底を導くことになったものと思われる。敬宇においては、神と人間とのあいだにある超えがたい断絶への認識が欠如し（慈父としての神）、そのために両者の仲介者としてこの世の歴史のなかに到来した神の子イエスへの関心が皆無に等しくなっている。神はあくまでも「無形ニシテ妙有ナル一大主宰」ととらえられ、(30)その神が化身としてではなく、一個の人間として肉体をもってこの世に現れたという受肉の思想は、敬宇の想像を絶した、荒唐無稽な神観であり人間観であったと推測される。（六）敬宇がおそらく最も惹かれた神の働きとは、「眞神ノ賞罰」であり、「信賞必罰」の厳正な審判である（厳父としての神）。(31)来世において「善悪必ズ報応アル」ことが、(32)すなわち「死後永遠ノ福ヲ受シムルソノ功徳」があることが、(33)現世における道徳を成り立たしめる唯一の根拠となりうると考えられたからである。すなわち、敬宇が要請した神とは善因善果、悪因悪果という法則によって死後に永遠の浄福か永劫の罰かを与える絶対的な存在だったのであり、これが現世において「自主自立之志」「艱難辛苦之行」「天ヲ敬シ、人ヲ愛スルノ誠意」「勤勉忍耐之力」等の生き方をあらしめると考えられたのである。(34)（七）しかし、これは旧約的な律法的立場であって、キリストが説いた福音とはいえない。敬宇は、応報する裁きの神を説いたが、因果応報を超えて人間を救う恵みの神を理解することができなかったと思われる。すなわち、罪と罰という法的理解が強く、罪と救いという福音的理解はきわめて弱かったといえる。「信ズル者ハ救イヲ得、信ゼザル者ハ罪ニ擬ス。信ズル者ハ永生ヲ得、信ゼザル者ハ永苦ヲ受ク」という信仰のみによる救いの教説は、善行を道徳的基礎に据える敬宇を困惑させ、また反発させたのである。[35] いわんや、イエスを信じない者はすでにその場において裁かれているのだというような刑罰観（ヨハネ伝三・十八）、イエスは終末に到来して「霊魂不滅」を定める裁きの神ではなく、現世の今この場で「永遠の生命」を即座に与えるというような生命観（同四・十四）、イエスの死後に到来して人間を内側から救いへと導く「真理の霊」としての聖霊論（同十五・二六）などは、儒教の教えを離脱できなかった敬宇の理解の埒外の事柄だったのである。

三

敬宇は、キリスト教教義を説いた丁韙良ことマーティン（William A. P. Martin 一八二七―一九一六年）著『天道遡源』（一八五四年）に訓点を施し（一八七五年刊）、原胤昭編和漢対訳『新約聖書』（同年刊）の訓点も担当した。また、コクランをはじめとする宣教師たちから熱心に教えを受けた時期があった。その彼が、キリスト教の核心を形成するイエスの十字架や復活ばかりか、イエス・キリストその人についても公には口を閉ざした事実は注目に値する。晩年の敬宇は、「余ハ耶蘇教法ノ事ヲ深ク知ラズ」と告白し、[36]「耶蘇教ハ奇々怪々ナル説」と語ってはばからず、「救靈ノ説ハ、吾ハ姑ク疑ヲ闕キ、之ヲ言フコトヲ愼シムナリ」と述べるのである。[37] 儒教をもってしてはキリスト教の説く救済論は解きえなかったのであり、敬宇がキリスト教的な内面的信仰へ至ることはついぞなかったのである。それは、儒教は儒教、キリスト教はキリスト教という単純な事実を無視し、また宗教を結局は道徳の地平に引き降ろして「綱常倫理ノ大節目ニ至リテハ、東西古今同ジカラザルナシ」と断じてしまった敬宇の思想的限界といえよう。[38] 彼が、ある意味で必然的に、三位一体を否定し唯一なる神のみを認めるユニテリアンやユニヴァーサリスト、人格神を離れた内在的な原理としての「大霊」(Over-Soul)を唱えたエマソン(Ralph W. Emerson　一八〇三―八二年)等の思想に大きく共鳴していったのは、彼が儒教的観念を大きく踏み出すことができなかったことに起因していたといえるが、[39]しかしまたキリスト教に日本の道義的将来を託そうとしながらも、その教義の中心に踏み込めなかった敬宇がとった苦肉の策ともいえるのである。

さて、ここで、富太郎より一歳年長の内村鑑三(一八六一―一九三〇年)に目を向けてみたい。鑑三もまた、頼山陽(一七八〇―一八三二年)の漢詩『癸丑歳偶作』にある「イズクンゾ古人ニ類シテ千載青史ニ列スルヲ得ン」の句に接して「一人の歴史的の人物」になる志を少年期に立て、札幌農学校卒業後二二歳で再び東京に出てきたときには「億万の富」を得て「金満家」になりたい、と考えていたという。[40]しかし、鑑三のこのような立志は、敬宇や富太郎のそれとはおよそ異なる経緯をたどることになった。鑑三は、周知のように無教会の運動を創始したキリスト者であるが、キリスト教にあこがれて入信したというわけではない。彼のキリスト教との出会いは、敬宇の場合のように経世済民という枠組みから要請され一つの理想として論理的に考究されたのとは異なり、有無を言わせず彼に迫ってきたのである。「死を強制されたとしても、祖国の神々以外の神々に忠誠を誓うことはできない」と真剣に考えていた彼が、札幌農学校において一六歳のとき上級生から半ば強制的に、初代校長であったクラーク(William S. Clark　一八二六―一九一二年)の発案になる福音主義的な「イエスを信ずる者の誓約」に署名させられ、それから一転して翌一八七八年には進んで受洗するに至ったのである。鑑三に言わせれば、この改宗の効果は絶大であった。キリスト教徒になったことにより、「八百万を越える」神々の怒りを宥める種々の礼拝と「迷信」から一挙に解放されるという「実際上の利益」が得られ、「この唯一神教は私を新しい人にし」、「新しい信仰によって得られた精神的自由は私の心身に健康な影響をもたらした」からである。[41]しかし、

「イエスの宗教」の門下に降ったことは、「忠君愛国主義の上に築かれてきた私のすべての気高い志が打ち砕かれることになる」ばかりか、近代日本においては実は「祖国に対する反逆者、国教に対する背教者となるはず」のことを意味していたのである(42)。

その後、鑑三は、札幌農学校を首席で卒業したあと、明治政府の官吏として北海道開拓使御用掛、農商務省御用掛(農務局水産課)の職にあって漁業振興のために尽くし、また東京大学動物学研究室に通いながら『日本魚類目録』作成に専念した。しかし、一切は神の栄光に奉仕すべしという堅い信仰に立つ者が、いかなる前提をも認めない学問のための学問、しかも科学的学問に従事することは、先に富太郎の事例に見たとおり、当時の日本においてもすでに大きな疑問符を突きつけられてしかるべき事柄であった(43)。このようなときに、彼の第二の転機が起こる。鑑三は一八八四年に結婚するが、数か月で家庭生活は破綻し、その精神的打撃を癒すために官を辞してアメリカへ私費留学することを決意したのである。この渡米は、彼の生涯にとって主に二つの意義をもっていたと思われる。一つは、キリスト教国と考えられていたアメリカにはその国なりの悲惨な現実があり、必ずしも欧米の人々がキリスト教を深く理解しているわけではないことを身をもって知り、イエス・キリストへの信仰を介して欧米列強の文化と宗教を相対化する視点を獲得したことである。敬宇がイギリスに理想的な社会を見ようとしたのとは好対照をなす留学体験である。第二には、アマースト大学総長シーリー(Julius H. Seelye 一八二四―九五年)の感化によって一八八六年二六歳を目前にして決定的な回心を体験し、キリストの十字架と復活が自分を「転落以前の最初の人間の清らかさと無垢へと連れ戻し、……今や自分は神の子であり、自分の義務はイエスを信じること」であることを確信し、現世には「悪」よりもはるかに多くの「善」と「美」があることに目を開かれ、「我が魂の救いが、環境やこの世の幸不幸という条件とはまったく関係がない」ことを悟ったことである。[44]この第二の新生体験によってはじめて鑑三は、イエスをメシアと見なすかぎりキリスト教が他宗教とは決して同化しえない宗教であることを認識し、[45]真理に至る道は「単純で合理的」なユニテリアンにあるのではなく、イエスの受肉によって歴史的に明らかにされた、理性を超えたキリスト教にあることを直視するのである。[46]このような魂の深い内面的ドラマは、敬宇や富太郎には観察されえなかったものである。「日々おのれに対して死ぬこと、これが選びである。哲学者の友よ、これをいかがお思いか」という鑑三のことばは、論理的ないし哲学的にキリスト教を理解しようとする限界を根本から照射するのである。[47]

しかし、このような神の選びは決して「うらやむべきものではなく……この世で最も悲惨なもの」であることを、[48]帰国後の鑑三は痛切に思い知らされることになる。その代表的な事件を二つだけあげるとするならば、一つは前年九月に奉職したばかりの第一高等中学校における一八九一年一月の不敬事件である。これによって、彼は国賊という激しい世論の指弾にさらされ、肺炎に倒れ生死の境をさまよい、看病にあたった妻を失い、世から葬り去られようとしたのである。その第二は、日露戦争（一九〇四—〇五年）前後における非戦論（平和論）の主張である。不敬事件以降孤立と困窮のなかに筆一本で立つことを余儀なくされていた鑑三は、非戦論の主張によって再び世の非難を浴び、ジャーナリズムの世界から締め出され、キリスト教会からも白眼視され、みずから創刊した『聖書之研究』（一九〇〇—三〇年）に立てこもって限られた人々を相手に自己の思想を述べざるをえなくなったのである。

このように、鑑三にあっては少青年期の立志はキリスト教との出会いによって完全に打ち砕かれたといえる。しかし、彼は、敬宇や富太郎が果たした自己実現とはまったく異なった形で、すなわちこの世には属さない神をイエスという人格によって魂のうちに復活させるという道をとおって、自分では思いもよらなかったより大きな自己実現を果たしたと考えられる。鑑三の生涯にわたる、いわば矛盾と曲折に満ちた思想的深化に接するとき、初志は捨てるべし、神なる絶対的真理に従うべし、という苛烈な生き方がそこに窺えるのである。彼は、自然を土台として文化が育まれ、その文化を突き抜けて宗教があり、しかも神との出会いは自然と文化の終焉ないし棄却ではなく、かえってその両者を新しい光のもとに活かすものであることを「実験的に」、すなわち全人格的に知るに至ったのである。その時、近代化のなかで虚学として貶められてきた文学や思想、宗教は人間存在にとって欠くべからざる実学となって人間精神に必須の食べ物へと変容し[49]、「天ハ自ラ助クルモノヲ助ク」という『西國立志編』冒頭で有名になったことばは[50]、イエス・キリストにおいて「神は自己を助くる者を助く」と書き換えられなければならないことが鑑三に明かされたのである[51]。

さて、敬宇、鑑三、富太郎という稀有な天賦を授けられた三人は、それぞれの立場で近代日本を根源的に批判しつつ偉大な仕事を成し遂げた人々といえる。（一）敬宇は、キリスト教排斥の時代にあってキリスト教の重要性を説き、漢学排斥の時代にあって偉大な中国文化を侮る愚に警鐘を鳴らしてやまなかった[52]。それは、西欧文化および中国文化に対する日本の浅薄な理解と慢心を鋭く撃つのである。（二）「歴史は神の攝理を大書した書」であると説く鑑三は、日露戦争の勝利に酔う日本が道義的に退嬰し人命を軽んじる様を見て、「戰争は戰争を作るものであり、日露戦争を根本から反省しなければ、日清戦争が日露戦争を生んだように、将来日露戦争がさらに新たな戦争を生み出し悲惨な敗北を喫するであろうことを予言するのである[53]。（三）「草木の精」を自認した富太郎は[54]、「小生ノ信ズル分類體形ニ據ル圖鑑ヲ著ハサン事ヲ企圖シ、爾來春風秋雨十數年……漸ク本書ノ第一次ノ完成」を見た「昭和十五年」刊行の『牧野日本植物圖鑑』「序」においてこの年が皇紀二六〇〇年であることには一切言及せず、この図鑑が単なる里程標の一つにすぎないことを力説し、一層学問的に完備した形態を目指す次の改訂に向かってひたすら邁進することを誓うのである。[55] このように、これら三人は、濃淡の差はあるとはいえ、ひとえに自己を超えるものと深く関わったがために、時流に流されず、自己を決して失うことのなかった自主独立の人でありつづけたといえる。

ちなみに、鑑三は、当時一世を風靡していた「修養」の本質を「自己の確立」と規定し、その具体的方法として古典の精読、孤立を怖れることなく単独者として行う思索と黙想、利害を顧みない善の実行の三点を提示し、これによって「当り前の人」、すなわちまことの人間になるべきことを主張している。[56] 彼は、バニャン（John Bunyan 一六二八—八八年）の顰に倣って人々が各人各様に「我思ふ其儘を書」き自己を率直に表現することを一つの理想としていたが、[57] しかし他方そのためには超越的な光を魂のうちに秘め、その恩恵をたえず享けながら分厚く複雑な層をなしている文化なり自然なりをじっくりとたゆみなく読み解いていく思索と実践が必要とされることを肝に銘じていたのである。それは、敬宇や富太郎の場合も同様であった。そして、それを可能にしたのは人間ならざる、すなわち敬宇ではキリスト教によって新しい展開を見せた儒教的な天であり、富太郎では草木の精であり、鑑三ではイエスの人格を中心とする三位一体の神だったのである。これらがあったからこそ、彼らは、とくに敬宇と鑑三はそれぞれに超越的なものの前に単独で立つ者となって人間存在の根を見つめ、そこから出発して文化や自然界に真摯に対面することができたといえるのである。

（1） 牧野が主筆を揮った『植物研究雑誌』第一巻第六号（一九一七年）所載の「余ガ年少時代ニ抱懐セシ意見」（一三三—一三七頁）に全文が収められている。なお、「赭鞭一撻」は、次の研究書にも掲載されている。上村登『花と恋して　牧野富太郎伝』（高知新聞社、一九九九年）八九—九四頁。

（2）吉田賢抗『史記』（一）（明治書院、一九七三年）二三二頁。なお、この事跡を載せる「三皇本紀」は唐代の司馬貞による補筆であって、司馬遷（前一四五？―前八六年？）によるものではない。
（3）牧野に見られる植物学一筋の生き方は、大学からのいわれなき迫害、知友との堅い絆、自由恋愛と結婚、妻と娘たちの献身、経済的逼迫とこれを打開する援助者の登場、初志を結実させたあとの豊かな晩年などとあいまって、ある意味で畸人伝の伝統につらなる人情物の格好の題材ともなりうるものを含んでいる。たとえば、新国劇の台本として書かれた池波正太郎の戯曲『牧野富太郎』（一九五七年）を参観のこと。『完本　池波正太郎大成』（講談社、一九九八―二〇〇一年）第三〇巻、四〇一―四五八頁、九八三―九八四頁参照。
（4）吉川幸次郎『論語』（上）（朝日新聞社、一九七八年）一八九頁。
（5）「洋學の盛衰を論ず」（『公衆醫事』第六巻、一九〇二年）、『鷗外全集』（岩波書店、一九七一―七五年）第三四巻、二二三、二二五頁。
（6）「余ガ年少時代ニ抱懐セシ意見」一三七頁。
（7）敬宇の「誓詞」は、高橋昌郎『中村敬宇』（吉川弘文館、一九六六年）六―七頁に収録されている。なお、敬宇に関しては、ほかに次の研究を参照のこと。前田愛「中村敬宇―儒学とキリスト教の一接点―」（一九六五年）、同「明治立身出世主義の系譜――『西国立志伝』から『帰省』まで」（一九六五年）（いずれも『前田愛著作集』（筑摩書房、一九八九―九〇年）第一巻、第二巻に収録）、大久保利謙「中村敬宇の初期洋学思想と『西国立志編』の訳述および刊行について」（一九六六年）（『大久保利謙歴史著作集』（吉川弘文館、一九八六―九三年）第五巻に収録）、小泉仰『中村敬宇とキリスト教』（北樹出版、一九九一年）、揖斐高「詩人としての中村敬宇」（入谷仙介他校注『漢詩文集』（岩波書店、二〇〇四年））。
（8）「留學奉願候存寄書付」（一八六六年）、大久保利謙編『明治啓蒙思想集』（筑摩書房、一九六七年）二七九頁。
（9）一八八三年に書かれた敬宇の「自叙千字文」は、『西國立志編』冒頭に掲げられて江湖に広まった。なお、同翻訳に関しては第五版（博文館、一八九七年）を用いた。引用は、同書五頁。
（10）敬宇による「自助論第一編序」同一五頁。
（11）「漢學不可廢論」（『東京學士會雜誌』第九編第四冊、一八八七年）、『明治啓蒙思想集』三三〇頁。
（12）同。

(13) 例えば、北村透谷（一八六八—九四年）や吉野作造（一八七八—一九三三年）による敬宇と諭吉の対比を参照のこと。「明治文學管見」（『評論』第一—四号、一八九三年）、『透谷全集』（岩波書店、一九五〇—五五年）第二巻、一七三頁。「中村敬宇」（『文芸春秋』一九三一年）、『吉野作造選集』（岩波書店、一九九五—九七年）第一二巻、一八三頁以下。また、諭吉の功利主義的な宗教観に関しては、例えば「宗教も亦西洋風に従はざるを得ず」（『時事新報』一八八四年）、「宗教は經世の要具なり」（同、一八九七年）、「宗教は茶の如し」（同）等を参照のこと。『福澤諭吉全集』（岩波書店、一九五八—七一年）第九巻、五二九頁以下、第一六巻、五八頁以下、九一頁以下。

(14) 「漢學不可廢論」、『明治啓蒙思想集』三三一頁。

(15) 同、三三〇頁。

(16) ちなみに、敬宇はまた、一方ではトクヴィル（Alexis Tocqueville 一八〇五—五九年）に拠りながら「地ノ物」である「政法」と「天ノ物」である「教法」とを区別すべきことについて述べるとともに、他方では人格の改造には「藝術」と「教法」という二つの道があり、それらは別々に存在するのではなく相補的なものであることを述べている。「杞憂ヲ誤ル勿レ」（『東京學士會雑誌』第八編第五冊、一八八六年）、および「人民ノ性質ヲ改造スル説」（『明六雑誌』第三〇号、一八七五年）、『明治啓蒙思想集』三一八、三〇〇頁参照。

(17) 泰西人「洋人九慮日本人ニ代リ或ル人ノ駁説ニ答フルノ文」（『新聞雑誌』第六〇号、一八七二年）、『明治文化全集』第二三巻（日本評論社、一九六七年）二三四頁。なお、この一文はクラークによるものと推定されている。高橋前掲書一〇〇頁参照。

(18) 「漢學不可廢論」、『明治啓蒙思想集』三三一頁。

(19) 「洋人九慮日本人ニ代リ或ル人ノ駁説ニ答フルノ文」、『明治文化全集』第二三巻、二三一頁。

(20) 佐波亘編『植村正久と其の時代』（教文館、復刻版一九六六—六七年）第二巻、三五六頁以下。

(21) 山路愛山「現代日本教会史論」（一九〇六年）、藪禎子他校注『キリスト者評論』（岩波書店、二〇〇二年）三八一頁。

(22) 「敬天愛人説」（一八六八年）、『明治啓蒙思想集』二八一頁。なお、この一文は、のちに『敬宇文集』（一九〇三年）巻二に収録された。

(23) 西周「愛敵論」（『明六雑誌』第一六号、一八八四年）、大久保利謙編『西周全集』（宗高書房、復刻版一九六〇—八一年）

第三巻、二四四―六頁。
(24)「請質所聞」(一八六九年)。小泉前掲書の書下し文に拠る。四八、四九頁。
(25)「擬泰西人上書」(『新聞雑誌』第五六号、一八七二年)、『明治啓蒙思想集』二八三頁。なお、天皇受洗云々の箇所は「訂正表」によって翌年削除された。この経緯に関しては、次の論考を参照のこと。小澤三郎「中村敬宇とキリスト教――「擬泰西人上書」の著者――」、『日本プロテスタント史研究』(東海大学出版会、一九六四年)所載、二三九頁以下。
(26)「上帝ノ必ズ有ルコトヲ論ズ」(『同人社文學雜誌』第一四号、一八七六年)、『明治啓蒙思想集』三〇六頁。なお、この箇所は、ロック(John Locke 一六三二―一七〇四年)『人間知性論』第四巻第一〇章の翻訳に拠る論述である。
(27)「格物探源序」(一八七八年)、『明治啓蒙思想集』二八八、二八七頁。なお、この序は、韋廉臣ことウィリアムスン(Alexander Williamson 一八二九―九〇年)著『格物探源』(一八七二年)の訓点本に寄せたものである。
(28)同二八七頁。
(29)同二八八頁参照。ここには、「悔悟修省之念」「悔改」のことばが見られる。
(30)「漢學不可廢論」、『明治啓蒙思想集』三一九頁。
(31)「賞罰毀誉論」(『明六雑誌』第三七号、一八七五年)、『明治啓蒙思想集』三〇三頁、「請質所聞」、小泉前掲書四七頁。
(32)「請質所聞」、同五三頁。
(33)「上帝ノ必ズ有ルコトヲ論ズ」、『明治啓蒙思想集』三〇六頁。
(34)「書西國立志編後」、『明治啓蒙思想集』二八六頁。
(35)「生死論序」(一八八四年)、『明治啓蒙思想集』二九二頁。なお、この序は、デニング(Walter Dening ?――一九二七年)著『生死論』の邦訳に付されたものである。
(36)「杞憂ヲ誤ル勿レ」、『明治啓蒙思想集』三二六頁。
(37)「漢學不可廢論」、『明治啓蒙思想集』三一九、三二〇頁。
(38)同三二二頁。
(39)諭吉や伊藤博文(一八四一―一九〇九年)も、異端的キリスト教であるユニテリアンを日本に導入しようと真剣に考えていた時期があった。これに関しては、土屋博政『ユニテリアンと福澤諭吉』(慶應義塾大学出版会、二〇〇四年)を参照のこと。

(40)「後世への最大遺物」(一八九七年)、『内村鑑三全集』(岩波書店、一九八〇―八四年)第四巻、二五一、二五六頁。なお、これは、一八九四年七月に開催された、キリスト教徒第六回夏季学校における講話である。
(41)"How I Became a Christian: Out of My Diary."(一八九五年)、『内村鑑三全集』第三巻、一七、一八頁。なお、日本とアメリカで同年に刊行された本書は、一八九三年末には脱稿していた。
(42)同一八頁(一八七七年一二月一日の日記)、一四頁以下。
(43)鈴木俊郎『内村鑑三伝 米国留学まで』(岩波書店、一九八六年)三一九頁以下参照のこと。
(44)"How I Became a Christian"、『内村鑑三全集』第三巻、一一七頁(一八八六年三月八日の日記)、一一九頁(同年五月二六日の日記)、一二〇頁(同年六月一五日の日記)。
(45)周知のように、鑑三は日本の伝統を根こそぎ廃止してキリスト教に置き換えることを考えていたわけではない。日本の宗教や文化にキリスト教を「接木」することの可能性を、彼は見据えていた。同一二四頁(同年一二月五日の日記)、「接木の理」(『聖書之研究』三〇七号、一九二六年)、同第二九巻、四一五頁以下などを参照。
(46)「三位一躰の教義」(『聖書之研究』四九号、一九〇四年)、『内村鑑三全集』第一二巻、四六頁。また、"How I Became a Christian"、同第三巻、一一三頁、「ユニテリアン的信仰に就て」(『聖書之研究』三〇〇号、一九二五年)、同第二九巻、二四七頁以下等を参照のこと。
(47)"How I Became a Christian"、『内村鑑三全集』第三巻、一二〇頁。
(48)同。
(49)『後世への最大遺物』、『内村鑑三全集』第四巻二六八頁。ちなみに、鑑三は、「人間といふものは一箇人といふものに非常な価値がある、又一箇人といふものは国家よりか大切なものである」という点にロックの思想の要諦を見ている。同二七〇頁。
(50)『西國立志編』第一編一、本文一頁。なお、この句は、フランクリン(Benjamin Franklin 一七〇六―九〇年)に由来するものである。前田「明治立身出世主義の系譜」一〇一頁参照。
(51)「自力と他力」(『聖書之研究』三〇〇号、一九二五年)、『内村鑑三全集』第二九巻、二五〇頁。
(52)「支那不可侮論」(『明六雑誌』第三五号、一八七五年)、『明治啓蒙思想集』三〇二頁以下。
(53)「日露戦争より余が受けし利益」(『新希望』一九〇五年)、『内村鑑三全集』第一三巻、四〇〇、四〇四頁。

(54)「植物と心中する男」(『帝国大学新聞』五〇〇号、一九三三年)、牧野鶴代編『牧野富太郎選集』(東京美術、一九七〇年)第一巻、七八頁。
(55)『牧野日本植物圖鑑』(北隆館、第五版一九四八年)一頁以下。
(56)「修養大意」(『聖書之研究』第三〇五号、一九二六年)、『内村鑑三全集』第二九巻、四〇五、四〇九頁。
(57)『後世への最大遺物』、『内村鑑三全集』第四巻、二七四頁。

Ⅵ 随想

神産石と曼荼羅樹

近世ヨーロッパにおけるキリスト教神秘主義の歴史的展開を考えるうえで逸することのできない神秘思想家が二人いる。中世末期のドミニコ会僧マイスター・エックハルトとバロック期の神智学匠ヤコブ・ベーメである。わが国では神秘主義といえば中世のもの、カトリック圏のものと考えられがちであって、近世以降はそれがむしろプロテスタント圏においてこそ興隆したという歴史的事実が見落とされているとすれば、いかにも残念なことと言わなければならない。

これら近世の神秘家たちは、従来の神学や哲学、新興の科学と袂を分かち、個々人に体験的経験的に与えられた啓示ないし幻想（ヴィジョン）に基づきながらユニークな思索と実践を展開し深化させていった。その形態と内容は実に多様多彩であり、これらの運動全体を一口で要約することは容易ではないが、しかしその基本的骨格はかなり共通していたと思われる。言うまでもなく、近世神秘主義の本流は、イエス・キリストの十字架と復活をその教えの中核に置くことによって、中世において主流であった一（いつ）なる神との冥合を説く新プラトン主義的な神（かみ）神秘主義や、花婿イエスとの愛の交歓と合一を説く『雅歌』的な花嫁神秘主義を止揚し、キリスト神秘主義の確立を目指した。しかも、このような転換が成し遂げられるにあたり、数あるイエスの名のうち「石」と「樹」が大きな役割を果たしたことは、興味深いことといえる。

聖なる石や岩は、古来より洋の東西を問わず、永遠、不変、堅固、不動などを象徴してきた。旧約聖書においても、神は無常な存在である人間が唯一身を寄せるべき磐石の岩であって、不落の砦であり城である。偶像崇拝が厳しく戒められたとはいえ、唯一神的な神観が確立する以前の文書には、石などの自然物が神の依代や招代、あるいは神そのものとすら見なされたと思(おぼ)しき痕跡が見られる。石を枕としたヤコブが夢のうちに天の梯子を昇り降りする天使たちを目にし、神の祝福を受け、目覚めたあとこの枕石を立てて石柱とし、これに油を注いで神の家(ベテル)と名づけて記念した条(くだり)などがそれである。一方、イエスは「躓きの石」とも呼ばれるが、そのありようを最もよく言い当てているのは「生ける石」という名であろう。エックハルトにとってもそうであった。

この学僧は、〈魂のなかにおける神の子の誕生〉に要約される神秘を説くとき、石なるイエスに関する二様の名の系列を鮮やかに結びつけている。一つは、家造りの専門家たちに見捨てられた「隅の頭石(エックシュタイン)」という名。地中に沈められたこの「根底石(グルントシュタイン)」としての礎石の上に、すなわち人間存在の根拠(グルント)の上に決して壊(こぼ)たれることのない、神にふさわしい家、神の宮居が建立されるのである。もう一つは、「泉水を噴く岩」という名。これは天からマナを与えられた民が水を所望したのに対し、モーセが荒野の岩を杖で打ち清水を迸らせたという事跡に基づくが、パウロは四〇年のあいだ荒野を遍歴した民に同行したこの霊的な岩をイエスの先触れと見なし、さらには洗礼と聖餐という二大秘蹟の先駆的な象徴としたのであった。

ところで、石は冷たく不毛な無機物と見なされるのが普通であろう。しかし、石から誕生した孫悟空や、女性を象(かたど)った石像が真夜中に人知れず子を産むという禅句「石女夜生児」のように、人間を含めた森羅万象が石から生まれるという伝承は、世界に広く見られるところである。これを聖書的に表現するならば、神はパンばかりかアブラハムの子らをも石から造り出す、ということになろう。エックハルト神秘説の背景には、このようなアルカイックな観念が介在していたと推測される。では、彼の場合、何が何を産むとされているのであろうか。驚くべきことに、神が子を産むと幻視され、しかもこの神的出産が行なわれる場所は人間の魂のなかと考えられているのである。人間存在そのものと考えられる魂は、エックハルトによれば立体的な空間をもつ「内面世界」と理解されていた。そのなかにはさまざまなガラクタ（欲望が思い描く像ばかりでなく、神という概念すら含まれる）が詰まっているが、これらすべてを捨て去り、魂のなかが空となったとき、父なる神が独り子を産むという奇蹟が起こるというのである。これは、キリスト教教義の中心をなす三位一体の神秘がどこであろう個々人のなかで生起することを大胆に宣言したものといえる。岩なる父神が隅の頭石なる子の神を産むのである。しかも、子は「生ける水」として岩から迸る泉水と幻視される（ヤコブの井戸の傍らで交わされる、イエスとサマリアの女の問答を想起のこと）。その意味で、神なる存在はいわば神産石なのである。そして、独り子を裡に抱く魂もまた神産石的存在に成り変る。そのとき、人間はまことの意味において神のいのちを生きるのである。

　エックハルト神秘説の精神史上の貢献は、人間存在の根拠を魂のなかへ奇跡的に生まれ来った独り子なる石に据え、しかもその礎石が固化したものではなく流動と生成を内包するものであることを示したことにある。スコラ学に見られる実体的神概念に対する断固たる否である。とは言え、キリスト教という枠組みから見て欠けているものが、「神の子の誕生」と「永遠の今」を唱えたその神秘説には存在する。被造物界、歴史、神への帰依、すなわち創造論、終末論、信仰論などである。しかし、エックハルトの神秘説は、その後プロテスタント圏においてルター、シュヴェンクフェルト、パラケルスス等々の思想が接木され、カトリック圏とは異なった新しい展開を見せてゆく。そして、これらを踏まえて見事な結実を見せたのが、ベーメ神智学である。

　エックハルトの神秘思想は父なる神を中心に組み立てられているが、ベーメ神智学ではイエス・キリストがその要諦となっている。イエスの名として重要な役割を果たすのは「樹」、エックハルトの「生ける石」に対応させるならば「生ける樹」「生命の樹」である。それは、エックハルトではさほど問題とされないゴルゴダの丘に立つ十字架、呪われた木杭である。いのちが殺害されたこの杭から奇跡的に芽が吹いて枝をのばし、やがて花を咲かせて実をつけ、宇宙全体を覆う世界樹へと成長してゆくのである。それは歴史的に一回かぎり行われた死と再生の出来事であるが、と同時に個々人の魂のなかでいつでも反復しうる事件でもある。

エックハルトでは、魂は三位一体の神、さらには名なしの神といわば直接的につながっている。一方、ベーメにおいては、三位一体の神と魂のあいだに「神の永遠の自然」という領域が介在するのが画期である。生命の樹は、Xなる名なしの超自然的領域ではなく、名をもったこの「永遠の自然」の領域で枝葉をのばす。その成長を促す原動力は、いのちの水を岩から迸らせた純一なる神的力ではなく、引力と斥力という相反する二つの力（ベーメはこれを「渋さ」と「苦さ」という味覚でもって表現する）である。これらの力によって次々と枝が分かれ繁茂してゆく。相矛盾する両者の闘争とさしあたっての和合の絶えざる反復によって生じる無限につづく分枝運動とは、ベーメによれば被造物界のさまざまなイデア的原型の産出を意味している。すなわち、母なる永遠の自然の豊穣な領域は、被造物界の雛形、森羅万象の像（ビルダー）であって、実体化する以前の宇宙そのものなのである。とすれば、ゴルゴダの丘の頂にわずかに頭を覗かせた岩を食（は）むこの宇宙樹は、神の意志を如実に映した曼荼羅樹にほかならない。根はしっかりと隅の頭石を抱いて深淵Xに接し、樹梢の切先は蒼穹を支える冠頂石となって虚無Xと一線を画し、こうして静虚なる無Xのなかに浮かぶこれら二つの石のあいだに形成される球体空間のなかに、森羅万象のさまざまな像が救いの歴史を刻みながら緑なし、花咲き、実を結んでゆく。そして、この永遠の自然が、天地創造以後は人間の魂とそっくり重なる三次元的な内面空間を形成することとなるのである。

十字架の死を死に復活のいのちに生きる魂は、イエスと同様に、エメラルド色ないしサファイア色の透きとおった光を内側からほんのりと輝かす賢者の石、智恵の石となる。ベーメ神智学には、かつてプラトンが思い描いた両性具有の完全な人間（球体人間）、転落する以前の原初のアダムに関する太古の夢（球体魂）が回帰してくる……。ともあれ、エックハルトやベーメという偉大な神才の思索がなければ、ボイルやニュートン、ブレイクやコールリッジ、サン＝マルタンやバーダー、ヘーゲルやシェリング、ノヴァーリスやF・シュレーゲルなどの天才たちが、いま我々の手許に残されているものとは異なる思考を強いられたであろうことは想像に難くない。そのような意味の限りにおいて、彼らの思考はエックハルトとベーメに宿った永遠なる精神（プネウマ）によって、時の熟成を俟って輝き出た幻視像とことばの、創造的な照映えと言いうるのかもしれない。

シュヴァルツェナウの春

宿屋のおばさんが朝食を呼びに来るまで、私は羽根ぶとんにくるまってぐっすり眠りこけていた。無我夢中の眠りをむさぼっていたのである。手早く洗面をすませて下の食堂へ降りる。客は私のほかに誰もいない。パンとコーヒーの簡単な朝をとりながら、私はぼんやりと昨夜靴屋のB爺さんが語ってくれたことばを思いおこしていた——眠りはな、二つの顔を持っとるんじゃよ。人間が犯した罪のしるしと神様の救いのあかしという二つの顔じゃ。転落する前のアダムを見てごらん。アダムは眠りを知らず、だから彼の目にはまぶたもなかった。神様を忘れて転落してしまったとたんにアダムは昏睡し、その間に彼から女エバがつくられたのだよ。じゃがな、眠りは神の創造の第七日でもあるのだ。この日にこそ転落したアダムは再び神の安息に包まれて神の似姿になる。人間は自分の狭い利己的な分別を捨てて、神の叡智と一体になるのじゃ。性の分裂という人類の悲劇は、眠りによってはじまり眠りによってピリオドを打たれるというわけさ……。私は物静かに語り続ける爺さんの小柄な身体、節くれだったたくましい手、深くて温かい眼光を思いおこしていた。ふとテーブルから目をあげると、赤ら顔の宿のかみさんが、ドングリ眼でこちらをうかがっていた。

かみさんに急かされて、私は早々に小学校に向かった。眠気ざましにガブ飲みした濃いコーヒーが胃の中でまだ騒いでいた。エーダーの川の流れはいつ見ても清らかに澄んでいる。はじめこの川を見たときは、川底の浅い

エーダーの流れ

何の変哲もない川だと馬鹿にしていたが、こうして毎日見ているとその味わいが次第に分ってくる。橋にたたずんで川面に輝く太陽の光をたのしんでいると、草をはんでいるまだら牛に馬鹿にされた。少し回り道になるが、川ばたの領主の館の庭を横切って行く。玉砂利の音がうれしい。車寄せと庭の間には、丁寧に刈り上げられた生垣があって、その生垣にはめ込まれるように一メートルほどの高さの石像が幾つか立っている。私のお気に入りは、笛を吹く天使の像だ。毎日そのかわいらしい頭をくりくりとなでてやる。彼の名前はアマデウス。

国道をわたって村とは反対側の丘を登っていく。雨あがりのすがすがしい空気である。牧歌的な丘陵が、かすみながら優美な姿を見せて重畳している。途中、村の教会堂に立ち寄る。ここばかりではなく、西ヨーロッパの教会はなぜか物淋しく生気がない。私の知らない神がそこに宿っているから、私にそう思えるだけなのだろうか。

学校にようやくたどり着くと、今日も宿から連絡を受けた保健の先生が私を待っていてくれた。気のいい元気なおばちゃん、という風である。書棚の鍵を手渡してくれる。今日は終業日にあたるので、学校全体がいつもとはちがう雰囲気に包まれている。人口千人にも満たぬこんな寒村でも、子供は子供なりに成績に一喜一憂し、明日からはじまる三週間の休みに心をふるわしているのだ。のぞいて見ると保健室にははしゃぎすぎて階段をころげ落ちた男の子と、興奮のあまり鼻血を出した女の子がベッドに横になっていた。

アレクサンダー・マック――この名をこの小学校も冠している。彼の名を知る者は現在のヨーロッパでは少ない。この村の人々でさえ、戦前まではすっかり忘れていた人物だった。彼は、この地方の領主であったカジミールの宗教的寛容をしたって一八世紀のはじめこの村にやって来て住みついた。彼のほかにも有名無名のラディカルな神秘家たちがこの丘陵地帯の谷に数知れぬほどやってきては隠遁生活を送った。マカリオス・ルネッサンスの中心地であったわけである。マックは、再洗礼の天啓を受け、一七〇八年同志八人とともにエーダー川で神の霊による成人洗礼を行う。そののち彼とその仲間は、より自由な信仰とより豊かな土地を求めて一七一九年以降順次新大陸に渡り、フィラデルフィア近郊に安住の地を見い出す。彼が創設した教会は、ヨーロッパではすでに一八世紀には消滅してしまったが、アメリカでは着実に成長しつづけた。北米ばかりではなく、南米、アフリカ、インド、台湾などにも精力的に布教した。戦後アメリカの教会員たちは、自分たちの霊的先祖のルーツを求めて、この村を二〇〇年ぶりに訪問する。彼らは敗戦国の荒廃に心を痛め何か自分たちに出来ることはないものかと考え、この小学校を村に贈ったのだった。子供は未来の宝、そして何よりも神の国を嗣ぐ者だからである。一九五六年のことであった。これが機縁となってここ数年はるばるアメリカから二台三台とバスを連ねて教会員が毎年訪れるようになった。新しい巡礼地となったのである。

アレクサンダー・マック学校

私自身、この村を訪問するまで彼の名前を知らなかった。私は、マックと同時期にやはりこの村にやってきて苦行を修し狂気と肉体的死の淵をさまよいながらも人間のエゴを脱却して神の器となりきった別の一神秘家を求めて、何ら特別の期待も抱かずにこの村へ立ち寄っただけだったのである。しかし、私は運が良かった。適当に入った宿屋が、アメリカの例の教会員が来村のたびに泊る宿だったのである。宿のおばさんのすすめで、私はこの小学校に寄贈された図書のうちマックとその教会の歴史に関する本を借りてはつれづれに読んでいたのである。B爺様の口を借りれば、これも神様の導きに相違ない。

マックが住んでいたと伝えられる家

Mさんは、陽気な巡礼者たちがやって来るといつも案内を快くかかって出る国語の先生だ。初めはアメリカ発音の英語とガムに辟易したがそれにも慣れ、こまめにマックが住んでいたと伝えられる農家やその他ゆかりの名所を案内して歩く。私もまたこの親切なMさんと出会い、マックばかりではなくその当時の神秘家たちが庵を結んだ土地を、ある時は車である時は徒歩で経巡った。その時いつも話題になるのは、自然と神のことだった。

日本では、神々はその土地土地の自然と分かち難く結びついている。那智の滝、三輪の山、伊勢の五十鈴川などを考えるまでもない。どんな村にも鎮守の杜があって、村の神様はその杜に住まっているのだ。これを裏返して言えば、日本の神々は日本の地域的自然を失えば生きてゆけないということである。日本人が体験する神とは、多くの場合地域神ないし血縁神であって普遍の神ではない、とも言える。ところで、アルプス以北の西ヨーロッパの自然を見た者は、それが日本の自然と比べてなんとも弱々しく血の気の少ないことに驚くことだろう。火山国地震国の日本と異なり、安定し老化しエネルギーを失ったモノトーンの自然がそこには広がっている。スイスの山々を歩き、ドイツやフランスを旅してその味気ない自然に接していると、私は無性に腹が立ってきた。日本に育つ高級な草木とて数少ない。ヨーロッパの自然は貧しい。日本の神々はヨーロッパの自然の中では退屈のあまり死んでしまうことだろう。これが私のいつわらざる感想であった。燕や甲斐駒の山頂に広がる天国のような園がなつかしく思い起こされて仕方がなかった。

Mさん一家

しかし、ある時私は悟ったのだ。我々日本人のようにはヨーロッパ人は自然に寄りかかって生きてゆけない。その代り彼らは、特殊を抜け出て普遍的世界に通じる道を歩むことができたのではないのか。西ヨーロッパが体験したイエス・キリストが正しい神理解であったか否か私は知らない。しかし、その神とは地域の神ではなく、いつどこにでも働く普遍の神ではなかったか。日本とかアメリカとか一地域にだけ通用する神でもなく、また地球という一惑星にだけ通用する神でもなく、全宇宙にくまなく通用する神なのではないのか。そしてヨーロッパがかつて目ざした学問もまたこの神とこそ結びついていたのではなかったか。ある特定地域の特殊な自然エネルギーを糧としている日本の地域神は、シャーマン的能力は発揮できても全宇宙をとりしきることはできないだろう。だがしかし、普遍なる神は、日本の神々が気づかぬ間にこの特殊な日本の神々をも包みこんでいる。なぜなら現世では普遍は特殊の中にのみ姿をあらわすことができるのだから……。

Mさんは私の話を聞きながら、この土地の自然がこの数十年間でどれだけその豊かさを失ったかを具体的に教えてくれた。まず第一に森が少なくなった。ナラ、ブナ、カシ、トネリコなどの雑木が消え、のっぺりと広がる牧草地となった。木炭の需要がなくなったからである。植林によって新しくできた森も、用材として比較的早く換金できるトウヒやモミなどが大部分となった。木は一本一本数えられ、森は人間の管理下に置かれるようになった。森の減少と樹相の変化にともなって、動物相植物相も変化せずにはいられない。野生の鹿や猪など姿を消しはじめた。魚や鳥の種類、棲息数も減った。野苺やきのこも。そして何よりも、赤、黄、白、紫と色とりどりに咲きほこる野の花の群生が消えた。牧草地への化学肥料施肥のためである。自然はその多様な豊かさを失い、それはまた自然が持つ生命力と精神性の喪失につながっている。Mさんは言葉を継いで次のようなことを言った――現在の自然は、マックたちが見た自然とは似ても似つかぬものになっている。だから、神秘家たちがこの土地に吸いよせられたのも、単に当時困難だった信教の自由を獲得するためばかりではなく、この谷間だけが持つ独特の宇宙エネルギーを宗教家特有の鋭い感性で見ぬいたためという可能性もあるかもしれない。その土地だけが持つ独特の空気、独特の磁場は、日本の自然とは異った形でヨーロッパにも存在していたにちがいないと思う……。

干草をつくる作業をしていた村人が一人二人と挨拶をかわしながら村へおりて行く姿が見えた。今まで黙って私たち二人の会話に耳をかたむけていたB爺さんは、右のポケットから一冊の本を取り出し、力のこもった穏やかな声でその一節を読んで聞かせてくれた。それは、私がこの村に足を向ける機縁をつくった例の神秘家の著作からだった。――人間は四元のからだとともに星のからだを持っている。神は天地創造ののち第六日に人間をつくった。人間は天地万物の諸力のエッセンスなのだ。ルチファーが転落しアダムが転落したのち、人間は宇宙の王の座から、四つの元素と星々の奴隷になり果てた。星は、天空に輝くとともに人間の魂の中にもまたたいている。だからこそ、星は人間に良い影響悪い影響を及ぼすことができるのだ。しかし、罪の子アダムの末裔よ、思い違いをしてはいけない。考えてもみよ。我々人間をつくったのは星ではない。神が人間を創造したのだ。宇宙自然の力がいかに大きいものであろうと、神の力をしのぐことはできない。神は人間を星や四元のためにつくったのではなく、自由な意志としてつくったのだ。だから心せよ。四元に従うも自由、星の力に従うも自由、神の心に従うも自由。星の力を借りて人を癒すことも可能だ。また逆に星の力を悪用して人を病いの床に伏せさせることも可能だ。しかし、星の力は神の力に及ばない。真実のすばらしさ、真の奇蹟とは、星や四元からではなく、神から来る。人間の自由、人間の意志、愛、平等とは、一人一人が神と垂直につながらぬ限り、真のものとはなりえない。四元のからだ、星のからだを越える神のからだ、霊のからだを着よ。タボル山上の光の衣をまとえ。そのためにこそ、いのれ。たえずいのれ。存在は悪しきものゆえ、たえずいのれ……。

快い沈黙が流れた。私たちは、それぞれ自分の物思いにふけっていた。最初にMさんがゆっくり立ち上った。そして三人つれ立ってエーダー川のほとりまで降りて来た。今日という幸福な一日の汗を流すためである。

神秘家たちの聖なる森ペンシルヴァニア

この夏、念願のペンシルヴァニアを訪れることができた。ドイツを中心とするヨーロッパ神秘思想を専攻する者が、なぜアメリカ東部の宗教事情に関心を寄せるようになったのかについては、多少の説明が必要かもしれない。すでに五年ほど前のことになるが、西ドイツ、ヴェストファーレン州の町ベルレブルクに立ち寄る機会があった。この小さな町は、一八世紀のはじめ、当時の宗教政策から締め出されたヨーロッパ各国のラジカルな神秘家たちが数多く集まった中心地の一つであり、マールブルクとベルレブルクにはそのころの領主が収集した神秘思想関係の絢爛たる図書が今日なお保存されている。これらの文献を調査しおえたあと、わたしは、近くのシュヴァルツェナウにまで足をのばし、この世の崩壊と神の国到来を不安と希望のいりまじった思いで待ち望んでいた神秘家たちがそこここに庵を結んでは自己否定の激しい禁欲苦行にあけくれた「森」を歩き回った。そして、この寒村で一人のアメリカ女性と行き会い、この村からばかりではなく、ヨーロッパ各地から信教の自由を求めてアメリカ東部に脱出していった人々の教会のうちなおいくつかがアメリカに健在であることを知らされた（このときの紀行は、『言文だより』一二号に書いた）。これらのうちドイツ語圏の人々が最も多く入植したのが、今日のペンシルヴァニア州なのである。

この植民地の成立を語るさいに、クェーカー教徒ウィリアム・ペンの名を逸するわけにはいかない。彼はこの広大な土地を祖父の借金のかたとしてイギリス国王から譲渡されたのであるが、彼の天才はこの地をクェーカーだけの国にするのではなく、さまざまな信条がさきわう寛容の国にしようと計画した点に発揮された。ピューリタン一色の神聖政治をめざした排他的傾向の強いニューイングランドとは好対照をなす。これには、非国教徒としてイギリス本国で迫害と投獄を繰返し受けたペン自身の体験が背景としてあろう。彼は、みずからドイツに赴き、ドイツに似た風土という惹句も用いて精力的に入植者を募った。その時、彼の求めに応じた者のうちには、いわゆるセクトやセパラティストと呼ばれる人々が数多くいた。再洗礼派（アーミッシュやメノナイト）、シュヴエンクフェルト派、モラヴィア派、ラバディー派、薔薇十字団、あるいはまたケルピウス、マック、バイセルなど単独者的傾向の強い神秘家やスピリチュアリスト、カバリスト、錬金術師などが、一七世紀末から一八世紀中葉にかけて、「乳と蜜の流れる地」ペンシルヴァニアに大挙してやって来たのである。個のレベルで信の世界に生命をかけたラジカルな連中である。こうして、「聖なる実験」の名にふさわしくキリスト教史上まれに見る諸宗派のカオス的饗宴が新大陸のこの地域に形成されたのである。今日なお、パラダイス、ベツレヘム、ナザレ、エフラタ（ベツレヘムの古名）、レバノン、ベテル、ヤコブなど、聖書的な名前を持つ町が州東部に散在しているのは、これらの人々が入植した地域であることを示している。そしてなによりも、「兄弟愛」という意味を持つその中心都市フィラデルフィアに、彼らが、黙示録的、終末論的相貌を付与しようとしていたことも忘れてはならないであろう。

バイセルの創建したエフラタ修道院

前置きが長くなってしまった。ウィリアム・〈ペン〉の森〈シルヴァニア〉とは、当時どこを実質的に指していたのか、私は正確には知らない。しかし、いずれにせよ、ランカスターやリーハイなどの郡部を歩いていて、手入れの行き届いた自然の景観とそこに生活している人々に、わたしはじつに気持ちよくこころを開くことができた。多雨多湿の地域だけあって、森を形成する樹々一本一本は大きくどっしりと大地に根ざし、またなによりもその豊富な樹相に驚かされた。マツ、ツガ、クルミ、ヒッコリー、ブナ、カバ、クリ、オーク、ニレ、カエデ、モクレン、クスノキ、アカシアなどなど。紅葉の季節は、さぞ美しいにちがいない。そして、野の花や鳥や獣たち。かつて西ヨーロッパの管理しつくされたモノトーンな自然に違和感と失望を味わったわたしは、生命力にみち溢れた、この荒々しい自然に感動した。日本の自然に似た相貌をときおり見せるものの、たぶん日本と西ヨーロッパの中間に位置するような自然。――映画『ジョン・ブックの目撃者』や色鮮やかなキルトで日本にも知られるようになったオールド・オーダー・アーミッシュの人々の仕事ぶりとその農村・酪農地帯を眺め（強固なゲマインデを形成している彼らは、故郷の言葉であったなまりの強いドイツ語を今でもふだんに用い、一八世紀入植当時とさほど変わらぬ、電気や機械を拒否した反文明の生活を送っている）、なだらかな起伏を繰返すローリング・ヒルズをさらに西行すると、バイセルが同志とともに開いたエフラタ修道院がある。そのシオンの丘からあたりの景色を見渡したわたしは、この穏やかな丘陵地帯が、バイセルもいたことのあるシュヴァルツェナウの風景に実に良く似かよっていることに気づかされた（ちなみに、トーマス・マンもアメリカ亡命中にバイセルの存在を知り、彼の音楽とその不思議な理論に魅せられた一人であった。『ファウスト博士』八章を参照のこと）。

この時から、わたしは、ヨーロッパの森とアメリカの森がかつては通底しあっていたのだとひそかに思うようになった。キリスト教の神秘家たちが苦行を修した聖なる荒野、たとえば、エジプトやシリアの砂漠、ロシアや東欧に広がる黒い森、アイルランドやピレネーなど西ヨーロッパ各地に散在する荒れ地、これらの東部アメリカ版がペンシルヴァニアの森なのだ。つまり、ペンの森もまた、神と人間と宇宙のウニオ（合一）が成就し、内面世界と外界が照応するあの神秘的な至福の時空間にほかならないのである。そもそも、ここに言ういわゆる「砂漠」とは、神の圧倒的なエネルギーに自己存在を徹底的に破壊しつくされかつ新しいアダム（つまりは、「超人」アダムに等しい復活のイエス）が人間の心身レベルで再誕生する場なのであって、比喩的に言えば（もっとも「砂漠」自体が内外の照応という事実に立脚した現実であり比喩なのだが）、〈観想の眼〉で森羅万象を一望のもとにおさめられる山の頂（変容の山タボル）、暗黒の宇宙空間という原初の大海原にゆうゆうと突き出た光の岬なのである。しかし、それにしてもこの森は、精神的にも物質的にもなんと豊かな、この世の時間を超越した「荒野」なのであろうか。

ベツレヘムにあるモラヴィア派の皮革工場

リーハイ・ヴァレーにある、ツィンツェンドルフ伯とシュパンゲンベルクの指導のもとに建設されたモラヴィア派の宗教共同体の跡と現在における活動を見学したのち、わたしはフィラデルフィア郊外のフェアマウント公園はずれにあるケルピウスの洞窟を訪れた。薔薇十字会のメンバーだったこのカバリストは、千年王国の到来、つまりイエス・キリストの再臨のわずかな予兆すらも見逃すまいと粗末な望遠鏡を庵の屋根にしつらえて天体の変動をひたすら観察し、また近くを流れる川からすこし離れた丘の中腹に掘った小さな洞窟のなかで孤独な瞑想と錬金術の実験にふけった、アメリカにおける初期ヘルメス学史上欠くべからざる人物である（錬金術といえば、ホーソンの『緋文字』に出てくるヘスタの夫もまたパラケルスス流の錬金術師に設定されていた）。まさかその洞窟が、二五〇年以上も崩れないまま残っていようとも思わなかったが、何よりもわたしを精神的身体的に惑乱させたのは、多少大げさに言えば、熱帯の鬱蒼としたジャングルを髣髴とさせる荒々しいエネルギーを発散させてやまないあたり一帯の森であった。初期の入植者たちが、ペンシルヴァニアの夏を高温多湿と言って嫌ったことは、かれらの手記にたびたび出てくるところではあるが、ケンピウスの森はわたしの想像をはるかに越えていた。たしかに、ヨーロッパという乾燥した寒冷地帯からやって来た者にとっては、ペンの森の夏はむし暑くじめじめしており、住むには不健康な土地と実感されたことは想像にかたくない。しかし、夏、亜熱帯地域に変貌する（とわたしが信じて疑わない）大阪の地から来た者には、そこは乾燥したさわやかな土地と感じられていたのである。

ケルピウスの洞窟

だが、それにしてもこの一角の自然は、異様である。巨大な樹木の繁り、蔦のからまり、草いきれ、イタドリの密生、野鳥の叫び声、これら息苦しいばかりの緑の洪水を貫いて吹き渡る芳香を含んだ風、一切を銀色に包んで沛然と降る驟雨、この過剰なまでの生命力は、わたしを呆然とさせた。この世の終りを完成させるカオス、存在者を存在者たらしめる無、をなんとあざやかに予感させるエネルギーなのであろうか。ドラキュラ伝説でも有名なケルピウスの故郷トランシルヴァニアの森にもまた、このような自然が広がっていたのだろうか。あるいは、その地名の由来が示すように、森〈シルヴァニア〉の彼方〈トランス〉からペンの森のなかへ、この隠者は敢えてもどって来たのだろうか。そしてまた、かつてのシュヴァルツェナウも、バイセルがいたエフラタの大自然のようにすかっとしていてかつ鬱蒼と樹木が繁っていた「森」だったのだろうか。野生的なエネルギーを発散するこの自然に包まれて、わたしは、消滅と破壊がもたらす苦悩、再生と救済が約束する歓喜、これらあい反する終末の思いに満ち溢れた虚空の空間に目眩をおぼえた。ペンシルヴァニアが、かつては神秘家たちの聖なる森であったことを、わたしは、ケルピウスが築いた泉の石垣にもたれながらますます確信せざるをえなくなったのである。

帰国後、津田梅子、新渡戸稲造、野口英世などとも縁が深かったフィラデルフィアとその周辺地域を訪れた短い旅のことをこうして思い返していると、今でも一八世紀ヨーロッパのドイツ語圏の片田舎に迷いこんできたような錯覚に陥りそうになることがしばしばある。おそらく、各地で出会ったこれらドイツ系の宗派の末裔の人々とドイツ語で話す機会が多かったこと、そしてかれらの真摯で豊かな信仰の姿に触れたこと、アーミッシュの人々の中世的ともいえる生活に触れたことなども、このような思いを強めるのにあずかっていたにちがいない。ヨーロッパとは異なる信仰の道を歩むことをめざし、かつ華麗にこれを踏み外すことになるアメリカ宗教史のひとこまをかいま見ることができたことは、翻ってヨーロッパにおける近世神秘思想の発展と変形を考える上で重要な手懸かりを与えてくれるにちがいない。アーミッシュの人々のうち厳格なゲマインデは、現代アメリカに同化することを拒否し、すでに南米へ脱出しはじめているという。「出エジプト」の旅は、現実においても、またヤコブ・ベーメのいう「永遠の自然」のレベルにおいても、現在まさに進行中なのかもしれない。

［最後になったが、今回の訪問を準備して下さったI・イリイチ氏やB・ドゥーデン教授に、こころから感謝

する。かれらの周到なアドバイスがなければ、わたしの今回の旅行はまったくべつの様相を呈していたにちがいない。また、文献の「森」を逍遥するにさいし、ペンシルヴァニア大学のヴァン・ペルト図書館、ルーファス・M・ジョーンズが収集した神秘思想関係のコレクションとクェーカー・コレクションを所蔵するハヴァフォード大学のマギル図書館、ペンスブルクのシュヴェンクフェルト図書館、およびこれらの司書の方々から、言い尽くしえない恩恵をこうむった。いずれも、欧米のキリスト教神秘思想を研究する上で欠くことのできない貴重な文献を含むすぐれたコレクションであるが、これらについては、またべつの機会に報告できることと思う。」

ヴォルフェンビュッテルにて

ハルツに源をもつオーカー川を分けて幾つかの水路が緩やかに流れ、ルネサンス様式を塔に残す瀟洒な城のまわりには堀が優美にめぐらされ、明珠のようにかわいらしく小さなこの町はバロック時代の水の都邑の面影を色濃く残していた。当時からヨーロッパにその名を広く知られ、ライプニッツやレッシングを館長に迎えて発展してきた図書館のお蔭で、北隣のブラウンシュヴァイクとは対照的に戦災をほとんど受けることもなく、古くは一六世紀にまで遡る六〇〇を越える木組みの家並みをこの町はいまも誇っている。軍事よりも平和と文化を愛する君主を輩出した公爵家は、まっすぐで幅広い目抜き通りを街の中心に敷くという先見の明をもっていた。市民社会かくあるべしと思わせる堅実で健全な生活ぶりを見せる町は活気にあふれ、市や折々の祭りの日には賑やかさを増した。広場をはさんで城と向かい合う図書館の近くには緑豊かな公園が点在し、それらを縫って小道に歩みを進めるといつしか肥沃な田園が目の前に広がっていた。

アレクセイは聖ペテルブルクからやってきたセミナリオの若き講師であった。いつもにこやかな笑みをたたえていた彼とは散策をしながらよく語り合った。図書館が収蔵する文献の完璧さに感激した彼ではあったが、読書室（一九世紀以前の古い本は、かつて武器庫であった建物の三階に設けられたこの部屋で閲覧する）は嫌っていた。地下から這いあがってくる湿気が彼の身体にさわったからばかりではない。世界各地から集ってくる研究者たちが持参のパソコンに猛烈な勢いで文献を入力する無粋な音が彼の神経を痛めたからである。これじゃ機械工場と同じだよ、とよく微苦笑していた。ウィーン留学中に出会った、神秘は自らを顕すというヴィトゲンシュタインのことばが彼の目をいつしかドイツ神秘思想へと開かせることになった。ソロヴィヨフやフロレンスキーがその良き導き手となった。そして、彼がテーマとしたのは、ヤコブ・ベーメの創世記注釈に魅せられ、最期はモスクワで火刑の煙と消えたシレジア出身の奇矯な詩人予言者クールマンであった。ヴォルフェンビュッテルに来てはじめてその《バベルの灼熱を冷ます詩篇》を繙いた彼は、この袖珍本に展開される世界に沈潜し、ベーメ神智学について私の考えをたびたび質したのである。

ある時、読書室でバラムと驢馬の話（列王記上二二章）と神の御召車の幻視（エゼキエル書一章）を並べて記述している文書とめぐりあった。二人で頭を突き合わせながら、どうしてこの箇所が結びつけられるのか思いをめぐらせたことがある。そして、魂を載せる車（メルカーバー）が恒星界、永遠界、神の威光を目指す旅の手始めに七つの領域（惑星界）を通過しようとする折、それぞれの門を護る天使が魂を地上界へ邪険に追い払おうとする神話的形象がその背後に隠されていることを突き止めた。さらに、ベーメにおいてこの御召車が、魂を載しこれに神愛の不可思議な力を供給するティンクトゥールと解釈しなおされていることを知った。バロックの神秘家たちやその伝統を受け継ぐ者たちは、神智学やカバラ、錬金術、魔術などの交点に身を挺しつつ、各人各様の思索を展開していたのである。

広葉樹の梢のいただきを吹きわたる涼やかな風の響きに耳を傾けながら、あるいは水面を打つ木の実の音を楽しみながらアレクセイと交した話の数々は忘れがたい。ユートピアと終末論の違い、霊（精神）を意志と見なすある種の神秘思想が身に帯びることになる特徴、白光を頂点とする極彩色の神秘体験と錬金術的錬成作業の奇妙な照応、神秘学を媒介とするドイツとロシアとの予想を越えた強い絆等々。また、ロシア正教の霊性について心ゆくまで話を聞けたことはありがたかった。

図書館はすばらしいの一言に尽きた。蔵書はもとより、未開の地に鍬を入れようと試みる者たちに図書館員は労をいとわず援助の手をさしのべ、研究者の交流にもゆきとどいた配慮を払ってくれた。とはいえ、図書館も町もいわば終末を過ぎ越したあとの桃源郷のたたずまいにどこか似ているように感じたのは、ひとりわたしだけだったであろうか。ともあれ、ロシアと日本からの異邦人が反ラテンを旗印としたドイツ神秘思想を介してこの町で出会えた僥倖は、いまも楽しい思い出の一つとなっている。

おわりに　未知の世界へ

ここには、詩歌やドラマ、絵画や歴史、宗教や儀礼、思想や哲学などについての思索が木石、泉水、四阿(あずまや)、馬場、灯籠(とうろう)、橋などが配されている庭を巡(めぐ)るように編まれています。どこから足を踏み入れるかは自由です。心の赴くままに廻遊(かいゆう)するにつれ、かの「語りえぬもの」がときに物陰から仄(ほの)かに、ときには電撃的に皆さんの前に立ち現れてくるにちがいありません。そして、この庭を廻覧しおえたとき、ひとりびとりの内面世界のなかで、あるいはまたわたしたちの外に広がる大自然のなかで、かの「語りえぬもの」が必ずや大文字の現実(レアリテ)としてあることを、あるいはないことを予感したり確信したりなさることでしょう。そのとき、この庭から得られた思索の糧(かて)を携(たずさ)えて（ないしはさらりと捨てさって）さらに険峻(けんしゅん)な峯々を、それぞれの人がそれぞれの路(みち)にしたがって目ざされることを、わたしは願っています。

「語りえぬもの」は、解きがたき謎です。しかし、私見を述べることが許されるならば、それは永遠に謎でありつづけながらも、謎のままに終わるものではありません。それはありとしあるものの実存の芯(しん)となる（ことを欲している）名なしの権兵衛(ごんべえ)であって、どんな人にも、またどんな物にも与えられているものなのです。わたしたちが自由に語れるのも、気ままに空想を遊ばせうるのも、そしてなによりも活き活きと生きかつ創造しうるのも、語りえぬものがあればこそです。古(いにしえ)の賢者たちは語っています——すべてのものの中心にはいまだかつて語られざることばが秘められている、いまだかつて名づけられざる名が宿されている、このようなことばや名は、

桂離宮・古書院の月見台　非対称の美である

ことばとなることを、名づけられることを切に求めてうめきつづけている、このうめきに応えること、秘められたことばや名を闇のなかから明るい空処へと取りあげて体現してゆくこと、それこそが人間の使命であり、文化の創造にほかならないのだ、と。

これにいささか関連する事柄として、日本にある二つの被表現体のことについて、ごく簡単に触れたいと思います。一つは、江戸時代初期に造営された桂離宮のことです。

ご存知のように、ドイツの建築家ブルーノ・タウト（一八八〇―一九三八年）によって再発見されたこの離宮のすばらしさについては、いまさら贅言を要さないでしょう。ここでは、次の二点だけに絞って言及しておきたいと思います。桂離宮の庭も建物も、その造作は必ずしも贅沢の粋を極めたものではありません。意外にも、たとえば使われている材木も上質のものばかりではなく、廃物利用の痕跡をすらとどめています。むしろ、そこに燦然とひかり輝いているのは、たおやかで鮮烈な精神の意匠です。人間を含め、すべてのものは、あるこえがたい限界のなかにあります。その限界のうちにとどまりながら、高貴な精神の照り映えをまごうかたなくありのままに現出させること、しかも他人や世間の思い計らいとは別個に、自己に与えられた天賦の精神の光を信頼してこれを形象化させること、これが桂離宮のすばらしさの秘密の一つとなっています。自己に与えられた才や財などに不足をいわず、これにむしろやすらぎ、語りえぬものから

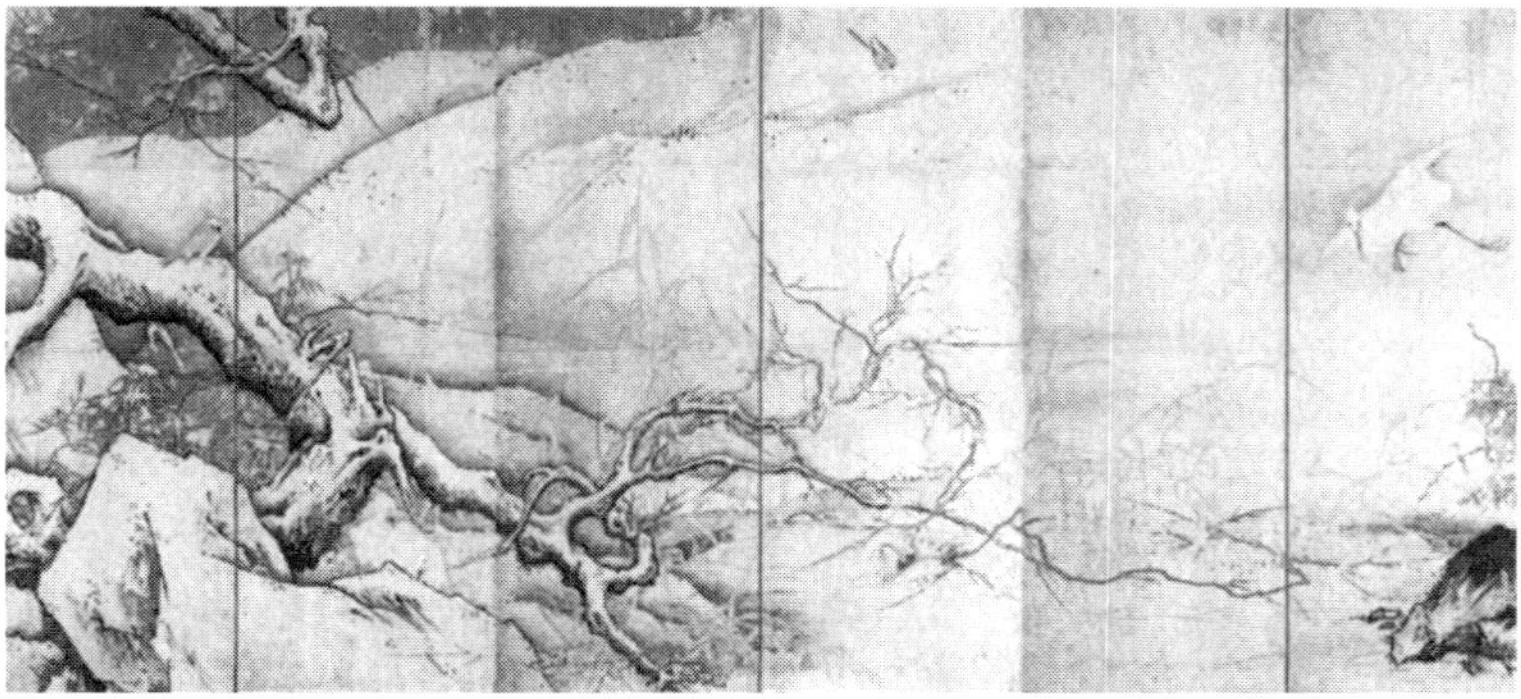

雪舟筆「四季花鳥図屛風」左隻（京都国立博物館）

の息吹を忍耐強く待ち望みつつ怠りなく備え、ひとたびこの息吹にとらえられたならば、その機会を逃さずにその精神（霊）を身体化するという、「思し召すまま」の機微です。

二点目は、桂離宮の造作が必ず中心をはずしているという特徴です。にもかかわらず、各部分も全体も、実に天国的な調和のなかに、しかも力動的な調和のなかに安息しています。この事実は、桂離宮を普請した人々には物事の中心がはっきりと見えていたことを意味しています。ただし、ただ一筋だけ、中心をはずしていない、目に見えない軸が桂離宮にはあります。それは中秋の名月が真上に昇ってゆく線です。古書院の竹簀の子縁の月見台は、まっすぐに正しくこの垂直線と向きあっています。陽光のもとの知性と月光のもとの知性が、このようにぴたりと見事な一致を見せていること、これが桂離宮の精神性を支える大きな柱となっているのです。惑星や星々、あるいは神々は、地上界の生きとし生けるものと関わります。しかしまた、星々の世界や神々の世界をもこえる、地上とは無縁な世界も存在します。「語りえぬもの」とは、これら各領域を刺し貫きつつ、あるいは「語り」を拒否し、あるいはさまざまな中間世界において「語り」を、そして「からだ」を渇望しているのかもしれません。

もう一つ触れておきたい作品は、雪舟（一四二〇—一五〇六年）筆と伝えられている「四季花鳥図屏風」のうち、秋と冬を配した左隻の絵です。雪漫々たる寒厳の山懐に人知れず抱かれている湖沼、峻たる岩蔭から姿をあらわしている老梅樹の枝には花がほころび、鷺や野鴨などの鳥がひっそりと棲息している、という図柄です。白一色の単純愚直な無差別の世界。しかし、そこには厳しい自然のなかで楚々と生きる草木や鳥が、さらには成長してやまない山水が、それぞれに与えられた生命と存在をしっかりと保持している、無限の多様性を包みふくむ豊かな世界が描かれています。雪舟の山水画にもいえることですが、そこには言説をこえた、あるがままの超絶的自然の深奥に分け入ってこれと正面から向きあい、これに鍛えられ、そこから真剣に学びとるという姿勢が顕著に認められます。そのとき、自己流の描写でもなく、山水の形につきすぎもせず、真如の気韻を活写する絵が奇跡的に生まれてきます。そして、おそらくは生と死をあわせ含んだ新しい次元の世界が披けてくるのです。ただし、これは、雪舟みずからも語っているように、人に教わることも、人に教えることもできない事柄なのです。

　桂離宮と雪舟という日本の産物についてあえて最後に述べたのは、本書の多くが主に西洋の文物を話頭としているからです。ホメロスや聖書などに匹敵する、日本における古典は、ひょっとすると文字で記された書物ではなく、自然というもう一つの書物にあるのかもしれないことを示唆したかったからです。今日のわたしたちは、文字と自然という二つのゆるぎない古典に精通しながら、これまでの日本を乗りこえてゆかなければならない大切な時期にさしかかっているように思われます。日本人に生まれたから日本人であるという単純素朴な自己同一性は、これからの世界ではもはや通用しなくなることでしょう。異なる文化を学び、日本の古典を学び、その線上で自覚的に日本を改めて選びとる、あるいはイギリスを、インドを、アフガニスタンを、アルゼンチンを、タンザニアを改めて選びとるという行為をしてゆくことが今後ますます要請されてゆくことでしょう。あたかも終末をすでに過ぎ越してしまったかのような現代、歴史を飛び出してしまったかのごとき現代、これまでの枠組みがいとも容易に無効とされる現代こそ、普遍と個が思いもかけない形で一致する「わたし」を活かす絶好のチャンスなのではないでしょうか。わたしは、善悪の彼岸にある「語りえぬもの」のかそけき声を頼りに何ものかを切実に選びとり、何ものかを切実に表現してゆくこのような過程をたどることによって、まったく新しい、未知の、華やかな智慧（ちえ）の世界を創造してゆけるという希望の幡（はた）をおし立ててゆきたいと考えています。

師の一管先ずさえわたり初稽古（疎竹）

二〇〇二年正月

岡部雄三

初出一覧

宗教のことば――ロゴスと宇宙の響き　（『ことばは生きている』高岡幸一他編、人文書院、一九九一年）

表現者としての神と人間――エックハルトの神秘思想　（『「語りえぬもの」からの問いかけ』宮本久雄、岡部雄三編、講談社、二〇〇二年）

西谷啓治における西洋神秘思想研究の特徴について　（『UTCP 研究論集』東京大学21世紀ＣＯＥ「共生のための国際哲学交流センター」編、第四号、二〇〇六年）

マイスター・エックハルトと『ドイツ神学』におけるキリスト中心主義的な神化思想　(In: UTCP Bulletin Vol. 7 (2007). ただし再録にあたり日本語に翻訳した。原題：Die christozentrische Vergöttlichungslehre bei Meister Eckhart und in der „Theologia Deutsch".)

マイスター・エックハルトの歴史的境位　（『創文』特集・エックハルト『ドイツ語説教集』創文社、第四九五号、二〇〇七年）

天のしるしと神のことば――パラケルススにおける予言と預言について　（『ノストラダムスとルネサンス』樺山紘一他編、岩波書店、二〇〇〇年）

自然の黙示録――パラケルススの伝承空間　（『ドイツ文学』日本独文学会編、第八六号、一九九一年）

星の賢者と神の聖者――パラケルススの魔術論　（『哲学』哲学書房、第五号、一九九一年）

魂の神化とヘルメス学――アンゲルス・シレシウス『ケルビムの遍歴者』について　（『外国語科研究紀要』東京大学教養学部編、第四三巻一号、一九九六年）

『ケルビムの遍歴者』――アンゲルス・シレシウスの神秘神学詩について　（『ドイツ近世神秘思想文学運動の研究』平成五年度科学研究費補助金（一般研究C）研究成果報告書、一九九五年）

立志と神――富太郎・敬宇・鑑三　（『言語と文化の饗宴』中埜芳之教授退職記念論文集、仙葉豊・細谷行輝他編、英宝社、二〇〇六年）

神産石と曼荼羅樹　（原題「神産石と曼荼羅樹」土倉勲（岡部雄三）著。『岩波講座　哲学』第一一巻月報九、岩波書店、二〇〇九年）

シュヴァルツェナウの春　（『言文だより』大阪大学言語文化部編、第二号、一九八五年）

神秘家たちの聖なる森ペンシルヴァニア　（『言文だより』大阪大学言語文化部編、第七号、一九九〇年）

ヴォルフェンビュッテルにて　（『ひろの』ドイツ語学文学振興会編、第四一号、二〇〇一年）

おわりに　未知の世界へ　（『「語りえぬもの」からの問いかけ』宮本久雄・岡部雄三編、講談社、二〇〇二年。ただし再録にあたり、本来「あとがき」として書かれたものを編集委員会で加筆して体裁を整えた。文末の句は著者の父、岡部秀一の作。）

著者年譜

一九五二年二月　山梨県甲府市に生まれる
一九五八年四月　山形大学教育学部附属小学校
　　　　　　　　東京都目黒区立東山小学校を経て
一九六四年三月　東京都小金井市立第二小学校卒業
　同　　四月　東京都杉並区立神明中学校入学
一九六七年四月　東京都立西高等学校入学
　　　　　　　　＊「聖書研究会」に所属
一九七〇年三月　同　卒業
　同　　四月　東京大学教養学部文科二類入学
一九七二年四月　同大学同学部教養学科（ドイツ分科）進学
　　　　　　　　＊南原　実教授の講義に出席
一九七五年三月　同　卒業
　同　　四月　東京大学大学院人文科学研究科比較文学比較文化専攻修士課程入学
一九七七年三月　同　修了
　同　　四月　大阪大学言語文化部助手
一九八〇年七月　同　講師に昇任
一九八二年七月　スイス・チューリヒ大学に長期研究滞在（日本学術振興会特定国派遣研究者）
一九八三年七月　チューリヒからイギリスに短期研究滞在
　　　　　　　　＊ロンドンのウォーバーグ研究所、大英図書館にて研究

一一月　ドイツ（マールブルク）に短期研究滞在
＊宗教学、日本学などが盛んなマールブルク大学で、文献調査・収集、他国からの研究者との交流を行なった
＊チューリヒ大学滞在中に週一回ローザンヌの図書館に通った。ベルン、バーゼルの図書館にもしばしば通う

一九八四年七月　帰国
一九八七年八月　大阪大学言語文化部助教授に昇任
一九八九年六月　アメリカ（ペンシルヴァニア）に短期研究滞在
一九九一年三月　大阪大学大学院言語文化研究科の授業を担当
一九九二年四月　東京大学教養学部外国語学科助教授に転任
一九九三年四月　同大学大学院総合文化研究科（比較文学比較文化専攻）の授業を担当
一九九六年四月　東京大学の大学院重点化にともない、同大学院超域文化科学専攻に配属
一九九七年九月　ドイツに出張（ヤコブ・ベーメの出身地ゲルリッツ、オランダ等を含む）
一九九八年四月　東京大学大学院総合文化研究科教授に昇任
二〇〇〇年四月　ドイツ（ヴォルフェンビュッテル・ヘルツォーク・アウグスト図書館）に短期研究滞在
＊貴重な文献を収蔵する同図書館で客員研究員として研究に励み、各国からの研究者と講演会、懇談会などを通じて交流

二〇〇五年五月　ドイツに出張（ドレスデンにてシンポジウム）
＊ゲルリッツ、ライプチヒを含む。ゲルリッツにてヤコブ・ベーメの墓に墓参

二〇〇六年六月　オーストリア、チェコ共和国へ出張（プラハにてシンポジウム）
二〇〇七年九月　ドイツ（ヴォルフェンビュッテル）、オランダ（アムステルダム）へ出張
＊七年ぶりのヴォルフェンビュッテルに一〇日余り滞在した後アムステルダムに移動。フィロソフィア・

ヘルメティカ図書館にて資料収集

二〇〇九年二月二二日　歿（享年五七歳）

著者主要業績

（本書収録分については「初出一覧」を参照。また、＊は『ヤコブ・ベーメと神智学の展開』に収録）

単著単行本

『ヤコブ・ベーメと神智学の展開』岩波書店、二〇一〇年、三五〇頁

共著単行本

＊「ヤコブ・ベーメにおける創造と悪」、『宗教——その原初とあらわれ』（『叢書／転換期のフィロソフィー』第四巻　村上陽一郎他編、ミネルヴァ書房、一九九九年、二〇八—二二九頁）

学術論文

「ヨーロッパにおける『乙女ソフィア』——ゾイゼ、ベーメ、アーノルトの場合」（東京大学大学院人文科学研究科比較文学比較文化専攻修士論文、文学修士、一九七七年、四三七頁）

＊「ヨーロッパ神秘思想における『乙女ソフィア』」（大阪大学言語文化部編『言語文化研究』第四号、一九七八年、一四一—一六二頁）

＊「ヤコブ・ベーメにおける『メルクリウス』——『デ・シグナトゥラ・レールム』を中心として」（大阪大学言語文化部編『言語文化研究』第五号、一九七九年、八五—一〇四頁）

＊「『ベンガルの虎』——K・v・エッカルツハウゼンの動物寓話について」（大阪大学言語文化部編『言語文化研究』第六号、一九八〇年、五五—八〇頁）

＊「ラーヴァター観相学の理論背景と愛の理念——『観相学断章』を中心として」（大阪大学言語文化部編『言語文化研究』第八号、

一九八二年、一三一―一五七頁）

＊「人間の聖化と天界について――マルセの神秘思想」（大阪大学言語文化部編『言語文化研究』第一二号、一九八六年、五一―七八頁）

＊「ヤコブ・ベーメの神秘体験」（阪神ドイツ文学会編『ドイツ文学論攷』第二八号、一九八六年、三五―五三頁）

＊「歴史と再生――G・アルノルトの神秘思想について」（阪神ドイツ文学会編『ドイツ文学論攷』第三三号、一九九一年、一九―三四頁）

＊「ライデンへの道――Q・クールマンの神秘体験」（東京大学教養学部編『比較文化研究』第三三号、一九九五年、一九―四五頁

「『神の啓示』――Q・クールマンの幻視について」（『ドイツ近世神秘思想文学運動の研究』科学研究費研究成果報告書、一九九五年、五九―一〇九頁）

＊「ヘルメス学と神秘学の結合――J・ポーディジの『知恵の石』について」（『日独における文化的セルフ・イメージの形成と展開に関する比較文化論的研究』科学研究費研究成果報告書、二〇〇一年、二六―四六頁）

「貧しさの神話――マイスター・エックハルトのドイツ語説教」（『日本文学における神話テキストの〈変奏〉』科学研究費研究成果報告書、二〇〇二年、四九―五七頁）

「A・v・フランケンベルクとベーメの接点――『ラファエル』を中心として」（『日独における「固有文化」とグローバリゼーションの比較文化論的研究』科学研究費研究成果報告書、二〇〇三年、二九―六七頁）

＊「詩と歴史から神秘神学へ――ゴットフリート・アーノルトの思想的特質について」（岡部雄三・香田芳樹編『ドイツにおける神秘思想の展開』日本独文学会研究叢書第三五号、二〇〇五年、六五―八一頁）

„Der dreifach durchbohrte Mensch bei Paracelsus". In: Manuskripte Thesen Informationen, hrsg. von der Deutschen Bombastus-Gesellschaft, Nr. 22 (2005), S. 39-46.

翻訳

『キリスト教神秘主義著作集　第一五巻　キエティスム』（鶴岡賀雄・村田真弓・岡部雄三訳、教文館、一九九〇年、五四一頁。二

六五―三四〇頁の訳、および五一四―五二三頁の解説を担当)
『キリスト教神秘主義著作集　第一六巻　近代の自然神秘思想』(中井章子・本間邦雄・岡部雄三訳、教文館、一九九三年、六一四頁。五―五九頁の訳を担当)
『キリスト教神秘主義著作集　第一四巻　十七・十八世紀のベーミストたち』(門脇由紀子・岡部雄三訳、教文館、二〇一〇年、七九七頁。六七―八〇頁、二三九―五二四頁、pp. i-lxiii の訳を担当)

事典項目執筆

『世界大百科事典』平凡社、一九八八年、「エッカルツハウゼン」など四項目
『集英社世界文学大事典』集英社、一九九六年―一九九八年、「神秘主義」など三項目
『岩波哲学・思想事典』岩波書店、一九九八年、「近代神秘主義」など七項目
『岩波キリスト教事典』岩波書店、二〇〇二年、「近世神秘思想」など六項目
『精神医学文献事典』弘文堂、二〇〇三年、「ユング『パラケルスス論』」一項目

ナ　行

ハ　行

マ　行

ヤ　行

ラ　行

人名索引

ア　行

カ　行

サ　行

タ　行

岡部 雄三（おかべ・ゆうぞう）

1952年山梨県に生まれる。1977年東京大学大学院人文科学研究科比較文学比較文化専攻修士課程修了。同年大阪大学言語文化部助手，1987年大阪大学言語文化部助教授を経て，1992年東京大学教養学部外国語学科助教授，1998年東京大学大学院総合文化研究科教授。2009年２月逝去。

〔主要業績〕『ヤコブ・ベーメと神智学の展開』（岩波書店，2010年），『キリスト教神秘主義著作集　キエティスム』第15巻（共訳，教文館，1990年）『同　近代の自然神秘思想』第16巻（共訳，教文館，1993年）『同　十七・十八世紀のベーミストたち』第14巻（共訳，教文館，2010年）

〔ドイツ神秘思想の水脈〕　ISBN978-4-86285-109-3

2011年６月10日　第１刷印刷
2011年６月15日　第１刷発行

著　者　岡部雄三
発行者　小山光夫
印刷者　藤原愛子

発行所　〒113-0033 東京都文京区本郷1-13-2
電話03(3814)6161 振替00120-6-117170
http://www.chisen.co.jp
株式会社 知泉書館

Printed in Japan　印刷・製本／藤原印刷